O Poder do Nós

JAY J. VAN BAVEL
DOMINIC J. PACKER

O Poder do NÓS

Aproveitando Nossas Identidades
Compartilhadas para Melhorar o **Desempenho**,
Aumentar a **Cooperação** e Promover a **Harmonia Social**

ALTA BOOKS
E D I T O R A

Rio de Janeiro, 2023

O Poder do Nós

Copyright © 2023 da Starlin Alta Editora e Consultoria Eireli.
ISBN: 978-65-5520-895-5

Translated from original The Power of Us. Copyright © 2021 by Jay J. Van Bavel and Dominic J. Packer. ISBN 978-0-316-53841-1. This translation is published and sold by permission of Hachette Book Grou, the owner of all rights to publish and sell the same. PORTUGUESE language edition published by Starlin Alta Editora e Consultoria Eireli, Copyright © 2023 by Starlin Alta Editora e Consultoria Eireli.

Impresso no Brasil — 1ª Edição, 2023 — Edição revisada conforme o Acordo Ortográfico da Língua Portuguesa de 2009.

Dados Internacionais de Catalogação na Publicação (CIP) de acordo com ISBD

B353p   Bavel, Jay J. Van
        O Poder do Nós: Aproveitando Nossas Identidades Compartilhadas para Melhorar o Desempenho, Aumentar a Cooperação e Promover a Harmonia Social / Jay J. Van Bavel, Dominic J. Packer ; traduzido por Isis Rezende. – Rio de Janeiro : Alta Books, 2023.
        320 p. ; 16cm x 23cm.

        Tradução de: The Power of Us
        Inclui índice.
        ISBN: 978-65-5520-895-5

        1. Neurociência. 2. Neurociência Cognitiva. 3. Neuropsicologia. I. Packer, Dominic J. II. Rezende, Isis. III. Título.

2022-1278   CDD 612.8
                           CDU 612.8

Elaborado por Vagner Rodolfo da Silva - CRB-8/9410

Índice para catálogo sistemático:
1. Neurociência 612.8
2. Neurociência 612.8

Todos os direitos estão reservados e protegidos por Lei. Nenhuma parte deste livro, sem autorização prévia por escrito da editora, poderá ser reproduzida ou transmitida. A violação dos Direitos Autorais é crime estabelecido na Lei nº 9.610/98 e com punição de acordo com o artigo 184 do Código Penal.

A editora não se responsabiliza pelo conteúdo da obra, formulada exclusivamente pelo(s) autor(es).

Marcas Registradas: Todos os termos mencionados e reconhecidos como Marca Registrada e/ou Comercial são de responsabilidade de seus proprietários. A editora informa não estar associada a nenhum produto e/ou fornecedor apresentado no livro.

Erratas e arquivos de apoio: No site da editora relatamos, com a devida correção, qualquer erro encontrado em nossos livros, bem como disponibilizamos arquivos de apoio se aplicáveis à obra em questão.

Acesse o site www.altabooks.com.br e procure pelo título do livro desejado para ter acesso às erratas, aos arquivos de apoio e/ou a outros conteúdos aplicáveis à obra.

Suporte Técnico: A obra é comercializada na forma em que está, sem direito a suporte técnico ou orientação pessoal/exclusiva ao leitor.

A editora não se responsabiliza pela manutenção, atualização e idioma dos sites referidos pelos autores nesta obra.

Produção Editorial
Grupo Editorial Alta Books

Diretor Editorial
Anderson Vieira
anderson.vieira@altabooks.com.br

Editor
José Ruggeri
j.ruggeri@altabooks.com.br

Gerência Comercial
Claudio Lima
claudio@altabooks.com.br

Gerência Marketing
Andréa Guatiello
andrea@altabooks.com.br

Coordenação Comercial
Thiago Biaggi

Coordenação de Eventos
Viviane Paiva
comercial@altabooks.com.br

Coordenação ADM/Finc.
Solange Souza

Coordenação Logística
Waldir Rodrigues

Gestão de Pessoas
Jairo Araújo

Direitos Autorais
Raquel Porto
rights@altabooks.com.br

Assistente Editorial
Caroline David

Produtores Editoriais
Illysabelle Trajano
Maria de Lourdes Borges
Paulo Gomes
Thales Silva
Thiê Alves

Equipe Comercial
Adenir Gomes
Ana Carolina Marinho
Ana Claudia Lima
Daiana Costa
Everson Sete
Kaique Luiz
Luana Santos
Maira Conceição
Natasha Sales

Equipe Editorial
Ana Clara Tambasco
Andreza Moraes
Arthur Candreva
Beatriz de Assis
Beatriz Frohe

Betânia Santos
Brenda Rodrigues
Erick Brandão
Elton Manhães
Fernanda Teixeira
Gabriela Paiva
Henrique Waldez
Karolayne Alves
Kelry Oliveira
Lorrahn Candido
Luana Maura
Marcelli Ferreira
Mariana Portugal
Matheus Mello
Milena Soares
Patricia Silvestre
Viviane Corrêa
Yasmin Sayonara

Marketing Editorial
Amanda Mucci
Guilherme Nunes
Livia Carvalho
Pedro Guimarães
Thiago Brito

Atuaram na edição desta obra:

Tradução
Isis Rezende

Copidesque
João Guterres

Revisão Gramatical
Carolina Palha
Rafael Fontes

Diagramação
Rita Motta

Capa
Joyce Matos

Editora afiliada à:

ASSOCIADO

Rua Viúva Cláudio, 291 – Bairro Industrial do Jacaré
CEP: 20.970-031 – Rio de Janeiro (RJ)
Tels.: (21) 3278-8069 / 3278-8419
www.altabooks.com.br — altabooks@altabooks.com.br
Ouvidoria: ouvidoria@altabooks.com.br

Somos todos uma espécie de camaleões, que ainda absorvem a tintura das coisas que estão perto de nós.

— John Locke, *Some Thoughts Concerning Education*

Identidade como área de interesse, como a forma que você escolheu para expressar seu amor — e seu comprometimento.

— Zadie Smith, *Intimations*

SUMÁRIO

Introdução — *1*

Capítulo 1: O Poder do Nós — *7*

Capítulo 2: A Lente da Identidade — *35*

Capítulo 3: Compartilhando a Realidade — *61*

Capítulo 4: Escapando das Câmaras de Eco — *93*

Capítulo 5: O Valor da Identidade — *125*

Capítulo 6: Superando o Preconceito — *151*

Capítulo 7: Encontrando Solidariedade — *177*

Capítulo 8: Fomentando a Divergência — *205*

Capítulo 9: Liderando com Eficácia — *237*

Capítulo 10: O Futuro da Identidade — *267*

Agradecimentos — *281*

Notas — *283*

Índice — *305*

Sobre os autores — *309*

INTRODUÇÃO

A sala fervilhava de conversas acadêmicas sérias. No meio de tudo isso, estávamos os dois tentando nos misturar, batendo papo com um grupo de colegas estudantes de pós-graduação. Como novos colegas de escritório, mal nos conhecíamos. Jay era um garoto de uma pequena cidade rural de Alberta, e Dominic, sofisticado, nascido na Inglaterra que se mudou de Montreal para Toronto. Nosso relacionamento teve um início difícil, algumas semanas antes, quando Jay adotou a velha mesa sobressalente de madeira no escritório de Dominic. Achando seu minúsculo apartamento na cidade um pouco apertado, Jay decidiu trazer sua bolsa colossal e pungente de equipamento de hóquei para armazenar em nosso subsolo mal ventilado.

A bolsa de hóquei esfriou nossa amizade em potencial, e, a essa altura, teríamos preferido passar nosso tempo separados. Mas a oportunidade de ter vinho barato e comida de graça provou ser irresistível em nossos orçamentos apertados de pós-graduandos. Por alguns momentos, deixamos de lado nossas diferenças e debatemos os méritos de usar as técnicas da neurociência para estudar a dinâmica de grupo. Estávamos ambos genuinamente entusiasmados com a possibilidade de usar essas novas ferramentas para examinar a mente das pessoas enquanto elas interagiam com as outras, formavam equipes e lutavam para confrontar seus preconceitos.

Em uma sala cheia de estudiosos eminentes e jovens professores renomados, estávamos na parte inferior da hierarquia. Mas não nos importávamos.

Todos os meses, o Departamento de Psicologia da Universidade de Toronto recebia oradores brilhantes de outras universidades, e tínhamos a chance de levá-los para almoçar, interrogá-los após suas palestras e nos juntarmos a todo o departamento para uma reunião na sala dos professores. Para nós, aqueles eram os eventos mais empolgantes da universidade, e, durante algumas horas por mês, éramos convidados a participar daqueles rituais.

Mas, naquela ocasião, algo deu muito, muito errado.

Enquanto debatíamos ideias, Jay colocou alguns pedaços de queijo cheddar na boca. O queijo foi cortado em cubos quase do tamanho de dados. Alguém fez um comentário espirituoso. Jay, que estava mastigando, riu e tentou engolir. Sem sucesso, naquele momento, o queijo alojou-se firmemente em sua garganta.

A conversa continuou. Ninguém percebeu a angústia repentina de Jay, o rubor de seu rosto, o brilho de suor se formando em sua testa. Não querendo se envergonhar em uma sala cheia de professores, ele tentou engolir o queijo com um gole de vinho. Mas, em vez de remover o obstáculo, isso piorou as coisas, impedindo que o ar chegasse a seus pulmões.

A maioria das pessoas já experimentou um ou dois momentos terríveis de vida ou morte. Confrontados com o perigo imediato, nossos cérebros acionam uma série de respostas psicológicas e fisiológicas destinadas a enfrentar a ameaça. Nossos corações disparam, nossas pupilas se dilatam e uma onda de hormônios é liberada para nos prepararmos para lutar ou fugir. Nesses momentos, o mundo parece se encolher, enquanto nos concentramos em salvar nossas vidas.

Como se estivesse em câmera lenta, Jay viu Dominic e os outros alunos se virarem para ele com olhares inquisitivos. Incapaz de falar, ele apertou a garganta em um movimento asfixiado. Mas aquilo não foi entendido pelos outros. Eles olharam confusos. Uma dúzia de conversas joviais continuou em segundo plano, como se nada estivesse errado.

O tempo estava se esgotando.

Jay examinou a sala. Ele queria desesperadamente impressionar o corpo docente e, face ao perigo mortal, sentiu-se preso entre a necessidade de se salvar e um desejo irracional de evitar a humilhação pública.

De repente, uma memória de um antigo vídeo sobre primeiros socorros lhe ocorreu, uma lição de um dos muitos cursos do tipo que tinha feito quando trabalhava nos campos de petróleo de Alberta: pessoas que estão sufocando têm maior probabilidade de morrer caso se retirem para um espaço privado, como um banheiro. Se você ficar em público e solicitar ajuda, geralmente alguém saberá como administrar a manobra de Heimlich para salvar sua vida.

Jay avistou o barman a alguns metros de distância. Um dos únicos não acadêmicos na sala, aquele homem poderia ter o treinamento e a presença de espírito para salvar um aluno de engasgar com aperitivos. Jay tropeçou atrás do balcão e, incapaz de falar, fez outro gesto de asfixia. O barman entendeu o sinal universal de angústia. Ele ficou atrás de Jay, agarrou-o pela cintura e lhe aplicou algumas estocadas no torso.

Àquela altura, professores e alunos de pós-graduação haviam percebido que algo incomum estava acontecendo atrás do bar. As conversas diminuíram quando as pessoas se viraram para olhar os dois homens envoltos em um abraço estranho.

O queijo foi parcialmente desalojado, e Jay sentiu um traço de ar retornar aos pulmões. Ansioso para evitar mais constrangimento, ele agarrou Dominic pelo braço e puxou-o pela multidão para fora da recepção. Havia um banheiro masculino do outro lado do corredor, e Jay, ainda lutando para respirar, ainda precisava de ajuda.

Foi então que Dominic entendeu a situação. Passaram-se anos desde que ele aprendera a manobra de Heimlich no acampamento de verão e não tinha certeza se lembrava do que fazer. Mas, percebendo que era tudo o que restava entre o futuro de Jay como psicólogo e sua morte iminente no banheiro, Dominic passou os braços ao redor de seu novo colega de escritório.

Depois de algumas bombeadas hesitantes, Dom pegou o jeito, e, com um empurrão final de seus punhos na barriga de Jay, o queijo saltou para fora e rolou pelo chão!

Jay deu um suspiro longo, profundo e agradecido de alívio.

Olhamos um para o outro.

Nossas reações imediatas a essa experiência de quase morte dificilmente poderiam ter sido mais diferentes. Enquanto os professores entravam e saíam do banheiro masculino nos dando olhares estranhos, Jay ria ruidosamente do absurdo da situação. A ideia de morrer com vinho e queijo parecia surreal demais para ser levada a sério. Ele queria voltar para a recepção para outra rodada de bebidas e um pouco mais de queijo antes que o prato ficasse vazio.

Dominic, no entanto, ficou horrorizado, abalado pela gravidade do que acabara de acontecer. A última coisa que ele queria fazer era assistir a Jay tentando comer mais queijo.

Mas o estresse da situação era mútuo e teve um efeito mais profundo. Foi esse acontecimento perturbador — e um tanto humilhante — que iniciou nós dois no caminho de nos tornarmos uma equipe científica. Não éramos mais apenas dois indivíduos tolerando um ao outro em nosso pequeno escritório no subsolo, mas um par de jovens cientistas resilientes unidos por um encontro compartilhado com a morte no meio de um colóquio.

Nas semanas que se seguiram, começamos a nos encontrar cada vez com mais frequência para falar sobre pesquisas. A bolsa fedorenta do equipamento de hóquei não estava mais entre nós (embora Dom tenha ficado aliviado quando Jay finalmente se mudou para um apartamento maior e a levou embora). Em pouco tempo, estávamos desenvolvendo ideias compartilhadas, projetando experimentos e analisando dados juntos. Nossos outros colegas de escritório certamente achavam nossas intermináveis brincadeiras cansativas, mas éramos felizes em nossa existência desimpedida.

Nosso angustiante incidente de asfixia foi o início de um vínculo que se fortaleceria ao longo da pós-graduação e que persistiu até nosso doutorado, na Ohio State University, e, mais tarde, quando nos tornamos professores em universidades da Costa Leste dos Estados Unidos. Juntos, nós nos unimos à comunidade de psicólogos sociais e, de maneira mais geral, de cientistas. Mais tarde, com algumas semanas de diferença, nós nos juntamos ao maravilhoso e exaustivo mundo dos pais. E agora, juntos, nós nos tornamos autores. Todas essas coisas são partes centrais de nossas identidades.

Como psicólogos sociais, estudamos como os grupos aos quais as pessoas pertencem se tornam parte de seu senso de identidade — e como essas identidades moldam seu entendimento do mundo, o que sentem e acreditam e como tomam decisões. É disso que trata este livro.

Junto com você, exploraremos a dinâmica das identidades compartilhadas. O que faz com que as pessoas desenvolvam uma identidade social? O que acontece com as pessoas quando elas se definem em termos de associações de grupo? E como as identidades compartilhadas podem melhorar o desempenho, aumentar a cooperação e promover a harmonia social — como faziam em nosso próprio escritório?

Neste livro, exploraremos o poder embutido nesse sentimento de "nós". Explicaremos como a dinâmica da identidade é a chave para a compreensão de grande parte da vida humana. O filósofo Aristóteles disse que "conhecer a si mesmo é o começo de toda a sabedoria". Mas argumentaremos que conhecer verdadeiramente a si mesmo não é tentar definir uma essência, um comando estável e imutável de quem você é. Em vez disso, é compreender como sua identidade é moldada e remodelada pelo mundo social no qual você está inextricavelmente inserido — assim como você molda a identidade das pessoas ao seu redor.

Compreender como a identidade funciona fornece um tipo especial de sabedoria: a capacidade de ver, compreender e (às vezes) resistir às forças sociais que o influenciam. Também fornece as ferramentas para influenciar os grupos aos quais você pertence. Entre outras coisas, você pode aprender como fornecer liderança eficaz, evitar o pensamento de grupo, promover a cooperação e combater a discriminação.

Nosso objetivo é fornecer uma compreensão mais profunda da identidade, uma compreensão que permite às pessoas irem além de perguntar: "Quem sou eu?", para perguntarem: "Quem eu quero ser?"

CAPÍTULO 1
O PODER DO NÓS

Herzogenaurach é uma cidade idílica no sul da Alemanha, batizada em homenagem ao rio Aurach, que a atravessa. O rio serve como uma linha divisória entre dois rivais ferozes.

A saga começou, como muitas, com dois irmãos. Os irmãos Dassler — Adolf (Adi) e Rudolf (Rudi) — eram sapateiros e, antes da Segunda Guerra Mundial, fabricavam sapatos juntos. De origem humilde na lavanderia de sua mãe, eles fundaram a Gebrüder Dassler Schuhfabrik e se especializaram na produção de calçados esportivos.

A fábrica dos irmãos fez os sapatos que Jesse Owens, o astro negro do atletismo norte-americano, usou nas Olimpíadas de 1936, em Berlim; Owens estava usando esses sapatos quando, para grande desgosto do führer alemão Adolf Hitler, ganhou quatro medalhas de ouro. Sua vitória deu aos irmãos exposição internacional, e as vendas de seus sapatos explodiram.

Ninguém sabe exatamente como o conflito dos irmãos começou. Mas, segundo a lenda, a rivalidade foi desencadeada por um bombardeio em 1943. Adi e sua esposa subiram para o mesmo abrigo que a família de Rudi, e Adi exclamou: "Os bastardos sujos estão de volta." Embora Adi provavelmente estivesse se referindo aos aviões de guerra Aliados, Rudi acreditou que o insulto era para ele e sua família.

Após a guerra, Adi e Rudi começaram uma batalha que inflamaria e dividiria sua cidade natal por décadas. A empresa de calçados

dos irmãos Dassler não sobreviveu. Em 1948, os irmãos dividiram o negócio, e Herzogenaurach tornou-se o lar de dois dos maiores fabricantes de calçados do mundo. Em cada lado do rio, a lealdade à marca dominava.

Esses dois gigantes sapateiros, que valem coletivamente mais de US$25 bilhões hoje, tornaram-se rivais amargos dividindo a cidade. O conflito se espalhou para os funcionários e suas famílias. Os moradores da cidade se identificavam exclusivamente com a empresa de Adi ou com a de Rudi. Caminhando pela cidade, as pessoas olhavam os sapatos umas das outras, certificando-se de que interagiriam apenas com os membros de seu próprio grupo. Assim, Herzogenaurach se tornou conhecida como a "Cidade dos Pescoços Tortos".

Em seu livro *Pitch Invasion* [Invasão de Arremesso, em tradução livre], Barbara Smit descreve como cada lado da cidade tinha suas próprias padarias, restaurantes e lojas.[1] Os habitantes da cidade do outro lado tinham o serviço recusado se entrassem nos estabelecimentos errados. Famílias foram divididas. Vizinhos, outrora amigáveis, tornaram-se inimigos. Namorar ou casar fora das linhas da empresa também era desencorajado! Só depois da morte dos irmãos Dassler é que as tensões diminuíram e as empresas estabeleceram uma rivalidade que hoje se concentra mais diretamente nos negócios e no campo de futebol. Mas os irmãos levaram sua inimizade para o túmulo, literalmente: eles estão enterrados em extremos opostos do cemitério da cidade.[2]

As empresas que eles formaram vivem. Você as conhece como Adidas, fundada por Adi, e Puma, fundada por Rudi. O prefeito de Herzogenaurach explicou recentemente: "Eu era membro da família Puma por causa da minha tia. Era uma das crianças que só usava roupas da Puma. Era uma piada da nossa juventude: você usa Adidas, eu sou Puma. Sou membro da família Puma." Somente em 2009, após as mortes de Adi e Rudi e décadas de hostilidade, os funcionários de ambas as empresas marcaram o fim da rivalidade jogando uma partida amistosa de futebol.

O que é surpreendente sobre a longa e difícil batalha iniciada pelos irmãos Dassler é que não se originou de algo que se pudesse considerar com peso ou importância o suficiente para dividir uma cidade. Não era sobre política ou religião. Não se tratava de terra, ouro ou ideologia. Era sobre sapatos. Ou, mais precisamente, tratava-se de identidades opostas com base em sapatos. Depois que essas identidades sociais foram criadas, elas exerceram um tremendo poder, ditando onde os funcionários, suas famílias e as gerações subsequentes viviam, comiam e faziam compras.

A questão crítica, entretanto, não é por que os irmãos Dassler entraram em guerra por causa dos sapatos. Afinal, os irmãos estão entre os rivais mais ciumentos desde Caim e Abel. A questão é por que todo mundo concordou com isso. Por que o resto da cidade abraçou tão prontamente um dos lados?

PSICÓLOGOS EM UM AVIÃO

Quando viajamos, depois de espremer nossa bagagem e a nós mesmos em assentos apertados de avião, muitas vezes acabamos conversando com estranhos amigáveis. Essas conversas tendem a seguir um ritmo familiar. "De onde você é?" "Por que você está indo para Dallas [ou Portland ou Sydney ou Taipei]?" E, claro, "O que você faz?"

"Ah, hum, sou psicólogo."

Nove em cada dez vezes, isso provoca a mesma reação. "Oh-oh — você está me analisando? Você pode ler minha mente?"

Geralmente rimos e ignoramos isso. "Ha-ha, não se preocupe — eu não sou *esse* tipo de psicólogo." De vez em quando, porém, apenas por diversão, tentamos.

Somos psicólogos sociais e, ainda mais especificamente, psicólogos que estudam identidades sociais. Estudamos como os grupos com os quais as pessoas se identificam afetam seu senso de identidade, como percebem e entendem o mundo e como tomam decisões.

Se quisessem analisar outro passageiro, outros tipos de psicólogos fariam perguntas diferentes das nossas. Um psicólogo clínico pode perguntar sobre sentimentos de ansiedade e depressão ou sobre histórias familiares de doença mental. Um clínico da velha guarda pode perguntar sobre seus sonhos ou seu relacionamento com sua mãe. Os psicólogos de personalidade podem sacar um inventário de características Big Five e medir seus níveis de extroversão, conscienciosidade e abertura para experiências. Outros podem perguntar sobre sua ordem de nascimento ou as experiências em sua vida que você acredita terem sido mais formativas.

Gostaríamos de lhe perguntar sobre seus grupos: *A quais grupos você tem orgulho de pertencer? Em quais associações de grupo você se encontra pensando com frequência? Quais afetam a forma como é tratado por outras pessoas? Com quais se sente solidário?*

As respostas a essas perguntas nos dão algumas dicas úteis sobre quem você é. Presumimos que tenderá a se conformar às normas desses grupos, apreciará suas tradições e sentirá orgulho de seus símbolos. Também esperamos que, quando você discordar e realmente falar o que pensa, seja nesses grupos. Isso pode parecer surpreendente, mas a discordância é bastante difícil, e as pessoas geralmente estão dispostas a fazê-lo apenas porque se preocupam profundamente com um grupo.

Podemos inferir que você tenderá a gostar e confiar nos outros membros desses grupos e que pode estar disposto a sacrificar seus próprios recursos ou bem-estar, se necessário, em nome deles. Se algum de seus grupos tiver rivais sérios, também podemos prever como se sentirá em relação a eles e como os tratará. E, se descobrirmos que você acha que um de seus grupos importantes está sendo tratado injustamente, temos uma boa noção de como você pode votar, as causas nas quais provavelmente ingressará e por quem lutará.

É claro que há muito mais sobre você do que isso. Mas isso é toda a análise que qualquer um deseja enquanto está preso ao lado de um estranho a 12.000km no ar!

Quando as pessoas viajam e têm esse tipo de conversa, costumam formar um vínculo pequeno e fugaz entre si. Mas isso raramente se transforma em algo mais. Eles raramente se tornam parte da identidade de alguém, por exemplo.

Neste livro, falaremos muito sobre como os grupos realmente se tornam parte de nossas identidades, portanto, devemos esclarecer o que queremos dizer com esses termos. Cinquenta ou cento e cinquenta pessoas juntas em um avião não são um grupo — pelo menos, não psicologicamente. Eles são simplesmente um coletivo de pessoas que, no momento, compartilham o mesmo espaço apertado, ar viciado e escolhas alimentares pouco apetitosas. Mas lhes falta um senso de solidariedade, de ser um coletivo, de compartilhar um vínculo. Eles não possuem uma identidade social significativa como passageiros.

A maioria dos voos segue essa fórmula. Os comissários de bordo são provavelmente um grupo e compartilham um senso de identidade, assim como famílias ou colegas de trabalho que viajam juntos. Mas os passageiros do avião, como um todo, não.

As circunstâncias podem mudar isso, dando origem a um sentimento de solidariedade coletiva, mesmo que apenas momentaneamente. Em uma noite tempestuosa, alguns anos atrás, Dom estava voltando para casa, ao longo da costa leste dos Estados Unidos. De suas janelas minúsculas, os passageiros podiam ver uma linha de tempestades — enormes torres de nuvens escuras, iluminadas assustadoramente a cada poucos segundos conforme os relâmpagos passavam por elas. Enquanto o avião voava para o norte, os pilotos abriam caminho entre as nuvens. A situação ficou tensa, o pequeno avião de passageiros balançando e sacudindo, rangendo ameaçadoramente. "Estamos passando por uma área de turbulência", anunciou um piloto entre chiados do intercomunicador, "mas não se preocupem, vamos ficar bem!"

As palavras *vamos ficar bem* não surtiram o efeito pretendido. As pessoas começaram a olhar umas para as outras com inquietação. O burburinho começou entre as filas. Acima do barulho dos motores, os passageiros relataram voos tempestuosos que fizeram no passado, garantindo uns aos outros que tudo ficaria bem. E ficou. O avião acabou escapando das tempestades e pousou bem, até mesmo no horário programado.

Mas a psicologia daquele voo era diferente do normal. A experiência comum pela qual todos passaram foi a base para um vínculo coletivo momentâneo e um senso de comunidade. Os passageiros sobreviveram a algo estressante e único juntos. Quando o avião pousou, todos aplaudiram. Por um tempo juntos, eles compartilharam uma identidade.

Neste capítulo, apresentaremos alguns dos princípios de identidade que servirão de base para o restante do livro. Este é um deles: embora tenhamos identidades sociais duradouras, fortes e profundamente significativas, a psicologia humana também nos fornece a prontidão para nos conectarmos uns aos outros em solidariedade momentânea. Algumas situações, como administrar a manobra de Heimlich a um colega ou esperar que seu voo pouse com segurança, ajudam a forjar um senso de identidade com os outros. Quando as circunstâncias conspiram para nos tornar conscientes de que compartilhamos uma experiência ou característica comum com os outros, um conjunto de processos mentais entra em ação espontaneamente, o que nos faz sentir que fazemos parte de um grupo — ou melhor, o que realmente nos *torna* um grupo.

As consequências dessa psicologia orientada para o grupo são profundas. Nossas identidades sociais fornecem uma base poderosa para a unidade. Mas elas também podem ser, como vimos com a Cidade dos Pescoços Tortos, uma fonte de divisão significativa.

UM VÁCUO SOCIAL

Se alguém fizesse um inventário de todas as razões pelas quais os grupos entram em conflito entre si, seria uma lista formidável: competição por recursos escassos, como terra, petróleo, comida, tesouro ou água. Batalhas por crenças sagradas, deuses e solo sagrado. Desprezos e insultos há muito tempo lembrados. Líderes gananciosos atrás de riquezas, fama ou reconhecimento. Percepções equivocadas e mal-entendidos. Medo do desconhecido e do outro. Guerras por status, por poder, para se sobrepor ao outro.

Parece que as divisões intergrupais são desencadeadas por praticamente qualquer coisa. Até mesmo sapatos. Como vimos na Cidade dos Pescoços Tortos, a base para identidades de grupo e as divisões entre eles são banais do ponto de vista de um estranho, mas profundamente significativas para os membros do grupo. Sapatos podem parecer uma coisa trivial para que pessoas se agrupem, mas, para entender como essas coisas aparentemente arbitrárias se tornam uma base poderosa para identidades, precisamos falar sobre o que consideramos ser um dos estudos mais importantes da história da psicologia.

Esses são conhecidos como "estudos de grupo mínimo" e começaram como o que era essencialmente apenas uma condição de controle.

Muitas coisas funcionam em combinação para fazer com que grupos diferentes não gostem uns dos outros, discriminem e até queiram causar um dano significativo ao outro. O conflito por recursos escassos pode se combinar com estereótipos negativos e diferenças de poder. Isso é ainda mais inflamado pela retórica divisiva de um líder e reforçado por memórias de velhas batalhas de décadas ou mesmo séculos atrás. Todos esses fatores e mais se combinam de maneiras únicas para gerar conflitos entre grupos.

Para entender a dinâmica subjacente das relações intergrupais, os cientistas sociais gostariam de ser capazes de isolar esses diferentes fatores e estudá-los separadamente, da mesma forma que um químico isola um composto para entender melhor suas propriedades. No entanto, é muito difícil isolar um único componente de um conflito da vida real entre, digamos, grupos religiosos, étnicos ou políticos, porque eles coocorrem. Esses fatores tendem a vir como um pacote.

Para resolver esse problema e entender o que causa o conflito, Henri Tajfel e seus colaboradores da Universidade de Bristol tiveram uma ideia brilhante. Os químicos criam vácuos herméticos quando querem isolar um composto, e, usando essa lógica, Tajfel e seus colegas descobriram uma maneira de criar um tipo de vácuo social. Eles criaram uma situação em que todos os fatores envolvidos no conflito intergrupal — estereótipos, disparidades de recursos, insultos e assim por diante — foram eliminados, deixando apenas a versão mais mínima de um contexto intergrupal. É uma situação que envolve dois grupos, mas sem nenhum dos ingredientes que geralmente produzem discriminação ou conflito.

Tendo criado um vácuo social removendo esses fatores-chave, eles poderiam lentamente começar a adicionar diferentes ingredientes à situação para ver o que produzia discriminação e conflito. Adicionar um toque de competição de recursos aqui, uma gota de estereótipos ali e assim por diante, permitiria que eles estudassem como cada um desses ingredientes afeta as relações entre os grupos.

Para criar um vácuo, os pesquisadores não puderam usar grupos preexistentes da vida real, porque eles vinham com uma certa bagagem psicológica. Em vez disso, eles designaram participantes a grupos completamente novos com base em critérios arbitrários e sem sentido.[3] Os participantes de um estudo foram informados que eram "superestimadores" ou "subestimadores" com base em quantos pontos achavam que eram exibidos em uma imagem. Em outro estudo, eles foram colocados em grupos com base em sua preferência pela arte abstrata de Paul Klee ou Wassily Kandinsky. Mas as coisas não eram o que pareciam. As pessoas no grupo superestimador não tendiam realmente a superestimar o número de pontos, e os membros do grupo de fãs de Klee não gostavam necessariamente de *Die Zwitscher-Maschine*. Em cada caso, os pesquisadores basicamente lançaram uma moeda ao ar e designaram as pessoas a grupos com base no acaso. Isso garantiu que seus estilos reais de estimativa de pontos ou preferências de artistas não tivessem influência sobre como eles tratavam os membros do grupo e de fora dele.

Os participantes desses estudos foram então solicitados a alocar recursos entre os membros do seu grupo (outros fãs de Klee, digamos) e os do grupo externo (os chamados fanáticos por Kandinsky). Em vários estudos, os participantes dividiram dinheiro entre um membro anônimo do seu grupo e um anônimo do externo. Os pesquisadores tomaram medidas para garantir um vácuo social, mantendo a situação o mais neutra possível. Os participantes não tiveram absolutamente nenhuma interação com outros membros de nenhum dos grupos. Não houve período para se conhecerem, nenhuma chance de formar laços pessoais e nenhuma competição por recursos. Era simplesmente nós e eles, dois grupos mínimos.

As decisões dos participantes não foram de soma zero. Esse ponto é importante, porque significa que dar mais a um grupo não significa necessariamente dar menos a outro. Por fim, suas decisões não tiveram influência direta em seus próprios resultados — eles não podiam ganhar mais ou menos pessoalmente por se comportar de determinada maneira.

Os pesquisadores presumiram que essa seria uma excelente condição de controle. Com todas as razões possíveis para discriminar eliminadas, a base para a harmonia intergrupal parecia sólida. Uma vez que isso fosse estabelecido, eles poderiam conduzir estudos futuros em que sistematicamente adicionariam os diferentes ingredientes para o conflito para descobrir o que importava. Mas os resultados foram surpreendentes, até mesmo para os próprios pesquisadores.

Pessoas designadas a um grupo mínimo, longe de perderem seu viés intergrupo, consistentemente discriminaram em favor de seu próprio grupo. Se o cara ou coroa os levava a acreditar que eram fãs de Kandinsky, eles davam mais recursos para um outro fã de Kandinsky do que para um admirador de Klee. E o oposto era verdadeiro para os supostos entusiastas de Klee.

Surpreendentemente, as pessoas às vezes *maximizavam* a diferença entre os grupos. Se tinham escolha, alocavam menos dinheiro para um membro do grupo se isso significasse que um outsider receberia ainda menos.

Os pesquisadores eliminaram estereótipos, conflitos de recursos, diferenças de status e tudo mais em que puderam pensar. Então, o que sobrou? Que resíduo permaneceu no vácuo social que poderia explicar o fato de as pessoas mostrarem preferências tão claras por esses grupos arbitrários, de vida curta e sem sentido?

A resposta que ocorreu a Henri Tajfel e seus colegas foi a *identidade social*.[4] Parecia que o mero fato de ser categorizado como parte de um grupo, em vez de outro, era suficiente para vincular essa associação ao grupo ao senso de identidade de uma pessoa. Sentadas no laboratório, as pessoas pensavam em si mesmas não como observadores desinteressados em um estranho experimento de alocação de recursos, mas como membros de um grupo social real com valor e significado. Mesmo em um vácuo social, as pessoas compartilhavam um senso de identidade com estranhos anônimos

— simplesmente porque acreditavam que eram parte do mesmo grupo. Motivados a possuir uma identidade significativa e valiosa, os participantes tomaram o único curso de ação que tinham disponível na situação para tornar isso verdade: alocaram mais recursos para seu grupo do que para os membros externos. Eles agiram para garantir que sua nova identidade fosse positiva e distinta — e, ao fazer isso, começaram a promover os interesses de seu grupo, embora não houvesse nenhum benefício óbvio para eles como indivíduos.

Variantes desses experimentos foram conduzidos ao redor do mundo para examinar como um senso comum de "nós" afeta todos os tipos de processos psicológicos, incluindo atenção, percepção e memória, bem como emoções como empatia e *Schadenfreude*, aquele sentimento sádico de prazer pela desgraça alheia que às vezes sentimos.

Pesquisas subsequentes descobriram que muito do preconceito que é criado quando alguém se junta a um grupo e se identifica com ele — mínimo ou real — é mais bem caracterizado como reflexo do amor dentro do grupo do que do ódio externo. As pessoas normalmente gostam mais de seus próprios grupos, mas isso não significa necessariamente que não gostem ou queiram prejudicar grupos externos. Quando as pessoas em grupos mínimos são solicitadas a entregar resultados aversivos a outras pessoas, por exemplo, elas mostram menos preferência por seu próprio grupo — elas não querem causar danos ao grupo externo.[5] Em nossos próprios estudos com grupos mínimos, descobrimos que as pessoas se sentem automaticamente positivas em relação aos membros do grupo, mas se sentem neutras em relação aos do grupo externo.[6] É claro que as relações entre grupos podem se tornar odiosas, especialmente quando fatores como estereótipos degradantes, retórica inflamada ou competição por recursos entram na equação. Discutiremos essas dinâmicas de grupo ao longo do livro e contaremos mais sobre nossa própria pesquisa sobre grupos mínimos. Descobrimos que designar pessoas a um grupo arbitrário afeta imediatamente os padrões de atividade cerebral, muda a forma como olham para os outros e, pelo menos momentaneamente, anula os preconceitos raciais. Os estudos de grupos mínimos inspiraram muito de nosso trabalho e remodelaram fundamentalmente a forma como entendemos a natureza da identidade humana. Eles nos esclareceram que não existe um verdadeiro vácuo social. De muitas maneiras, a psicologia de grupos é a condição humana natural.

MUDANÇA DE IDENTIDADES E MUDANÇA DE METAS

Desde que os seres humanos foram capazes de refletir, pensaram sobre a natureza de si mesmos. O que significa ter um eu? Qual é seu propósito? Para o filósofo René Descartes, que questionava a existência de todas as coisas, o eu era um ponto de certeza a partir do qual ele poderia raciocinar tudo o mais de volta à existência: "Penso, logo existo." O filósofo Daniel Dennett descreveu o eu de maneira memorável como o "centro de gravidade da narrativa". Em outras palavras, estamos no centro de nossas próprias histórias.

Mas os estudos de grupos mínimos revelam que o sentido humano do eu — seu centro gravitacional — não permanece no mesmo lugar. Com o cara ou coroa, as pessoas construíram identidades inteiramente novas em questão de minutos. O senso de identidade se move, mudando entre diferentes aspectos da identidade. E esse movimento tem consequências em como você percebe e dá sentido ao mundo, bem como nas escolhas que faz.

Ao longo de algumas horas, a identidade da mesma pessoa — o senso de eu que está ativo em um determinado momento — pode mudar do eu como um indivíduo no carro lutando no trânsito a caminho do trabalho para se tornar um funcionário que representa sua empresa em uma teleconferência para o eu como apoiador de um partido político discutindo sobre as notícias nas redes sociais, para o eu como fã de esportes assistindo a um jogo na TV e, finalmente, para o eu como parceiro romântico no final do dia. Uma pessoa pode ter todas essas identidades e muitas mais.

À medida que o centro gravitacional do seu eu muda, e uma ou outra identidade é ativada, os objetivos que o motivam e as pessoas com cujos destinos você está preocupado também mudam. De modo geral, à medida que a identidade se expande de um nível individual para um social ou coletivo do eu, outras pessoas são levadas para a esfera de seu interesse. *Eu se torna nós*. E *meu se torna nosso*.

Essas mudanças motivacionais são belamente ilustradas por experimentos conduzidos pelos psicólogos sociais David De Cremer e Mark Van Vugt.[7] Eles começaram classificando universitários com base no que é conhecido como "orientação de valor social". Ela captura o quanto você tende a levar em consideração os seus próprios interesses e os de outras pessoas ao tomar decisões. Para medir sua orientação de valor social, os pesquisadores pedem que você imagine como dividiria diferentes somas de dinheiro entre você e outra pessoa. Cada vez, você se confronta com escolhas. Você tenta maximizar seus próprios ganhos? Você tenta ajudar seu parceiro? Ou prefere aumentar a distância entre você e a outra pessoa?

Por exemplo, pense em qual das seguintes opções você escolheria. A opção A dá a você e ao seu parceiro 500 pontos cada. A opção B dá a você 560 pontos e a seu parceiro, 300. A opção C dá a você 400 pontos e a seu parceiro, 100. Qual você escolheria?

Se você escolhe a opção A, tem uma orientação *cooperativa* ou *pró-social*, porque a opção fornece uma distribuição igual de resultados. Se prefere a opção B, tem uma orientação mais *individualista*, porque está maximizando seus próprios resultados, independentemente do que as outras pessoas obtêm. Finalmente, se você é o tipo de pessoa que escolhe a opção C, tem uma orientação *competitiva*, porque essa distribuição maximiza a diferença entre os seus próprios resultados e os da outra pessoa. Essa era a orientação que parecia animar Adi e Rudi na Cidade dos Pescoços Tortos, pelo menos em relação um ao outro.

Os pesquisadores agruparam os individualistas e competidores em uma única categoria, que chamaram de *pró-eu*, e os compararam aos *pró-sociais*. Tendo descoberto as orientações de valor social dos participantes, os pesquisadores projetaram um experimento para manipular qual aspecto dos autoconceitos dos participantes era mais saliente ou ativo no momento. Eles fizeram isso designando-os aleatoriamente para completar uma tarefa que destacava a identidade de cada sujeito como universitário ou indivíduo. Os pesquisadores então mediram o quanto eles estavam dispostos a contribuir em um jogo econômico para um grupo composto por outros universitários.

Esses jogos foram estruturados de forma que escolher fazer o que era melhor para o grupo exigia um certo grau de sacrifício pessoal — optar por dar mais ao coletivo e ficar com um pouco menos para si. Sem surpresa, as pessoas classificadas como pró-sociais eram bastante generosas. Elas contribuíram para o grupo independentemente de suas identidades como universitários terem sido ativadas, doando dinheiro de verdade em cerca de 90% das vezes.

As pessoas com uma orientação de valor social pró-eu eram diferentes. Previsivelmente, foram menos generosas quando sua identidade individual foi destacada. Nessa condição, contribuíram para o grupo em apenas 44% das vezes. Sua generosidade foi de metade.

No entanto, esse padrão mudou entre os pró-eu quando sua identidade social como universitários se destacou. Quando ela foi definida pela participação em um grupo, a generosidade quase dobrou, e eles deram ao grupo 79% das vezes. Eles eram quase indistinguíveis de pessoas com uma orientação pró-social.

As implicações dessa descoberta são profundas. É improvável que as pessoas com orientação pró-eu milagrosamente tenham se tornado menos egoístas. Em vez disso, seus motivos *passaram* de seu eu individual para um eu grupal. Esse é um dos truques da identidade social. Ela transforma objetivos e pode fazer até mesmo pessoas egoístas se comportarem de maneira pró-social.

CONTENDO MULTIDÕES

> Eu me contradigo?
> Muito bem, então eu me contradigo
> (Eu sou grande, eu contenho multidões.)
>
> — Walt Whitman, "Song of Myself"

Estamos pintando um quadro de identidade dinâmico e multifacetado. As pessoas muitas vezes são contradições ambulantes. Elas contêm multidões. Mas, apesar de muitas evidências de que a identidade humana é complexa e mutável, isso ainda parece profundamente contraintuitivo. Nossa experiência momento a momento parece bastante consistente, e é difícil reconhecer, mesmo em nós, a flexibilidade da identidade ao longo do tempo e do lugar. Certa vez, quando um de nós falava sobre isso em uma aula, um aluno exclamou frustrado: "Se o que você está dizendo está certo, quantos eus eu tenho? Quem diabos sou eu?"

Então quem somos nós? Quantas são as multidões dentro de nós?

Os psicólogos sociais usam a técnica de 20 declarações para explorar diferentes componentes da identidade das pessoas. É muito simples; tudo o que você precisa fazer é completar a frase:

"Eu sou _____" 20 vezes.

Aqui está uma amostra de nossas próprias listas:

Dom	Jay
Professor	Pai
Pai	Cientista
Marido	Canadense
Inteligente	Filho
Estressado	Neurocientista social
Psicólogo social	Otimista
Amante da música	Um garoto de Fox Creek
Ruivo	Goleiro de hóquei
Da Pensilvânia	Viciado em redes sociais
Cozinheiro amador	Viciado em política

Se escrever sua própria lista, notará várias coisas interessantes. Primeiro, não é difícil chegar a cerca de 20 itens que você considera que o definem. Descobrimos que diminuímos um pouco a velocidade no final, mas muitos aspectos de nós mesmos vêm prontamente à mente.

Em segundo lugar, as listas da maioria das pessoas incluem coisas que podem ser agrupadas em certas categorias. Algumas são claramente sobre um *nível individual* do eu. Traços de personalidade estáveis, como *inteligente* e *otimista*, assim como estados mais temporários, como estressado, referem-se a aspectos da pessoa como uma entidade única. São características que diferenciam uma pessoa da outra.

Outros componentes referem-se a um *nível relacional* do eu. Ser *pai* ou *marido*, por exemplo, é ser alguém em relação a pelo menos uma outra pessoa, e é o seu papel no relacionamento que define essa parte da sua identidade. E outros componentes envolvem um nível *coletivo do eu*; identidades sociais como da *Pensilvânia* e *neurocientista social* definem você como membro de uma categoria que considera importante para quem você é.

Existem outros recursos interessantes nessas listas. As pesquisas sugerem que as pessoas são mais propensas a incorporar algo em sua identidade se for distinto e diferenciador.[8] O cabelo ruivo ocorre naturalmente em apenas cerca de 2% da população, então é mais provável que Dominic escrevesse *ruivo* em sua lista de atributos do que Jay, *moreno*. Alguns atributos podem pertencer a mais de um nível de identidade. Identificar-se como ruivo significa ver a cor do seu cabelo como um traço que o diferencia dos outros. Mas a cor do cabelo também pode servir de base para a categorização social, uma forma de dividir o mundo em grupos. Na verdade, existem estereótipos sobre ruivos como categoria. Como foi dito sobre Anne de Green Gables, talvez a ruiva fictícia mais famosa do mundo: "Seu temperamento combina com seu cabelo."[9] Entendendo-se como um grupo distinto, os ruivos até organizaram seus próprios festivais, comunidades online e sites de namoro.

O fato é que os aspectos individuais da identidade são difíceis de separar dos sociais. Isso é verdade em pelo menos duas maneiras adicionais. Em primeiro lugar, muitas características pessoais são inerentemente relativas e ganham significado apenas em comparação com outras. Definir-se como inteligente, por exemplo, é considerar-se mais inteligente do que as outras pessoas; definir-se como otimista é ver a si mesmo como mais esperançoso do que os outros. É importante ressaltar que as pessoas em relação às quais você se avalia são aquelas que você considera alvos relevantes para comparação, e é muito mais provável que sejam membros do grupo do que de fora.

Segundo, os grupos sociais aos quais pertencemos moldam a própria experiência do que é ser um indivíduo. As maneiras pelas quais você se esforça para ser um eu independente são influenciadas pelas normas dos grupos com os quais se identifica. Normas são os padrões de comportamento aceitos dentro de grupos sociais e influenciam como você se comporta. Quanto mais alguém se identifica com um grupo, mais fortemente tenderá a se conformar às normas dele. Em outras palavras, membros fortemente identificados têm mais probabilidade do que os fracamente identificados de pensar, sentir e agir de forma semelhante à maioria das outras pessoas em seu grupo.

Pessoas de culturas mais coletivistas concordam de imediato, mas, se você é de uma cultura individualista, pode estar lendo isso com algum ceticismo. Você provavelmente não se considera um conformista. No entanto, essa também é uma norma social!

Alguns grupos têm normas individualistas. Por exemplo, a identidade norte-americana tem uma forte tendência independente, enfatizando a importância da autonomia pessoal, responsabilidade e direitos individuais, e não enfatizando a importância de consenso e coesão. O que isso significa para norte-americanos fortemente identificados? Seu nível de identificação deve levá-los a se conformar mais às normas do grupo, fazendo com que se esforcem para ser ainda mais individualistas.

Isso significa que o individualismo norte-americano é realmente um tipo de conformidade? Os resultados da pesquisa de Jolanda Jetten, da University of Queensland, e seus colegas sugerem que, de fato, é.[10] Em um estudo, eles descobriram que norte-americanos fortemente identificados expressavam níveis mais altos de individualismo do que os fracamente identificados. Assim, os norte-americanos que expressam seu individualismo são, na verdade, conformistas a uma norma social muito forte.

As normas norte-americanas criam, nas palavras imortais do crítico de arte Harold Rosenberg, uma "manada de mentes independentes". Chamamos isso de *paradoxo da independência* — as pessoas que lutam pela independência geralmente o fazem para se encaixar! Em contraste, na pesquisa de Jetten, indonésios fortemente identificados, membros de uma nação com normas mais coletivistas, expressaram níveis mais altos de coletivismo do que os fracamente identificados.

Para que você não pense que isso é puramente uma questão de cultura nacional, também há muitas variações dentro das nações. Quando trabalhamos na Ohio State, notamos que os alunos da graduação eram obcecados por se encaixar, e muitos vestiam escarlate e cinza, as cores da escola, com orgulho. E, em dias de jogo, não eram apenas os alunos vestidos de escarlate e cinza — era toda a cidade de Columbus. Quando os Buckeyes jogavam futebol, mais de 100 mil pessoas lotavam o estádio e entoavam canções de luta tradicionais em uníssono. Enquanto a equipe marchava em direção ao campeonato nacional, durante nosso primeiro ano em Ohio, a cidade inteira estava imersa em rituais de identidade.

Foi uma experiência antropológica estimulante e fascinante para dois rapazes vindos da Universidade de Toronto, em que o time de futebol havia recentemente estabelecido um recorde nacional ao perder seu 49º jogo consecutivo. Mas, quando mudamos para nossos empregos atuais, na Lehigh University (Dominic) e na New York University (Jay), as normas eram radicalmente diferentes. É raro ver um aluno da NYU vestindo as cores da escola, e o valor que esses alunos prezam mais do que qualquer outro é "ser interessante". Para eles, integrar-se significa se destacar.

Claro, as pessoas sabem que diferentes universidades oferecem diferentes culturas. Isso ajuda as pessoas a se organizarem, optando por ingressar em diferentes tipos de comunidades, dependendo das normas locais e do ambiente educacional. Os candidatos que têm um forte desejo de se encaixar em uma comunidade altamente coesa provavelmente terão uma experiência melhor no estado de Ohio do que em Lehigh. Os candidatos que têm um forte desejo de cultivar e incorporar uma individualidade marcante provavelmente terão uma experiência melhor na NYU do que no estado de Ohio. Também é verdade que, depois de chegar ao campus, os alunos podem perceber que suas identidades mudam para se alinharem mais estreitamente com as normas sociais de sua universidade.

Dinâmicas semelhantes ocorreram em nosso escritório de alunos de pós-graduação na Universidade de Toronto. Enquanto Jay gostava de usar chinelos e camisetas irônicas, Dominic imitava professores alguns anos mais velhos e começou a aparecer para trabalhar de paletó. Em pouco tempo, Jay se viu atraído por um blazer de veludo cotelê marrom com cotoveleiras. Embora essa mudança pareça o próximo passo natural no crescente senso de moda de Jay, a realidade é que, provavelmente, resultou de seu colega de escritório mais elegante e da identificação com os professores em seu departamento. É exatamente assim que a identidade e as normas moldam nossas decisões. Quando Jay se mudou para o estado de Ohio, e Dom o seguiu, alguns meses depois, Dom ficou mortificado ao descobrir que todos em Columbus pensavam que ele estava imitando Jay! Mais preocupante ainda, Jay não fez nada para corrigir esse equívoco.

Hazel Marcus, da Universidade de Stanford, e seus colegas estudaram as diferenças nesses tipos de normas entre norte-americanos que vivem em ambientes urbanos e rurais.[11] Em muitas cidades grandes, as pessoas ficariam mortificadas se seus melhores amigos comprassem as mesmas roupas ou decorassem seus apartamentos exatamente da mesma maneira. Muita semelhança afeta seu individualismo. Mas, em locais rurais, as pessoas tendem a acreditar que a imitação é a forma mais sincera de lisonja e têm prazer em compartilhar experiências comuns com seus amigos. É por isso que os descolados, obcecados pela autenticidade e exclusividade, aglomeram-se em bairros urbanos enobrecidos, enquanto estranhos desvios da norma podem levar à provocação ou ao ostracismo em comunidades rurais mais tradicionais.

Uma das funções mais importantes dos grupos é a sua capacidade de coordenar os comportamentos e atividades de muitas pessoas ao mesmo tempo. Assim como nossas amigas abelhas e nossos inimigos cupins, os seres humanos são uma espécie hipersocial, vivendo juntos em coletivos que vão desde a pequena escala (casais e famílias) até o verdadeiramente massivo (países com centenas de milhões de cidadãos). Ao contrário das colmeias e colônias de cupins, no entanto, os grupos, organizações e sociedades que construímos estão em constante evolução, permitindo-nos inovar, construir novas instituições, nos adaptar a ambientes em constante mudança e nos beneficiar das tremendas vantagens de trabalharmos juntos.

Grande parte dessa coordenação é realizada por meio da conformidade com as normas. A conformidade foi observada em todos os domínios da vida em que os pesquisadores a procuraram. As experiências revelaram conformidade na moda, preferências políticas e musicais, valores morais, hábitos alimentares e de bebida, práticas sexuais, atitudes sociais, cooperação e conflito. O que as pessoas pensam, sentem e fazem é influenciado, muitas vezes em um grau surpreendente, pelo que elas acreditam que todo mundo está pensando, sentindo e fazendo. E como estão vinculadas a grupos e identidades, as normas particulares que orientam as pessoas em qualquer momento variam dependendo de quais partes de si mesmas são mais salientes e ativas.

OS BANQUEIROS SÃO DESONESTOS?

Banqueiros, como advogados e políticos, não têm a melhor reputação quando se trata de honestidade. A pesquisa do Gallup em 2019, por exemplo, descobriu que 20% das pessoas classifica a honestidade e a ética dos banqueiros como baixa ou muito baixa, em comparação com apenas 3% para enfermeiras e 6% para dentistas.[12] A percepção pública da integridade dos banqueiros piorou após a crise financeira de 2008 e nunca se recuperou totalmente. Os banqueiros foram avaliados como tendo uma ética pobre para 55% dos entrevistados, embora ainda tivessem uma reputação melhor do que os membros do Congresso dos EUA.

Para examinar o quanto o estereótipo dos banqueiros corresponde à realidade de seu comportamento, economistas da Universidade de Zurique — perto do coração de um dos maiores centros bancários do mundo — desenvolveram um experimento inteligente.[13] Eles pediram aos banqueiros de uma empresa internacional que lançassem uma moeda dez vezes e registrassem com que frequência dava cara e coroa. Os banqueiros foram informados com antecedência de que um tipo de resultado — cara ou coroa — seria recompensado. Então, por exemplo, se cara fosse recompensada, eles receberiam o equivalente a cerca de 20 dólares para cada vez que a moeda desse cara e nada quando saísse coroa. Para aumentar as apostas, os banqueiros foram informados de que receberiam seus ganhos *apenas se* o total excedesse um valor ganho por um participante selecionado aleatoriamente em outro estudo.

De maneira crítica, os banqueiros lançaram suas moedas em particular, longe dos olhos curiosos do experimentador. Eles poderiam, portanto, relatar qualquer número de caras ou coroas que quisessem, e ninguém saberia. Os incentivos para trapacear eram fortes, colocando a honestidade dos banqueiros firmemente à prova.

Antes de os banqueiros começarem a tarefa de jogar a moeda, metade deles foi lembrada de sua identidade profissional com perguntas como: "Em que banco você está trabalhando atualmente?" Esperava-se que ser questionado sobre sua ocupação ativasse esse aspecto de sua identidade, tornando-o altamente saliente antes de jogar a moeda. Em contraste, a outra metade dos banqueiros respondeu a perguntas que nada tinham a ver com seu trabalho, como: "Quantas horas por semana você assiste à televisão?" Isso os faria pensar sobre sua identidade pessoal ou outras identidades fora do trabalho.

Não sabemos quantas caras ou coroas qualquer banqueiro em particular realmente conseguiu; os resultados eram realmente privados. Mas sabemos que, em 50% das vezes em que uma moeda é jogada, deve dar cara. Comparando o quão próximos os números relatados de cara e coroa em cada condição estavam do que seria esperado ao acaso, os pesquisadores puderam determinar se os banqueiros em uma condição eram mais propensos a trapacear do que aqueles na outra.

Os banqueiros questionados sobre seus hábitos de televisão e outros aspectos pessoais de suas vidas não pareciam trapacear. Em média, eles relataram lançar suas moedas para o lado vantajoso 51,6% das vezes — o que não era estatisticamente diferente do acaso. No entanto, a trapaça foi elevada entre os banqueiros lembrados de sua identidade ocupacional! Esse grupo de banqueiros relatou garantir lançamentos de moedas vantajosos em 58,2% das vezes.

Os banqueiros são desonestos? A resposta, ao que parece, é que depende se os banqueiros em questão estão pensando em si mesmos como banqueiros! Os banqueiros, como todo mundo, contêm multidões.

O que isso sugere é que a pergunta: "Os banqueiros são desonestos?" não é realmente muito significativa. Se a identidade de um banqueiro influenciará sua honestidade depende das normas da comunidade bancária com a qual se identifica — normas que podem diferir entre os grupos e, presumivelmente, mudar ao longo do tempo.

Talvez seja por isso que um artigo recente que examinou como a ativação de identidades ocupacionais influenciava a honestidade entre banqueiros no Oriente Médio e na Ásia não encontrou o mesmo efeito.[14] As normas dos bancos nesses locais — e, certamente, as das culturas mais amplas em que operam — provavelmente são diferentes daquelas do estudo original.[15] Também pode haver diferenças entre os tipos de banqueiros; enquanto os do estudo original estavam principalmente envolvidos em investimento e comércio, os do segundo eram banqueiros comerciais, que lidavam principalmente com empréstimos.

EM RESPOSTA

A preocupação de que descobertas publicadas anteriormente não possam ser replicadas aumentou consideravelmente na psicologia — e, de fato, em muitos campos científicos — nos últimos anos, levando ao que alguns chamam de "crise de reprodutibilidade". Como a saga dos estudos dos banqueiros destaca, entender o que significa quando um achado anterior não é replicado nem sempre é fácil. Talvez a descoberta original não fosse real. Talvez tenha sido um acaso estatístico (as chances são de que possa ser aumentada com tamanhos de amostra muito pequenos), um artefato de manipulação de dados duvidosos ou, em casos raros, fraude total. Em muitos outros casos, se a pesquisa encontrar um padrão de comportamento em um contexto e não em outro, isso pode refletir uma variação significativa nos fatores que alteram os resultados. Esse é um dos principais interesses da psicologia social e cultural. No caso dos estudos sobre banqueiros, pensamos que há uma boa razão para suspeitar que normas diferentes explicam por que algumas identidades de banqueiros aumentam a desonestidade e outras, não. Mas a verdade é que, sem mais pesquisas, não sabemos com certeza.

Para todas as pesquisas sobre as quais falamos neste livro, há uma distinção importante a ser feita entre as descobertas de estudos específicos e os princípios de identidade mais amplos que eles iluminam. Nesse caso, há uma literatura massiva demonstrando que as pessoas são altamente influenciadas pelas normas do grupo, algumas das quais falaremos mais profundamente em capítulos posteriores. Portanto, se você tem filhos ou amigos que trabalham no setor bancário, não deve presumir, com base no estudo que descrevemos, que eles são eticamente comprometidos no local de trabalho. Você deve, no entanto, estar interessado nos tipos de normas que seus empregadores mantêm. E se você está pensando pessoalmente em trabalhar em um banco — ou em qualquer outro lugar —, achamos que deve estar especialmente interessado em quais são as normas locais, porque elas provavelmente exercerão uma influência importante em seu comportamento e em sua vida.

> Neste livro, buscamos nos concentrar em descobertas nas quais temos altos níveis de confiança. Mas os princípios básicos de identidade de que trata este livro se baseiam em muito mais estudos do que temos espaço para discutir. Os princípios são apoiados por extensas linhas de pesquisa conduzidas por vários laboratórios, ao longo de muitos anos. Nem tudo está resolvido, é claro, e falaremos sobre os pontos em que as ideias evoluíram, as controvérsias continuam e as perguntas permanecem. Na verdade, a forma como a compreensão científica evolui com o tempo é uma das partes mais interessantes da história!

PRINCÍPIOS DE IDENTIDADE

Este capítulo apresenta várias lições importantes sobre identidades e os papéis que desempenham na vida das pessoas. Em primeiro lugar, os grupos aos quais as pessoas pertencem costumam ser fundamentais para seu senso de identidade e compreensão de quem são. Em segundo lugar, as pessoas têm uma prontidão notável para encontrar solidariedade coletiva com os outros e gerar, mesmo que apenas temporariamente, um senso de identidade baseado em experiências comuns, características compartilhadas e até mesmo atribuição aleatória a um novo grupo. Terceiro, quando uma determinada identidade social é saliente e ativa, ela pode ter um efeito profundo nos objetivos, emoções e comportamentos das pessoas. Em quarto lugar, a maioria das pessoas provavelmente se conformará com as normas associadas a uma identidade ativa e tentará agir da maneira que acredita que promoverá seus interesses, fazendo sacrifícios pessoais, se necessário.

Um grande número de coisas boas resulta de quando criamos e compartilhamos identidades sociais com outras pessoas. Mas há outro lado disso: a cooperação e a generosidade estão ligadas às nossas identidades. Para cada grupo interno, geralmente há um externo. As identidades sociais podem fazer com que as pessoas queiram ajudar membros de seus próprios grupos, mas também podem fazer com que queiram prejudicar — ou, pelo menos, evitar ajudar — pessoas que pertencem a outros grupos.

Falando em conflito entre grupos, neste livro falaremos muito sobre identidades políticas. Em muitas nações ao redor do mundo, a polarização política ou conflito sectário está causando conflitos sociais massivos. A política em muitos lugares tornou-se notavelmente tóxica.

Quando as relações entre os grupos se fortalecem e começamos a ver "nossos" interesses como fundamentalmente opostos aos interesses "deles", as emoções positivas e a empatia que sentimos por nossos próprios grupos podem mudar para uma direção perigosa. Começamos a pensar que não somos apenas bons, mas inerentemente bons. E, se isso for verdade, então *eles* devem ser intrinsecamente ruins e precisam ser combatidos a todo custo. As questões são moralizadas de forma a favorecer nosso ponto de vista. Tornamo-nos menos tolerantes com a dissidência e vigilantes contra qualquer desvio que ameace diluir a fronteira tão importante entre nós e eles. Vemos inimigos dentro e fora. Começamos a acreditar que, quando se trata de perseguir os interesses de nosso grupo, qualquer meio é justificado pelos fins. E, quando cometemos danos a outras pessoas, geralmente é porque pensamos que isso está em conformidade com um objetivo virtuoso mais amplo.

Muitas pessoas não percebem o quanto a competição depende da cooperação. Quando as pessoas jogam damas ou hóquei, ou competem por uma promoção, elas implicitamente concordam em obedecer a um conjunto de regras compartilhado e coletivamente acordado. Também na política existem regras, escritas nas constituições e estabelecidas pela tradição e pelos precedentes. Essas regras, incorporadas por instituições políticas, permitem que os rivais se envolvam em debates ferozes e discutam as coisas sem recorrer ao derramamento de sangue.

Instituições eficazes que fornecem regras justas e responsabilidade estão entre os bens sociais mais importantes que uma sociedade humana pode fornecer. E essas instituições funcionam enquanto um número suficiente de pessoas acreditar nelas, enquanto acreditarem que há algo maior e, em última análise, mais importante do que vencer a próxima eleição. As políticas tóxicas são especialmente perigosas quando minam essas crenças. As coisas podem ficar realmente feias quando a perda de qualquer senso de identidade compartilhada como cidadãos se combina com a crença de um grupo em sua própria retidão, levando seus membros a pensarem que seguir as regras é tolice ou que o outro lado deve ser interrompido a todo custo.

Acreditamos que esses padrões tóxicos são produtos da dinâmica padrão de grupo e identidade, mas que esses resultados ruins não são, de forma alguma, inevitáveis. As interações intergrupais e a política não precisam ser assim. Entender como a identidade funciona nos ajuda a entender o que está acontecendo e, talvez, a descobrir como sair dessa bagunça.

Embora nossas identidades sociais sejam forças poderosas em nossas vidas, ainda assim temos agência e algum nível de controle sobre elas. Todas as pessoas pertencem a algumas categorias que não valorizam ou com as quais não se identificam em especial, mesmo que outras o façam. Por esse motivo, quando nós, como pesquisadores, estudamos as identidades sociais das pessoas, não presumimos que todos em uma categoria, seja gênero, raça, ocupação, religião ou nacionalidade (apenas para citar alguns), se identificam da mesma maneira com ela. Em vez disso, frequentemente medimos o quanto cada pessoa se identifica com o grupo. Podemos pedir às pessoas que avaliem o quão orgulhosas elas são de pertencer ao grupo e quão central isso é para seu senso de identidade.

Claro, as pessoas não têm controle total sobre os grupos aos quais pertencem, mas, muitas vezes, têm a capacidade de escolher quais abraçam como identidades. Quando você escolhe uma faculdade ou carreira, apoia uma equipe esportiva ou se inscreve em um partido político, está ativamente selecionando uma determinada identidade. Da mesma forma, se você abandonar uma festa, sair do emprego ou até mesmo deixar de ser fumante, abrirá mão de uma identidade. Dado o quanto as emoções, crenças e comportamentos das pessoas estão envolvidos em suas identidades sociais, a agência para escolher com quem elas se importam, quais animarão suas escolhas e quais definirão seu relacionamento com o mundo é extremamente importante. Na verdade, essas podem estar entre as decisões mais importantes que alguém toma na vida.

As pessoas também exercem seu arbítrio quando discordam das normas do grupo ou assumem um papel mais ativo na liderança. A identidade é fundamental para essas duas tarefas. Como explicaremos, as pessoas estão mais dispostas a discordar caso se preocupem profundamente com um grupo, e os líderes são mais eficazes quando podem gerar um senso comum de identidade entre seus seguidores.

A premissa central de nosso livro é que saber como as identidades funcionam pode nos dar mais controle sobre sua influência. Como dissemos, compreender a identidade social nos permite fazer a transição da pergunta: "Quem sou eu?", para descobrir: "Quem eu quero ser?"

O QUE VEM DEPOIS?

Os primeiros capítulos deste livro examinam como as identidades sociais moldam a forma como vivemos o mundo e as decisões que tomamos. Os Capítulos 2, 3 e 4 descrevem como as identidades sociais fornecem as lentes através das quais percebemos os eventos e como influenciam algumas de nossas crenças mais importantes. Juntos, exploraremos o papel da identidade no partidarismo político, como as novas tecnologias, incluindo as mídias sociais, tornaram esse partidarismo pior e as soluções potenciais para reduzir as divisões. No Capítulo 5, examinamos por que as pessoas valorizam certas identidades sociais mais do que outras e como essas identidades incutem símbolos e objetos relevantes de valor.

As identidades sociais sempre existem em contextos intergrupais; frequentemente, exibimos preconceitos em favor de nossos próprios grupos e em detrimento de outros. No Capítulo 6, examinaremos a natureza dos preconceitos — tanto implícitos quanto explícitos — e discutiremos como eles costumam estar baseados em longas histórias de opressão e estruturas institucionais. Compreender como as identidades sociais funcionam pode oferecer soluções para reduzir o preconceito, mas lidar com a discriminação sistêmica requer uma escala de ação mais ampla.

Os capítulos subsequentes examinarão como as identidades fundamentam a ação coletiva. No Capítulo 7, discutimos como as identidades sociais surgem em resposta à adversidade e fornecem uma base para a solidariedade na busca pela mudança social. No Capítulo 8, exploraremos como os membros internos mudam seus grupos por dentro, como a dinâmica da identidade influencia quem discorda e como os grupos podem tirar vantagem disso em diversos âmbitos. O Capítulo 9 explicará o papel crítico que os líderes desempenham em todos esses domínios. Examinaremos como líderes eficazes procuram atender às necessidades de identidade dos membros do grupo, ajudando-os a descobrir quem são e para onde estão indo. As ferramentas da liderança de identidade podem ser usadas para o bem ou para o mal.

Finalmente, no Capítulo 10, especulamos sobre o que pode estar reservado para a vida em grupo. Vamos nos concentrar nos desafios que a humanidade enfrenta em relação ao aumento da desigualdade, mudança climática e ameaças à democracia. Lidar eficazmente com essas questões depende da compreensão do papel da identidade.

Começando no Capítulo 2, nós nos aprofundaremos em como as identidades alteram as percepções, afetando como filtramos e entendemos as informações no mundo ao nosso redor. As identidades nos fornecem lentes, por meio das quais experimentamos o mundo e criamos significado, mas também podem desviar nossa atenção e distorcer nossos julgamentos.

CAPÍTULO 2
A LENTE DA IDENTIDADE

Uma audiência de 400 milhões de espectadores grudou-se em seus assentos quando o jogo final da Copa do Mundo da FIFA de 1966 avançou para a prorrogação. Com o troféu do campeonato mais cobiçado do mundo em jogo, Inglaterra e Alemanha Ocidental estavam em um empate, dois a dois. Mais de dez dolorosos minutos de prorrogação decorreu quando o jogador inglês Alan Ball passou a bola para Geoff Hurst, um atacante magro de Lancashire.

Hurst chutou a bola com o pé direito em direção ao gol, enquanto ele caía no chão. A bola passou por cima das pontas dos dedos estendidos do goleiro alemão, atingiu a parte inferior da trave, ricocheteou em direção à linha de gol e foi isolada pelos defensores da Alemanha Ocidental.

O campeonato mundial foi definido com base no que aconteceu durante aquela fração de segundo.

Os jogadores ingleses, por acreditarem terem vencido o jogo, começaram a festejar. A multidão rugiu! No entanto, o árbitro suíço Gottfried Dienst não tinha certeza se a Inglaterra havia realmente marcado. Na época, Dienst era considerado o melhor árbitro do mundo. Incerto, ele consultou seu assistente antes de tomar a decisão crítica: a bola havia cruzado a linha. Gol!

O vídeo acabaria por mostrar que a bola não tinha, de fato, cruzado a linha. A Inglaterra não deveria ter vencido a Copa do Mundo de 1966 — pelo menos, não com esse gol. Já o jogador inglês mais próximo da bola, Roger Hunt, jurou tê-la visto cruzar a linha e entrar na rede. Certamente, ele deve ter visto, caso contrário, teria se movido para tocá-la em vez de se virar para comemorar.

Ele viu o que queria ver.

Essa situação pode parecer uma raridade. Com que frequência a competição atlética mais vista do mundo é determinada por um jogo tão contencioso? Ainda assim, os fãs de esportes de todos os lugares constantemente se encontram em conflito com árbitros e juízes. O problema é que muitos torcedores são tão afetados pelas identidades de seus próprios times, que sentem que a tomada de decisões de todos os outros é irremediavelmente tendenciosa — especialmente quando a situação é ambígua.

A pesquisa sobre essa questão começou após uma partida de futebol jogada por dois times da Ivy League no Palmer Stadium, em Princeton, New Jersey, em uma tarde de sábado no final de novembro de 1951. Era o último jogo da temporada, e os Tigers, da Universidade de Princeton, tentavam terminar o ano invictos ao derrotar os Indians, da Universidade de Dartmouth.

Rapidamente, ficou claro que aquele seria um jogo difícil. Os jogadores colidiram, a raiva aumentou e a violência cresceu rapidamente. Em pouco tempo, o brilhante quarterback norte-americano de Princeton, Dick Kazmaier, deixou o campo com o nariz quebrado. (Ele viria a ganhar o Troféu Heisman, que é concedido anualmente ao melhor jogador do futebol universitário, pela maior margem de votos da história.) A perda de seu superstar enfureceu os jogadores de Princeton. Eles retaliaram. E, no terceiro quarto, um jogador de Dartmouth foi levado para fora do campo com uma perna quebrada.

Princeton ganhou o jogo por treze a zero. Mas esse não foi o fim da história.

O jogo da culpa começou imediatamente. O jornal estudantil de Princeton chamou o jogo de "exibição nojenta" e relatou que "a culpa deveria ser colocada principalmente na conta de Dartmouth". A equipe de jornal dos alunos de Dartmouth, no entanto, via isso de maneira muito diferente.

Eles alegaram que o treinador de Princeton, Charlie Caldwell, "incutiu a velha atitude de ver o que eles fizeram e partir para cima" em seus jogadores.

Essas idas e vindas animadas inspiraram psicólogos em Dartmouth e Princeton a unirem forças para entender como é que os membros de suas próprias faculdades podiam discordar tão ferozmente sobre os fatos objetivos do jogo. Eles aplicaram um questionário aos alunos de Dartmouth e Princeton uma semana após o jogo.[1] Assim como os jornalistas de seus jornais universitários, os alunos de Princeton e Dartmouth tinham interpretações radicalmente diferentes do jogo. No total, 122 alunos afirmaram que o outro time havia começado a ofensiva, e apenas 2 acreditavam que seu próprio time a havia iniciado!

Repetindo: 122 para 2. Um veredicto quase unânime de que a culpa fora dos outros.

Como essas divergências podem ser atribuídas a erros de memória ou exposição a notícias tendenciosas de jornais, os pesquisadores trouxeram um novo lote de alunos de cada escola e mostraram a eles imagens do jogo. Eles registraram as respostas desses alunos enquanto observavam o jogo se desenrolar diante de seus olhos. Talvez o vídeo fornecesse uma verificação da realidade.

Embora todos estivessem olhando para a mesma evidência, os alunos das duas faculdades continuaram a discordar sobre os fatos do jogo. Os alunos de Princeton alegavam que os jogadores de Dartmouth cometeram mais de duas vezes mais infrações do que os de Princeton; os alunos de Dartmouth, que o número de infrações fora quase idêntico para ambas as equipes. Mesmo enquanto todos assistiam ao mesmo vídeo, os alunos de cada universidade ainda pareciam ver coisas muito diferentes.

Caso você se sinta tentado a descartar isso como apenas delírio de alguns universitários, considere o telegrama que um ex-aluno de Dartmouth, em Ohio, enviou para sua *alma mater*. Ele havia recebido imagens do jogo de amigos, um grupo de ex-alunos de Princeton, que lhe contaram tudo sobre o comportamento covarde de seu amado time da Dartmouth. Mas, ao assistir a filmagem, ele não conseguiu ver as faltas de que lhe falaram e ficou perplexo.

Planejando mostrar uma fita do jogo em um evento de ex-alunos que se aproximava, ele enviou um telegrama aos administradores da Dartmouth. "A pré-visualização dos filmes de Princeton indica um corte considerável de uma parte importante, PARE, por favor, conecte a explicação e, se possível, envie por correio aéreo a parte faltante antes da exibição programada para 25 de janeiro. PARE, temos equipamento de emenda."

Ele presumiu que algumas das terríveis faltas que ouvira de seus amigos de Princeton tinham sido cortadas da fita!

Há mais de 60 anos, os pesquisadores concluíram: "Os 'mesmos' impactos sensoriais emanados do campo de futebol, transmitidos através do mecanismo visual para o cérebro, obviamente também deram origem a experiências diferentes em pessoas diferentes." Em outras palavras, os torcedores foram tendenciosos — eles viam o jogo pelas lentes de sua identificação com o time, detectando todas as violações cometidas por seus oponentes, mas fechando os olhos para as infrações de seus próprios jogadores.

Esse estudo revela algo importante sobre a percepção humana: muitas vezes, somos levados por nossas identidades a interpretar o mundo de uma determinada maneira. No próximo capítulo, discutiremos como isso se desenrola quando se trata de nossas crenças sobre o mundo. Aqui, vemos que elas se estendem até mesmo a julgamentos perceptivos — o que vemos, ouvimos, saboreamos e cheiramos.

No curso de qualquer jogo, existem dezenas, senão centenas, de eventos ambíguos, que estão abertos à interpretação através das lentes de sua identidade. Os avanços modernos em arbitragem e tecnologia agora permitem replays instantâneos para ajudar a resolver essas situações ambíguas. Mas o impacto da identidade no julgamento vai muito além do estádio esportivo, para domínios da vida em que não há replay instantâneo para corrigir nossos julgamentos.

Na última década, nós dois examinamos como as identidades de grupo — variando de times esportivos a partidos políticos e nações — influenciam profundamente a forma como as pessoas interpretam o mundo ao seu redor. Essa dinâmica ocorre em todos os lugares — na mesa de jantar e no sistema de justiça criminal. E, embora as identidades possam aprimorar nossos sentidos, fazendo-nos sentir melhor o cheiro do chocolate ou ansiar pelo sabor de grãos deliciosos, também prejudicam nossa capacidade de perceber as coisas de maneira precisa ou justa. Muito disso acontece fora de nossa consciência. E poucos de nós, se é que alguém, estão imunes.

ÓCULOS DE IDENTIDADE COLORIDOS

> Não vemos as coisas como elas são;
> nós as vemos como nós somos.
>
> — Anaïs Nin, *Seduction of the Minotaur*

A cada momento do dia, há mais informações chegando aos seus órgãos sensoriais do que podem ser processadas conscientemente. A atenção permite que seu sistema nervoso selecione uma parte do que é (espero) a informação mais relevante para processá-la mais profundamente. Uma grande quantidade de filtragem de informações ocorre antes que as pessoas tomem consciência de que algo — um movimento, um som, a emissão de um cheiro — aconteceu. Ter um sistema para separar o joio sensorial do trigo é mais do que útil, é essencial.

Um exemplo clássico disso é conhecido como "efeito coquetel".[2] Em qualquer grande reunião, o zumbido da música e das conversas fica em segundo plano, enquanto você presta atenção na pessoa com quem está falando. Seu cérebro filtra o ruído para que você se concentre em qualquer história ou fofoca fascinante que seu amigo esteja lhe contando.

Agora, o que acontece se alguém mencionar seu nome em uma conversa do outro lado da sala? Se você for como a maioria das pessoas, ouvir seu nome rompe o ruído de fundo e muda sua atenção. De repente, você fica atento, sintonizado com o que está sendo dito sobre você. Eles estão falando algo gentil ou compartilhando uma situação embaraçosa?

Esse efeito de coquetel ocorre porque seu cérebro não está ignorando tudo em segundo plano. Enquanto você conversa, sua mente inconsciente monitora os arredores, para o caso de algo relevante acontecer. Alguém dizer seu nome para outras pessoas, é claro, é a coisa mais relevante que pode acontecer!

O modo como a atenção funciona é muito complexo, mas você pode pensar no que chama a atenção das pessoas de duas formas diferentes. Algumas coisas chamam a atenção porque são salientes no ambiente. Movimentos repentinos, ruídos estranhos, coisas bonitas ou nocivas e seu próprio nome — tudo isso merece sua atenção para que você possa reagir de forma adequada. Esse tipo de orientação da atenção é descrito como processamento "de baixo para cima".

Outras coisas, entretanto, chamam sua atenção porque você já está procurando por elas. Coisas que espera, deseja ou precisa tendem a receber mais atenção porque seu cérebro já decidiu que são relevantes. Quando está procurando as chaves do carro, por exemplo, provavelmente encontrará seus olhos atraídos para tudo o que é pequeno e brilhante enquanto seu sistema visual procura o objeto de que você precisa com urgência. Este tipo de orientação atencional é conhecido como processamento "de cima para baixo". Metas, necessidades, desejos e, sim, identidades mudam o foco de seu sistema sensorial.

Quando adota uma identidade, é como se colocasse um par de óculos que filtram sua visão do mundo.[3] A identidade o ajuda a lidar com a vasta quantidade de informações que bombardeia continuamente seus sentidos. Diz o que é importante, onde olhar, quando ouvir e talvez até o que provar.

Depois de entrar em um grupo, você adquire uma visão do que "nós" (os membros do grupo) consideramos importante e, portanto, do que você pode ignorar com segurança. E isso funciona bem, na maior parte. No trabalho, por exemplo, você provavelmente presta atenção extra ao seu chefe, participa dos workshops certos e descobre como lidar com a política do escritório. Aprende a ignorar certos tipos de e-mails, grandes reuniões e eventos que sugam seu tempo e energia.

No final do dia, você vai para casa e coloca lentes diferentes para negociar suas obrigações familiares, vizinhos barulhentos e amizades no bar local. Esse é um dos elementos de identidade mais úteis. Assim como as pessoas podem mudar de óculos escuros para óculos comuns quando entram em um prédio escuro ou colocam óculos de leitura na frente do computador, elas podem trocar de identidade ao passar de uma situação para a outra.

As pessoas possuem identidades diferentes e mudam a forma como percebem o mundo à medida que diferentes aspectos de si mesmas são ativados. Para indivíduos biculturais, esse efeito é ainda mais profundo. Para pessoas com mais de uma identidade cultural ou étnica, diferentes situações ativam partes distintas de si mesmas, que, então, influenciam a forma como pensam e percebem as pessoas ao seu redor.

A neurocientista cultural Joan Chiao e seus colegas realizaram pesquisas fascinantes sobre esse fenômeno.[4] Em um experimento, ela fez com que participantes negros, brancos e birraciais (indivíduos que tinham pais brancos e negros) completassem uma tarefa de atenção visual. Em cada tentativa, os participantes foram apresentados a até oito faces por meio segundo. Às vezes, seu trabalho era determinar rapidamente se havia um único rosto negro entre uma multidão de rostos brancos. Em outras tentativas, tinham que determinar se havia um único rosto branco entre uma multidão de rostos negros.

Chiao e seus colegas descobriram que todos os grupos de participantes eram mais rápidos em identificar visualmente rostos negros entre as multidões brancas do que rostos brancos entre as multidões negras. No entanto, houve duas descobertas interessantes que revelaram como a identidade racial molda a atenção visual. A primeira foi a de que os participantes negros eram mais rápidos do que os brancos na identificação de rostos negros em uma multidão. Eles podiam localizar um membro do grupo em um piscar de olhos.

A segunda coisa surpreendente foi o que aconteceu entre os indivíduos birraciais. O que não mencionamos anteriormente foi que, antes de iniciar a tarefa de atenção visual, esses participantes foram solicitados a escrever um pequeno ensaio sobre a identidade étnica de um de seus pais. Essa tarefa foi projetada para ativar uma ou outra de suas identidades culturais. E mudou a forma como eles reagiram às exibições visuais.

Quando a identidade étnica branca dos participantes biculturais foi ativada, seus padrões de atenção visual pareciam quase idênticos aos dos brancos. Mas, quando sua identidade étnica negra foi ativada, seus padrões de atenção visual pareciam quase idênticos aos dos participantes negros. Em outras palavras, seu sistema de atenção mudou de acordo com a identidade que estava ativa naquele momento.

Para os seres humanos, a visão geralmente é o sentido mais poderoso. Para os cães, é o cheiro; para os morcegos, o som. Mas, quando se trata de identidade, outras sensações são particularmente potentes e evocativas: o cheiro da comida da sua avó ou o cheiro específico de um local. O som de uma determinada língua ou música aprendida na infância. Os sabores dos alimentos tradicionais e consagrados da sua cultura.

Na verdade, parece haver uma conexão profunda entre comida e identidade. Como disse o falecido chef e autor Anthony Bourdain em uma entrevista para o *Slate*: "A comida é tudo o que somos. É uma extensão do sentimento nacionalista, sentimento étnico, sua história pessoal, sua província, sua região, sua tribo, sua avó. É inseparável deles desde o início."

O GOSTO DA IDENTIDADE

No filme de 1992, *Meu Primo Vinny,* Joe Pesci interpreta um advogado de Nova York defendendo seu primo, que está sendo julgado por um assassinato que não cometeu. Deslocado para o Alabama, esse atrevido ítalo-norte-americano da Big Apple tenta navegar na cultura rural do sul dos EUA.

Em uma cena-chave, Pesci vai a uma lanchonete local e descobre que os grãos, feitos de fubá cozido, são uma grande parte da identidade sulista.

Cozinhar grãos adequadamente leva 20 minutos, e é uma questão de orgulho sulista não usar a versão instantânea.

Logo depois, o personagem de Pesci começa a questionar uma das testemunhas de acusação, um sulista chamado Sr. Tipton. Tipton diz que estava começando a fazer seu café da manhã quando viu o primo de Vinny entrar em uma loja e, cinco minutos depois, quando Tipton estava prestes a comer seu café da manhã, ele ouviu um tiro.

O que Tipton comeu no café da manhã? Vinny quer saber. Ovos e grãos, diz Tipton a ele. Vinny, com seu novo conhecimento da culinária sulista, sabe que grãos à moda antiga não cozinham tão rápido, então ele pergunta a Tipton se ele fazia grãos instantâneos para o café da manhã. Esse é um grande insulto, uma afronta ao orgulho sulista de Tipton! Nesse momento, a testemunha deve admitir que seu depoimento foi falho ou que ela traiu sua herança sulista com uma forma inferior de grãos.

A vida de um homem inocente está em jogo.

Diante do juiz e de um tribunal lotado de membros de sua comunidade, a testemunha decide defender sua identidade sulista, mesmo que isso revele que sua cronologia de eventos não é confiável. Tipton anuncia agressivamente: "Nenhum sulista que se preze usa grãos instantâneos. Tenho orgulho de meus grãos."

Alguém admitiria um falso testemunho apenas para defender sua honra? Talvez, não. Mas isso nunca se tratou de grãos; dizia respeito à identidade. E como as tradições culturais costumam estar intimamente ligadas à alimentação, há uma conexão profunda para muitas pessoas entre suas identidades e sua alimentação.

As pessoas viajam pelo mundo para experimentar cozinhas exóticas, mas mesmo um passeio por um único país revela uma vasta multiplicidade de sabores, texturas, ingredientes e tradições culinárias. Nos Estados Unidos, existem grandes diferenças nas preferências culinárias das diferentes regiões. Os nova-iorquinos apreciam o que acreditam ser a melhor pizza do país, o pessoal da Filadélfia saboreia seus famosos cheesesteaks, os californianos são estereotipados por mastigar torradas de abacate, e o sul é conhecido por grãos, feijão-fradinho e o delicioso churrasco.

Inspirando-nos em *Meu Primo Vinny*, decidimos estudar as ligações entre a identidade sulista e as experiências alimentares das pessoas. Quão profundamente as preferências por grãos estão entrelaçadas à identidade sulista? Ficamos imaginando se lembrar às pessoas de sua identidade sulista as faria ansiar pelos alimentos associados às suas tradições.

Em uma série de experimentos conduzidos por Leor Hackel, recrutamos mais de 250 sulistas para nos contar sobre sua identidade e preferências alimentares.[5] A primeira coisa que notamos foi que nossa amostra de sulistas variava muito em termos de quanto eles se identificavam com o sul. Enquanto muitas pessoas relataram que era uma parte central de suas identidades, muitos sentiam pouca ou nenhuma conexão com a região. (Como discutimos no Capítulo 1, esse tipo de variação é comum dentro dos grupos. Por exemplo, alguns de nossos alunos se identificam profundamente com sua universidade. Eles usam as cores da faculdade, frequentam esportes universitários e falam sobre ela com um incrível orgulho. Mas outros alunos são ambivalentes em relação à universidade ou até mesmo desligados da comunidade.)

Depois que os sulistas nos contaram sobre sua conexão com o sul, pedimos que avaliassem uma série de alimentos — de bagre frito a feijão-fradinho — sobre o quão intimamente eles estavam ligados à identidade sulista e o quanto eles sentiam vontade de comer cada um deles. Queríamos ver se havia uma conexão entre a força de sua identidade e o quanto eles gostavam dos alimentos do sul em comparação com os alimentos de fora da região.

Como previmos, o grau de identificação das pessoas com o sul estava claramente associado a uma preferência pela culinária sulista. Não bastava ser do Sul — era a identificação com o Sul que importava quando se tratava de preferências alimentares. E, naturalmente, esses orgulhosos sulistas tinham menos interesse em pizza, sanduíches de atum e outras comidas de outros lugares. A identidade é importante quando se trata de preferências alimentares; dá ao alimento uma ressonância emocional que vai além das calorias.

Mas, como vimos, as identidades não são estáveis nem estáticas. As pessoas do Sul sempre têm essa herança cultural, mas isso não significa que esse aspecto de si mesmo esteja ativo ou em jogo a cada momento. Como os banqueiros que se comportaram mais desonestamente quando suas identidades de banqueiro foram ativadas, suspeitamos que os sulistas seriam mais sulistas em seus gostos culinários quando essa identidade fosse destacada e eles se importassem com ela.

Em um segundo estudo com um novo conjunto de pessoas, ativamos a identidade sulista dos indivíduos fazendo com que metade deles descrevesse duas coisas que os sulistas fazem com frequência, duas coisas que eles fazem bem e quatro características associadas aos sulistas — duas positivas e duas negativas. A outra metade foi solicitada a descrever as coisas que eles fazem como indivíduos e os traços positivos e negativos que atribuíam a si mesmos. Essas perguntas foram elaboradas para ativar sua identidade sulista ou sua identidade pessoal para que pudéssemos ver se isso mudaria suas preferências alimentares.

Foi somente depois que sua identidade sulista foi trazida à frente de suas mentes que os sulistas preferiram o sabor de grãos, couve e outras iguarias sulistas mais do que aqueles que tinham sua identidade pessoal ativada. Quando as pessoas foram encorajadas a pensar em si mesmas como indivíduos e a se concentrar em seus próprios traços de personalidade, seu gosto pela culinária sulista não tinha relação com sua identidade sulista.

Encontramos resultados semelhantes quando levamos nosso projeto a uma feira ao ar livre em Ottawa, capital do Canadá.[6] Fizemos uma parceria com nosso colega Michael Wohl, professor de psicologia da Carleton University — que montou um estande no ByWard Market, um dos mais antigos mercados públicos do país, e ofereceu aos transeuntes a oportunidade de comparar os sabores doces de mel fresco e xarope de bordo.

Embora ambos sejam açucarados e pegajosos, apenas o xarope de bordo é um símbolo da identidade canadense. A folha de carvalho, é claro, é exibida com destaque no centro da bandeira nacional, e o Canadá ainda tem uma reserva estratégica nacional de xarope de bordo para o caso de uma escassez de emergência (sem brincadeira). Como o hóquei e os castores, o xarope de bordo é considerado um tesouro nacional.

Quando nossa amostra de canadenses fez o teste de sabor, eles responderam da mesma forma que seus vizinhos no sul dos Estados Unidos: eles preferiram a comida associada à sua herança (xarope de bordo, neste caso), mas apenas quando ativamos sua identidade canadense primeiro. Pensar na identidade canadense abriu seu apetite por um delicioso xarope de bordo, mas não mel.

Nossos estudos sugerem que ativar uma identidade pode influenciar o tipo de comida que as pessoas desejam. Talvez seja por isso que muitos restaurantes que oferecem cozinhas culturalmente específicas se esforçam para criar um ambiente autêntico. Pode ser que adornar as paredes de um restaurante grego com imagens do Partenon ou tocar sucessos do K-pop em uma churrascaria coreana ajude a aprofundar o desejo por pratos associados a essas culturas.

Isso não se limita a adultos (ou fãs de K-pop); as crianças também têm identidades sociais e usam pistas semelhantes para orientar sua alimentação. Uma série de estudos com crianças pequenas descobriu que crianças a partir de um ano de idade usavam dicas de identidade social para determinar o que comer. Quando os bebês puderam escolher entre dois alimentos, eles escolheram aquele endossado por alguém que falava sua língua nativa e torceram o nariz para aquele que havia sido aprovado por alguém que falava uma língua estrangeira.[7]

Desde muito jovens, os seres humanos são sensíveis a pistas sobre identidade, e a linguagem parece ser um dos sinais mais poderosos de conexão compartilhada. Essa é uma descoberta impressionante, porque crianças de um ano dificilmente podem ser descritas como gulosas, e elas precisam procurar orientação dos adultos sobre o que comer. No entanto, elas parecem intuir uma conexão entre comida e identidade antes de entenderem muitas outras coisas.

Essa pesquisa revela como a identidade molda nossas preferências alimentares e, provavelmente, nossas dietas. Mas isso apenas arranha a superfície de como diferentes identidades moldam a maneira como as pessoas vivenciam o mundo. Acreditamos que essas preferências vão além de meros desejos e podem realmente moldar as percepções básicas de forma mais direta, influenciando até mesmo o sentido do olfato.

CHEIRA A CHOCOLATE

Para investigar os efeitos mais profundos da identidade, conduzimos uma série de estudos na Universidade de Genebra, na Suíça, com nosso colega Géraldine Coppin.[8] Queríamos investigar como a identidade molda a forma como as pessoas sentem o cheiro do mundo ao seu redor usando um de nossos prazeres culposos — chocolate (embora Dom prefira o amargo, enquanto Jay é fã de variedades ao leite, mais suaves).

A Suíça é famosa por seus bancos, Alpes impressionantes, canivetes multiferramentas e alguns dos melhores chocolatiers do mundo. Para criar os estímulos para esse experimento, trabalhamos com químicos para criar marcadores de ponta de feltro cheirosos (como os marcadores de frutas que as crianças usam) com cheiro do delicioso chocolate suíço.

Tivemos cidadãos suíços e não suíços, todos estudantes da mesma universidade em Genebra, participando. Assim como em nossos estudos sobre comida do sul e xarope de bordo, selecionamos aleatoriamente um subconjunto de participantes e lhes lembramos de suas identidades suíças. Outros foram lembrados de suas identidades pessoais. Em seguida, os fizemos cheirar os marcadores com aroma de chocolate 20 vezes e registramos a intensidade com que detectaram o cheiro a cada vez. Isso nos permitiu observar o efeito da identidade no cheiro ao longo do tempo.

Para fornecer uma condição de controle, usamos marcadores que cheiravam a pipoca amanteigada. Ambos os aromas eram de alimentos facilmente reconhecíveis. Mas, embora as pessoas possam associar o cheiro de pipoca com ir ao cinema, presumimos que o cheiro de chocolate teria uma forte associação com a identidade suíça. Esperávamos que apenas o cheiro de chocolate ressoasse em nossos participantes suíços, especialmente quando estivessem pensando no mundo através das lentes de sua identidade suíça.

É normal em experimentos como esse que as pessoas achem todos os cheiros intensos no início, mas, devido a um processo conhecido como habituação, elas os detectam cada vez menos intensamente com o tempo. Você provavelmente já teve a experiência de entrar em uma padaria e ser atingido por um aroma irresistível de pão recém-assado, ou em um escritório, em que tudo o que você pode sentir é o perfume de alguém. Depois de alguns minutos, porém, o cheiro desaparece e se torna parte do pano de fundo. Ainda é detectável se você pensar nele, mas não é mais avassalador. Seu sistema sensorial se adaptou.

A mesma coisa aconteceu quando as pessoas em nosso estudo cheiraram a pipoca. No começo, o cheiro era percebido como intenso, mas acabou desaparecendo. Na verdade, em quase todas as condições de nosso experimento, incluindo aquela com o marcador com aroma de chocolate, as pessoas exibiram habituação. Houve, no entanto, uma exceção notável: os cidadãos suíços que foram lembrados de sua identidade suíça *não* se habituaram ao cheiro de chocolate. O cheiro doce permaneceu forte para eles mesmo após a 20ª vez. Foi um lembrete aromático de sua identidade. Pensar em coisas como os belos Alpes suíços, relógios de ponta e seu sistema bancário mundialmente famoso parecia alterar sua sensibilidade ao chocolate.

O chocolate tem, pelo menos para a maioria das pessoas, um aroma delicioso e atraente. Mas os odores variam do tentador ao terrível. As identidades sociais também poderiam influenciar a experiência de alguns dos cheiros mais horríveis da vida? Uma equipe de pesquisadores do Reino Unido, liderada por Stephen Reicher, decidiu descobrir.[9]

Os materiais que eles usaram nesse estudo certamente estão entre os mais incomuns. Eles pediram a um assistente de pesquisa para usar a mesma camiseta por uma semana, inclusive enquanto fazia exercícios e dormia. Depois de ser usada por uma semana, o cheiro da camisa, é seguro dizer, estava bastante pungente. Em seguida, foi cuidadosamente selada em um recipiente hermético para manter o odor até que o estudo estivesse pronto para começar.

Um tempo depois, alunos desavisados e infelizes da Universidade de Sussex foram questionados se eles se importariam de dar uma cheirada na roupa odorosa. (Imagine aparecer para um estudo e ser solicitado a cheirar a roupa suja de outra pessoa.) Depois de cheirar a camisa, eles avaliaram seu nível de repulsa. Naturalmente, a maioria relatou sentir muita.

Mas os pesquisadores usaram um truque inteligente para ver se a identidade social influencia a forma como as pessoas respondem a odores desagradáveis. Todos os participantes tiveram que sentir o cheiro da camisa fedorenta, que tinha um logotipo da Universidade de Brighton, uma instituição rival. Mas metade dos alunos teve sua própria identidade da Universidade de Sussex destacada antes de cheirar a camisa, enquanto a outra metade foi selecionada aleatoriamente para ter sua identidade mais ampla de universitários destacada.

Pode-se imaginar que, quando se trata de odor corporal, pensar em si mesmo especificamente como um estudante de Sussex versus um universitário em geral deve ter pouca influência sobre a repulsa. Mas, na verdade, os alunos relataram menos nojo quando sentiram o cheiro de uma camiseta de uma instituição rival se pensassem em si mesmos como parte da categoria mais ampla de alunos. Tornar a identidade compartilhada saliente tornava a camisa bolorenta um pouco mais tolerável.

Os pesquisadores realizaram outra versão do estudo na Escócia com alunos da St. Andrews University.[10] Nesse caso, eles fizeram uma aluna correr com duas camisetas diferentes, uma com o logotipo azul-marinho da St. Andrews e outra com o logotipo da Dundee, uma universidade rival.

Eles descobriram que as pessoas usavam mais desinfetante para as mãos e passavam mais tempo lavando as mãos depois de segurarem a camisa fedorenta associada à universidade rival do que depois de segurar uma de sua própria. Um senso comum de identidade social novamente parecia impedir seus estômagos de girar (ou, pelo menos, de girar tanto) ao manusear as camisas sujas.

A pesquisa sobre o olfato revela de forma bastante drástica como as identidades moldam nossa percepção do mundo. Quer estejamos cheirando algo agradável ou desagradável, nossas experiências sensoriais são moldadas pelo que está dentro e pelo que está fora da identidade que ativamos. Agora é hora de explorar mais profundamente como a lente da identidade afeta as percepções além da fronteira — as percepções de "estranhos".

VEJA SEUS AMIGOS DE PERTO E SEUS INIMIGOS DE MAIS PERTO

Da Grande Muralha da China ao controverso muro da fronteira inacabado entre o México e os Estados Unidos, os seres humanos investiram imensas quantidades de sangue e tesouro para manter os forasteiros à distância. Em alguns casos, as ameaças eram reais, mas, em outros, eram inexistentes ou exageradas.

Nos últimos anos, algumas de nossas pesquisas investigaram as relações entre o conflito de grupo e a experiência do espaço, particularmente a percepção da distância física entre os grupos. Em um conjunto de estudos liderado por Jenny Xiao, descobrimos que as pessoas que se sentiam ameaçadas por um grupo externo o julgavam como fisicamente mais próximo do que as pessoas que se sentiam mais seguras o faziam.[11]

Pessoas que concordavam com afirmações como "A imigração do México está minando a cultura norte-americana" pensavam que a Cidade do México estava mais perto de sua própria localização do que as pessoas que não experimentaram a sensação de ameaça da imigração. Encontramos esse padrão quando realizamos um estudo com nova-iorquinos e novamente quando pesquisamos pessoas nos Estados Unidos. Independentemente de onde as pessoas vivessem, uma sensação de ameaça fez com que o grupo de fora avultasse em suas mentes.

O grupo externo também parecia maior. Em outro estudo, as pessoas que sentiam esse tipo de ameaça pensavam que o volume de imigrantes que cruzaram a fronteira para os Estados Unidos era significativamente maior do que as que não se sentiam ameaçadas.[12]

Surpreendentemente, esse padrão foi impulsionado por sentimentos do que os psicólogos chamam de ameaças simbólicas ou culturais, em vez de ameaças reais. Pessoas experimentando ameaças simbólicas sentem que suas culturas, e, portanto, suas próprias identidades, estão sendo erodidas por membros de fora do grupo. Pessoas enfrentando ameaças reais estão focadas em questões mais práticas; elas podem acreditar, por exemplo, que os membros do grupo externo estão assumindo seus empregos ou usando em excesso um recurso importante. Para muitos norte-americanos, preocupações simbólicas, mas não práticas, sobre a imigração os fizeram exagerar a proximidade de um grupo externo.

Mas é importante notar que isso foi observado apenas entre os que se identificavam fortemente como norte-americanos. As pessoas que relataram mais orgulho em seu próprio país também foram as que tiveram a ligação mais estreita entre seu senso de ameaça simbólica e sua impressão de que a Cidade do México estava perto demais para ser confortável. Pessoas que não se identificavam profundamente como norte-americanas não exibiam o mesmo padrão.

Tudo isso mudaria se as pessoas pensassem que havia uma forte fronteira entre os Estados Unidos e o México. Depois de ler que a fronteira sul estava "entre as mais protegidas do mundo", os norte-americanos que se sentiam ameaçados pela imigração não superestimaram sua proximidade com a Cidade do México. No entanto, se eles fossem lembrados de que a fronteira era "frequentemente cruzada" e "amplamente desprotegida", tínhamos um padrão quase idêntico ao anterior.

Pouco depois de terminarmos esse projeto, Donald Trump concorreu à presidência com a promessa de construir um muro entre os Estados Unidos e o México. A ideia se tornou uma parte tão central de sua campanha, que Trump e seus apoiadores gritavam: "Construa aquele muro! Construa essa parede!" em seus comícios.[13] Apesar do fato de que a maioria dos especialistas pensava que um muro era uma política ruim e ineficaz no tratamento de questões de imigração, Trump ficou obcecado por ele. Ele capitalizou a psicologia que nós dois estávamos vendo em nossos próprios estudos, exacerbando os sentimentos de ameaça simbólica para aumentar as preocupações dos apoiadores sobre a imigração e os imigrantes.

Construir barreiras literais e metafóricas para estranhos é uma estratégia testada pelo tempo para ganhar poder político (o que discutiremos mais adiante, no Capítulo 9, quando falarmos sobre liderança). Mas essa dinâmica não se aplica apenas a imigrantes ou a contextos políticos. Encontramos padrões semelhantes de julgamento quando examinamos outras formas de identidade social.

Começamos enviando nossa equipe de pesquisa para um jogo de beisebol no Yankee Stadium, em uma bela noite de verão na cidade de Nova York. Enquanto os torcedores dos Yankees (junto com uma mistura de turistas e torcedores de outros times) entravam nas arquibancadas, pedimos a um conjunto deles que preenchessem questionários indicando seu time favorito e seus sentimentos em relação a outros times. Em seguida, entregamos a eles mapas sem etiqueta da Costa Leste, um trecho de 800km que se estende da Carolina do Norte ao Maine. Pedimos a cada um deles para indicar a localização do estádio dos arquirrivais dos Yankees, o Boston Red Sox (que joga no Fenway Park), ou de outro time em sua divisão, o Baltimore Orioles (que joga no Camden Yards). O mapa incluía um alfinete indicando a localização do Yankee Stadium, que ficava aproximadamente a meio caminho entre os outros dois estádios. Feito com precisão, o participante marcaria um X cerca de 300km ao norte no coração de Boston, para Fenway Park, ou de 270km ao sul em Baltimore, para Camden Yards.

É bem conhecido no mundo do beisebol que os fãs dos Yankees e dos Red Sox se desprezam. Muitos consideram essa a rivalidade mais feroz nos esportes norte-americanos. Na época de nosso estudo, os Yankees lideravam sua divisão, e os Red Sox estavam em segundo lugar, apenas um jogo atrás. Os Orioles estavam em último lugar (um total de 23 jogos atrás dos Yankees) e não tinham absolutamente nenhuma esperança de chegar aos playoffs. Essa corrida acirrada entre os Yankees e os Red Sox era apenas mais um motivo para seus fãs se odiarem após um século de animosidade.

Sentimentos de animosidade influenciaram os julgamentos das pessoas sobre a distância física. Os torcedores do New York Yankees pensaram que o estádio do Boston Red Sox era mais próximo do que o estádio do Baltimore Orioles. Na realidade, é o contrário. De maneira crítica, quando fizemos a mesma pergunta aos torcedores não Yankees no jogo, eles foram mais precisos, indicando corretamente, em média, que os Orioles ficavam mais perto de Nova York do que os Red Sox.[14]

Também descobrimos que não importa se as pessoas já estiveram nessas cidades ou se sentiram confiantes em seus julgamentos. A experiência que teriam adquirido viajando não pareceu ajudar os torcedores dos Yankees a fazerem julgamentos mais precisos. A intensa competição superou suas experiências.

Essas percepções equivocadas tiveram consequências. Um ano depois, realizamos outro estudo com os fãs dos Yankees para ver se os sentimentos de proximidade com seus inimigos poderiam motivá-los a se envolver em discriminação.[15] Dessa vez, manipulamos a sensação de proximidade mostrando a eles uma das duas imagens dos logotipos dos Red Sox e Yankees. Em uma imagem, os logotipos estavam juntos (talvez muito próximos para ser confortável); na outra, longe.

Os fãs dos Yankees que viam o odiado logotipo do Red Sox mais próximo do de seu time ficavam mais dispostos a apoiar políticas discriminatórias contra eles. Esses fãs endossaram dar aos fãs do Red Sox assentos de menor prioridade no Yankee Stadium. Também mostramos aos fãs dos Yankees a tabela de assentos do estádio e os fizemos marcar onde achavam que os fãs do Red Sox deveriam se sentar. Para nossa surpresa, vários desses fãs dos Yankees queriam expulsar os fãs do Red Sox do estádio!

Nossos estudos revelam como a identidade social é uma lente para interpretar o mundo que amplifica o conflito intergrupal. Mas acreditamos que isso representa apenas a ponta do iceberg. Aspectos de identidade contribuem para vieses na percepção que têm enormes repercussões, incluindo consequências negativas dentro dos sistemas jurídicos.

POLÍTICA VISUAL

Em agosto de 2014, a polícia de St. Louis, Missouri, atirou e matou Kajieme Powell, de 25 anos, um homem negro com histórico de problemas de saúde mental. Menos de 20 segundos se passaram desde o momento em que a polícia chegou ao local para prender o Sr. Powell por supostamente furtar dois energéticos e alguns donuts até o momento em que dispararam várias balas contra ele.

Essa tragédia se desenrolou a quilômetros de Ferguson, Missouri, onde Michael Brown Jr. havia sido morto a tiros por um policial poucos dias antes. As mortes violentas desses dois negros nas mãos da polícia geraram protestos nacionais contra a violência policial.

As declarações da polícia sobre a morte de Kajieme Powell não foram consistentes com as evidências em vídeo. De acordo com o chefe de polícia, o Sr. Powell "puxou uma faca e avançou para os policiais, agarrando-a e segurando-a bem alto" e estava "a 2 ou 3 pés dos policiais" quando eles atiraram e o mataram.[16] No entanto, um vídeo de celular do tiroteio revelou que Powell estava muito mais longe do que alguns metros e parecia ter os braços baixos ao lado do corpo.

O assassinato gerou um debate acirrado sobre o que realmente aconteceu e se o uso da força pelos oficiais era justificado. Depois de uma longa investigação de provas forenses, de vídeo e de testemunhas, a advogada de St. Louis Jennifer M. Joyce "determinou que uma violação criminal contra qualquer um dos policiais não poderia ser provada além de qualquer dúvida razoável". Sua decisão de não acusar os policiais foi consistente com o padrão nacional — poucos policiais são acusados após interações mortais com os cidadãos.

Quando os policiais começaram a usar câmeras corporais, muitas pessoas pensaram que isso ajudaria a resolver controvérsias sobre o que acontecia durante as interações com civis; os vídeos forneceriam um relato objetivo do que realmente ocorrera. A esperança era a de que as filmagens da câmera corporal responsabilizassem a polícia e os cidadãos. Finalmente, os julgamentos sobre o que aconteceu durante as interações tensas seriam baseados em evidências concretas. Juízes e júris veriam com seus próprios olhos o que se desenrolou nesses encontros mortais.

Centenas de departamentos de polícia em todo o mundo investiram grandes somas para equipar seus policiais com câmeras corporais na esperança de que isso melhorasse o policiamento. Alguns departamentos designaram policiais aleatoriamente para usar câmeras. Os resultados são mistos, e não está claro se elas reduzem a quantidade de força que a polícia usa ou reclamações do público sobre a conduta policial.[17] Outra questão é se os próprios vídeos reduzem o preconceito nas investigações da justiça criminal. Eles permitem que promotores, júris e juízes tenham um controle melhor sobre o que realmente aconteceu?

O professor de Direito Seth Stoughton, da Universidade da Carolina do Sul, criou uma série de vídeos para investigar diretamente a eficácia das câmeras corporais na criação de acordos policiais.[18] Stoughton, ele próprio ex-policial, apoia iniciativas para que os policiais usem câmeras para ajudar a determinar o que acontece nessas interações.

Apesar das esperanças de Stoughton, no entanto, as pessoas não viam seus vídeos de maneira uniforme. A maioria das pessoas geralmente concorda que o policial nesses vídeos enfrenta uma ameaça à sua segurança. Mas as pessoas que tinham um alto nível de confiança na polícia eram mais propensas a acreditar que o policial enfrentava uma séria ameaça à sua vida do que as que não confiavam na polícia.

Tal como acontece com muitos encontros da vida real gravados em fita, os vídeos eram ambíguos, o que permitiu que os preconceitos e crenças das pessoas sobre a polícia influenciassem seus julgamentos. Como em um teste de Rorschach, o que as pessoas viam nesses vídeos tendia a ser moldado por aquilo em que elas já acreditavam, influenciando suas interpretações dos confrontos entre a polícia e os cidadãos. As pessoas diferiam em sua identificação com a polícia e com os civis nesses vídeos. Essas afiliações, por sua vez, as orientavam a ver as mesmas interações de maneira bem diferente.

Para entender melhor o papel da identificação e da atenção visual durante esse tipo de julgamento, Yael Granot e seus colegas monitoraram os movimentos dos olhos das pessoas enquanto assistiam a videoclipes de confrontos físicos entre policiais e suspeitos.[19]

Os participantes de seus estudos assistiram a vídeos de 45 segundos de altercações reais entre policiais e civis, nos quais era ambíguo se os policiais se envolveram em comportamento antiético ou violento, como usar muita força ao prender um suspeito.

Em um clipe, um policial tentou algemar um suspeito que havia engolido um pacote de drogas e resistia à prisão. Eles lutaram, e o policial empurrou o suspeito contra a viatura da polícia. O suspeito então mordeu o braço do policial, após o que o policial bateu na parte de trás da cabeça do suspeito. Enquanto as pessoas assistiam aos vídeos, os pesquisadores observavam secretamente sua atenção visual usando um rastreador ocular embutido no monitor do computador. Posteriormente, os participantes foram questionados se e em que medida o policial deveria ser punido por agredir o suspeito.

Apesar de ver exatamente os mesmos vídeos, houve uma surpreendente falta de acordo entre os participantes. Pessoas que se identificavam com a polícia e passavam mais tempo visualmente focadas nos policiais eram menos propensas a querer que os policiais fossem punidos do que as que não se identificavam com ela, mas também tinham os olhos fixos no que os policiais faziam.

Em suma, os vídeos pouco ajudaram a resolver as impressões conflitantes. Em vez disso, quanto mais atenção as pessoas davam aos policiais, mais polarizadas eram em suas decisões de punição. Ao direcionar sua atenção para os policiais, as pessoas foram capazes de tecer uma história psicológica sobre a culpa que se alinhava com suas identidades preexistentes.

O fato é que as identidades nos fornecem ideias, filosofias, teorias e linguagens que chamam nossa atenção para o que é importante e nos ajudam a explicar a nós mesmos (e aos outros) o que está se desenrolando no mundo ao nosso redor. Essas identidades moldam nossa percepção do mundo social e físico, alterando para onde olhamos e como interpretamos o meio ambiente. Essa atenção seletiva e processo de filtragem ajudam a explicar por que as pessoas podem vivenciar os mesmos eventos, mas chegar a conclusões muito diferentes sobre o que aconteceu. Felizmente, existem algumas soluções potenciais para esses desafios.

PERSPECTIVAS DIFERENTES

O preconceito no policiamento não é o único caso em que ver o mundo pelas lentes da identidade pode produzir problemas para a sociedade, mas é um dos mais importantes. Infelizmente, a lente da identidade influencia não apenas como terceiros julgam as ações dos policiais, mas também como os policiais julgam os civis. Para fornecer apenas um exemplo, os pesquisadores examinaram quase cem milhões de policiais nos Estados Unidos de 2011 a 2018 para determinar como as informações visuais sobre a identidade racial moldaram as decisões policiais.[20]

As identidades raciais dos motoristas são mais visíveis para os policiais durante o dia; depois que o Sol se põe, é mais difícil detectar a raça de alguém ao volante. Isso é importante, porque uma boa quantidade de policiamento envolve a tomada de decisões em circunstâncias ambíguas. Um carro está sendo dirigido de forma irregular? Uma pessoa está agindo de forma suspeita? Um motorista parece um suspeito procurado? O modo como a polícia lida com essas pequenas decisões pode ter grandes consequências.

Se a cor da pele de alguém afeta a decisão de um policial de parar uma pessoa, deve haver maiores disparidades raciais nas paradas de trânsito durante o dia do que à noite, quando a raça é mais difícil de distinguir. Isso foi o que os pesquisadores descobriram. Os motoristas negros representavam uma proporção menor de paradas de trânsito depois de escurecer do que durante o dia. Sob um "véu de escuridão", os policiais tomavam decisões menos tendenciosas do ponto de vista racial. Eles não podiam mais usar a identidade racial e os estereótipos para dar sentido a informações ambíguas.

A equipe de pesquisa também analisou as decisões dos policiais de revistar o carro de uma pessoa em busca de materiais ilegais, como drogas ou armas. Também, havia evidências de preconceito racial. Nos departamentos de polícia municipais, por exemplo, motoristas negros eram revistados em mais de 9% das paradas de trânsito; motoristas hispânicos, em 7%; e brancos, em apenas 4%.

Quando as buscas foram realizadas, no entanto, os policiais encontraram contrabando com mais frequência quando o motorista era branco. Para esses mesmos departamentos, 18% dos motoristas brancos revistados possuíam materiais ilegais; isso ocorreu com apenas 11% dos motoristas hispânicos e 14% dos negros. Portanto, os motoristas negros eram menos propensos do que os brancos a estar de posse de materiais ilegais se fossem parados, mas, como eram parados com muito mais frequência, eram presos com mais frequência do que os brancos.

Esse tipo de padrão se deve a preconceitos psicológicos entre os policiais, que decidem todos os dias no trabalho quem parar e quem revistar. O uso de informações visuais — nesse caso, a cor da pele — define como interpretam e agem com base nas outras informações.

Acontece que essa é uma situação em que a identidade é parte do problema, mas também fornece uma solução parcial. Um estudo recente, em grande escala, feito em Chicago descobriu que aumentar a diversidade dos policiais fez uma diferença significativa no comportamento policial.[21] Os oficiais negros e hispânicos fizeram menos paradas e prisões, e usaram a força com menos frequência do que os oficiais brancos. Isso era especialmente verdadeiro em suas interações com civis negros. Quando os pesquisadores examinaram de perto os dados, notaram que essas diferenças resultavam de um foco reduzido na aplicação de crimes de baixo nível entre civis negros. Esses são os tipos de cenários ambíguos em que as pistas baseadas na identidade têm mais probabilidade de guiar a atenção e a interpretação das pessoas.

Esses dados mostram muito concretamente por que a representação é importante. No caso do policiamento, a contratação de policiais com maior diversidade racial e étnica, que melhor representem muitas das comunidades que policiam, reduz as formas agressivas de aplicação da lei, que resultam em desfechos tendenciosos. Esses policiais são capazes de ver o mundo por uma lente diferente, o que muda a forma como interpretam e policiam situações ambíguas.

Acreditamos que os mesmos princípios se aplicam a outros contextos e organizações. Nossas identidades nos ajudam a dar sentido ao mundo. Elas revelam muitas coisas, mas obscurecem outras. Se nos concentrarmos em uma coisa, inevitavelmente perderemos outra. Pior, lutaremos para reconhecer nossos próprios preconceitos. Embora possamos ver prontamente como as percepções de outras pessoas são falíveis, muitas vezes deixamos de ver como nossas próprias experiências são filtradas pelas lentes de nossas identidades.

Os pesquisadores chamam isso de "ponto cego do preconceito", o que é algo comum. Um conjunto de estudos com 661 norte-americanos descobriu que mais de 85% deles acreditavam que eram menos tendenciosos do que o cidadão médio.[22] Surpreendentemente, apenas uma única pessoa reconheceu ser *mais tendenciosa* do que a média. Compreender que a identidade molda nossas interpretações de tudo, desde eventos esportivos até o policiamento, deve nos dar uma pausa. Antes de tirarmos conclusões precipitadas, vale a pena refletir não apenas sobre nossos preconceitos potenciais, mas sobre o fato de que esses preconceitos são invisíveis para nós.

Focamos extensivamente neste capítulo as maneiras pelas quais as identidades moldam a percepção, em parte porque reconhecer preconceitos em nós mesmos é um passo em direção a uma solução. No próximo capítulo, examinaremos como os grupos moldam nossas próprias crenças sobre o mundo — e, criticamente, como construir identidades que buscam precisão e verdade.

CAPÍTULO 3

COMPARTILHANDO A REALIDADE

Em um dia de outono de 1954, os leitores do *Chicago Herald* toparam com uma estranha história na última página do jornal, um artigo intitulado "Profecia do Planeta Clarion Chama à Cidade: Fuja desse Dilúvio. Vai nos inundar em 21 de dezembro, Espaço Sideral Diz a Suburbana." A suburbana em questão era a sra. Dorothy Martin, e um dos leitores intrigados era Leon Festinger, psicólogo social da Universidade de Minnesota.

Dorothy Martin era uma dona de casa que vivia em Chicago. Ela também era a líder de uma seita local do Juízo Final. O jornal informou a seus leitores que Martin acreditava que ela poderia se comunicar com seres alienígenas superiores — conhecidos como os Guardiões — dos planetas Clarion e Cerus, e que eles lhe deram um aviso urgente e sinistro. De acordo com Martin, os Guardiões estavam visitando em discos voadores quando notaram falhas na crosta terrestre que lhes permitiu antecipar uma inundação iminente e massiva que submergiria a Costa Oeste dos Estados Unidos. Os alienígenas, já em comunicação próxima com Martin, foram gentis o suficiente para avisá-la, o que ela compartilhou devidamente com um jornal local.

Na época, Leon Festinger tentava entender como as pessoas lidavam com crenças conflitantes; ele ficou intrigado com o fato de que as pessoas deixavam de atualizar suas crenças em face de lógica ou contraevidências. Festinger reconheceu a profecia do fim do mundo como uma oportunidade perfeita para examinar como a dinâmica de grupo reforça as convicções das pessoas.[1]

Festinger e um colega decidiram se juntar à seita — conhecida como os Seekers — para coletar dados como insiders confiáveis. Eles queriam observar como os membros da seita reagiriam em 21 de dezembro, o dia programado para o dilúvio apocalíptico. Festinger sabia que a profecia era um absurdo. Ele argumentou que esse dia marcaria o momento em que os membros da seita seriam confrontados com evidências irrefutáveis de que suas expectativas eram falsas. Ele queria estar na sala quando acontecesse para ver como os Seekers reagiriam quando toda a sua visão de mundo desabasse.

Em meados de dezembro, Dorothy Martin anunciou que havia recebido novas e emocionantes informações dos Guardiões: ela e um grupo leal de irmãos seriam resgatados do dilúvio! De acordo com essa atualização fortuita da profecia, eles receberiam um telefonema à meia-noite de 21 de dezembro, e isso lhes daria o paradeiro da espaçonave que os levaria para um local seguro. Isso se tornou uma fonte de esperança e uma crença fundamental do grupo.

Na noite de 20 de dezembro, os membros da seita se reuniram na casa de Dorothy Martin. Somente pessoas que puderam provar que eram verdadeiros crentes foram admitidas. Seguindo as instruções de seu líder, eles removeram todo o metal de seus corpos, incluindo zíperes, sutiãs com aros e chaves, e esperaram pacientemente por sua escolta alienígena. Não é difícil imaginar o quão animados os crentes devem ter se sentido. Eles iriam encontrar os alienígenas pela primeira vez e vivenciar a confirmação de sua realidade compartilhada. Era uma grande noite para os Seekers.

A meia-noite se aproximava. Os membros da seita esperavam com ansiedade.

Quando o relógio finalmente bateu meia-noite, os membros da seita olharam ao redor, curiosos para saber por que nada havia acontecido. Minutos se passaram. Alguns pareciam preocupados.

Com um suspiro de alívio, um membro notou que outro relógio marcava 23h55. Deveria ser a hora certa. Os alienígenas fariam contato em cinco minutos!

Então aquele segundo relógio bateu meia-noite.

Nada.

Os segundos se passaram, seguidos por minutos agonizantes. Minutos se transformaram em horas. O cataclismo iminente estava agora a poucas horas de distância.

O grupo ficou sentado em um silêncio atordoado, confrontado com a fria realidade de que ninguém estava indo atrás deles e, pior, de que todo o seu sistema de crenças estava errado. Um membro começou a chorar.

Então, pouco antes das 5h, a Sra. Martin de repente recebeu outra mensagem: "O pequeno grupo, sentado a noite toda, espalhou tanta luz, que Deus salvou o mundo da destruição." Afinal, eles não estavam errados! Permanecendo firmes e mantendo a fé, o pequeno grupo de crentes garantiu a salvação para a humanidade!

A questão é, depois de salvar o mundo, o que eles fizeram a seguir? Recolheram silenciosamente seus pertences descartados e voltaram para suas famílias e vidas anteriores? Encerraram o dia e seguiram em frente?

Ao contrário, em poucas horas, os Seekers, que anteriormente evitavam entrevistas, estavam ligando para os jornais para divulgar sua mensagem de salvação o mais amplamente possível.

Por que o grupo se apegaria ao seu sistema de crenças mesmo depois de lhe assistir ser desmascarado? Neste capítulo, exploraremos as lições que essa seita da década de 1950 tem para a nossa compreensão da identidade e da natureza da crença. Ao longo do caminho, discutiremos os motivos psicológicos importantes e, muitas vezes, muito sensatos que levam as pessoas a se conformarem às normas do grupo. Nosso mundo é muito complexo e confuso para que alguém vá sozinho, e estar em conformidade com as normas de nossos grupos também é frequentemente a forma como expressamos nossas estimadas identidades para o mundo. Isso geralmente funciona bem, mas pode produzir resultados seriamente ruins quando grupos e organizações se tornam semelhantes a seitas e são movidos pelo pensamento de grupo. Ainda assim, os grupos podem adotar objetivos de precisão e identidades baseadas em evidências, os quais ajudam a melhorar as crenças que compartilhamos e as decisões que tomamos.

TODA REALIDADE É REALIDADE SOCIAL

Uma ilusão compartilhada por todos se torna realidade.
— Erich Fromm, *The Dogma of Christ*

Mais ou menos na mesma época que Festinger estava se infiltrando nos Seekers, o psicólogo social Solomon Asch conduzia experimentos inovadores sobre conformidade. Em seus estudos, Asch pediu a pequenos grupos de alunos do Swarthmore College que completassem uma série de tarefas visuais extremamente fáceis.[2] Em cada tentativa, os alunos eram apresentados a um conjunto de três linhas verticais e solicitados a identificar qual delas tinha o mesmo comprimento de uma quarta linha. Uma criança poderia fazer. (Sabemos disso porque aplicamos esse teste aos nossos próprios filhos quando eles eram pequenos!)

Quando os participantes concluíam a tarefa por conta própria, quase sempre davam as respostas certas. Mas Asch queria ver o que as pessoas fariam se estivessem em um grupo, então ele fez os alunos se sentarem ao redor de uma mesa e anunciarem suas respostas quando o experimentador mostrasse o estímulo visual simples. O que os participantes não perceberam, no entanto, foi que, na verdade, havia apenas um participante real em cada sessão; todos os outros membros do grupo eram fantoches de Asch, que foram instruídos a responder às perguntas incorretamente em pontos críticos durante o experimento. A situação também foi arranjada de forma que o participante real desavisado sempre respondesse por último.

Assim, nas ocasiões em que todos os outros alunos davam uma resposta incorreta, o participante real tinha uma escolha: deveria ele relatar a resposta obviamente correta ou se conformar com o grupo e dar a resposta errada? Como Chico Marx diz no filme *Duck Soup*: "Em quem você vai acreditar, em mim ou nos seus próprios olhos?"

Dos participantes de Solomon Asch que foram confrontados com discrepâncias óbvias entre a evidência visual e as respostas erradas de outras pessoas, 76% ignoraram seus próprios olhos e ecoaram a resposta incorreta pelo menos uma vez. Em média, as pessoas se conformaram em cerca de um terço das vezes. Menos de um em cada quatro participantes resistiu completamente ao poder do grupo em todas as tentativas.

Por que eles fariam isso? Por que as pessoas se conformam e dão respostas que sabem que são falsas? Se você está pensando, *pressão dos colegas*, está certo. A pressão dos colegas — que os psicólogos chamam de *influência normativa* — desempenha um papel fundamental na produção de *conformidade*. E sabemos que esse foi um fator nos experimentos de Asch, porque, quando ele deu aos participantes a chance de responder anonimamente, escrevendo suas respostas em vez de dizê-las em voz alta, o número de respostas incorretas foi reduzido para quase zero.

Esse tipo de pressão de conformidade é impulsionado pelo desejo de uma pessoa de se encaixar e evitar o desconforto social e o ostracismo potencial que muitas vezes vêm do desvio. Mas essa não é a única razão pela qual as pessoas se conformam. Fizemos experimentos semelhantes em que as pessoas receberam uma tarefa visual um pouco mais difícil, que exigia que elas decidissem se duas formas em orientações diferentes eram iguais ou não. Nesse caso, a resposta nem sempre era imediatamente clara. Depois de olharem para as formas por alguns segundos, apresentamos a eles um gráfico de pizza que supostamente mostrava as proporções dos participantes anteriores que davam cada resposta.

Nossos participantes davam significativamente mais respostas corretas quando viam um gráfico de pizza em que a maioria estava correta e significativamente mais respostas incorretas quando a maior parte do gráfico estava incorreta. Mas o ponto é o seguinte: todos os nossos participantes estavam fazendo isso sozinhos, em computadores em pequenos cubículos, onde ninguém mais poderia observar suas respostas. Em vez de tentarem se encaixar, eles usavam os gráficos de setores que mostravam o que outras pessoas haviam feito como fonte de informação para orientar suas próprias respostas. Esse tipo de *conformidade* é conhecido como *influência informativa* e é motivado pelo desejo de acertar com base na suposição de que outras pessoas são uma boa fonte de informações.[3] Quando as pessoas não têm certeza de como agir, procuram nos outros pistas sobre o que pensar e como se comportar.

A influência informativa não foi um fator nos estudos originais de Asch porque a tarefa em questão era tão simples que as pessoas não precisavam depender de outras para obter informações. Mas quando as tarefas ou situações são mais difíceis ou ambíguas, como tantas vezes na vida, recorremos a outras pessoas para nos ajudar a descobrir o que está acontecendo. Os adultos, muitas vezes, tentam desencorajar os adolescentes de se conformarem à pressão dos colegas com advertências como "Simplesmente diga não!", mas, em muitos casos, conformar-se ao comportamento dos outros é uma coisa perfeitamente sensata para eles fazerem.

Se você presumir que as outras pessoas são quase tão bem informadas quanto você, é racional atribuir às preferências delas o mesmo peso que às suas ao tomar uma decisão.[4] Imagine, por exemplo, que você está tentando escolher entre dois audiolivros antes de partir em uma longa viagem sozinho. Você tem uma leve preferência por um dos livros, mas sabe que uma grande amiga sua recentemente decidiu ouvir o outro (embora você não saiba o que ela achou dele). Nessa situação, supondo que sua amiga tenha tanto conhecimento e experiência quanto você, é racional essencialmente jogar uma moeda mental e optar por qualquer escolha que surja ao acaso. Em outras palavras, você tem tantos motivos para ir com a preferência da sua amiga quanto com a sua. Talvez sua amiga saiba algo que você não sabe.

Em seguida, imagine que dois de seus amigos mais próximos tenham escolhido o outro audiolivro. Agora é dois para um a favor dessa escolha, e você nem precisa jogar uma moeda; você deve optar pela preferência deles, em vez da sua. Esse tipo de dinâmica contribui para o desenvolvimento de "cascatas" comportamentais — conhecidas também como modismos —, nas quais as preferências por músicas, livros, estilos de roupas, cortes de cabelo, cursos universitários ou expressões verbais específicas se espalham rapidamente por grandes populações. Se você olhar as revistas antigas, verá inúmeras tendências, como ombreiras e jeans boca de sino, que estiveram na moda por um tempo e depois desapareceram, embora provavelmente não para sempre. Supondo que outras pessoas tenham uma ideia do que soa bom, parece bom etc., frequentemente somos rápidos em seguir a multidão, não importa quais tenham sido nossas opiniões ou impressões iniciais.

Essa ideia ajuda a explicar por que manias e modismos muitas vezes terminam muito rapidamente, à medida que as pessoas mudam suas preferências para algo novo.[5] Conforme a cascata cresce, você pode presumir que mais e mais pessoas baseiam suas decisões no que as outras fazem e não em seus próprios conhecimentos e especialidades. Em algum ponto, fica claro que o que as pessoas estão fazendo não diz respeito a bom gosto ou boa aparência, mas apenas ao que é popular.

Agora, escolhas divergentes e diferentes feitas por um número menor de pessoas tornam-se mais informativas, porque, presumivelmente, elas tinham um bom motivo para tomar essas decisões mais incomuns. De repente, a moda de hoje começa a parecer desbotada e cansada, e você está pronto para se juntar à multidão para o próximo grande acontecimento!

Portanto, concordamos com os outros quando queremos nos encaixar e também quando pensamos que são boas fontes de informação. Uma terceira razão pela qual nos conformamos é para *expressar identidades valorizadas*.[6] Conforme discutido no Capítulo 1, os grupos aos quais pertencemos têm normas que articulam "como fazemos as coisas por aqui" — os padrões de pensamento, sentimento e ação que definem o que significa ser membro de um determinado grupo. Quanto mais nos identificamos com um grupo, mais tendemos a querer exemplificar suas normas em nosso próprio comportamento.

As pessoas, às vezes, descrevem o conformismo como "contagioso", o que implica que as ideias e comportamentos se espalham de forma viral por populações inteiras, até mesmo por toda a espécie. Mas o contágio não é a melhor metáfora, porque, ao contrário da maioria dos vírus, a conformidade normalmente para na borda do grupo. É limitada, de modo que temos muito mais probabilidade de nos conformarmos com as normas do grupo interno do que com as dos externos. Todos os três motivos para conformidade contribuem para isso. Nós nos preocupamos mais em ser aceitos pelos outros membros do grupo e nos adaptarmos a eles. Frequentemente, presumimos que nossos próprios grupos são mais inteligentes e sábios do que outros e, portanto, são melhores fontes de informação. E são as identidades de nossos próprios grupos que queremos expressar.

Na verdade, a conformidade não é apenas limitada pelas fronteiras do grupo; pode até se tornar opositora, como quando um grupo de pessoas opta por não fazer algo simplesmente porque outro grupo está fazendo, ou vice-versa.[7] Isso geralmente acontece quando grupos ricos ou descolados adotam estilos diferentes, uma vez que uma tendência que eles abraçaram atinge as massas. É fácil ver como esses tipos de dinâmica de identidade são problemáticos em ambientes altamente polarizados se o desafio levar alguns grupos a adotarem crenças menos precisas ou se envolverem em comportamentos autodestrutivos para manter a distinção dos rivais. Às vezes, você vê essa dinâmica nas mídias sociais, quando as pessoas postam vídeos de si mesmas queimando seus sapatos ou destruindo suas cafeteiras para sinalizar que rejeitam a posição política de uma determinada empresa.

Mas, embora tenha um lado sombrio, a conformidade desempenha funções críticas em grupos humanos. A capacidade de nossa espécie de compartilhar ideias e informações, e, assim, coordenar o comportamento é o que diferencia os seres humanos de outras espécies, incluindo outros primatas. Como os cientistas cognitivos Philip Fernbach e Steve Sloman apontaram, "os chimpanzés podem superar crianças pequenas em tarefas de raciocínio numérico e espacial, mas não chegam perto de tarefas que exigem a colaboração de outro indivíduo para atingir um objetivo. Cada um de nós sabe apenas um pouco, mas juntos podemos realizar feitos notáveis."[8]

Nenhuma mente pode dominar e reter todas as informações necessárias para navegar com sucesso pelo mundo. O conhecimento não é tanto o que está em nossas cabeças — é o que é compartilhado entre nós. Quando Isaac Newton escreveu: "Se eu vi mais longe, foi por estar sobre ombros de gigantes", ele estava expressando sua gratidão pela natureza coletiva do conhecimento.[9]

Deixados sozinhos, os seres humanos não estão bem equipados para separar o fato da ficção. Se você zombou da noção de que uma nave alienígena estava indo resgatar os Seekers, é provavelmente porque você pertence a comunidades céticas sobre encontros de OVNIs e narrativas do fim do mundo. Não é que você não tenha uma identidade social — é que suas crenças estão alinhadas com as de grupos de pessoas totalmente diferentes.

Embora depender de uma comunidade seja muito melhor do que agir sozinho, existem algumas exceções importantes. Quando as pessoas são excessivamente influenciadas por charlatões, líderes de seitas ou propagandistas, podem ser terrivelmente desencaminhadas. Podemos ser tentados a pensar que os membros da seita são uma raça especial, mas uma forma semelhante de psicologia de grupo afeta as pessoas em qualquer área da vida, incluindo a política e o mundo corporativo. Não precisamos ir tão longe como uma seita para ver o que acontece quando os grupos aumentam a pressão sobre seus membros para se conformarem, tornam-se isolados nas informações que procuram e passam a acreditar fortemente em suas próprias histórias sobre si mesmos e seu lugar no mundo. Se essa dinâmica não for controlada, os custos econômicos e humanos são profundos.

TÃO SÓLIDO COMO MANHATTAN

Em uma manhã de maio de 2019, Dom tirou seus filhos resmungões da cama, entregou a cada um deles uma barrinha de granola e os colocou no carro. Havia pouco tráfego às 6h30 de um domingo, e, em minutos, eles chegaram ao destino: o convés superior da garagem do Alumni Memorial da Universidade de Lehigh. Lá, eles se juntaram a uma multidão surpreendentemente grande de pessoas, muitas ainda de pijama, quase todas segurando café. Apesar do horário e localização austera, a multidão apresentava uma festividade sonolenta. Eles estavam lá para assistir à queda da Martin Tower. Era o edifício mais alto já construído no Vale Lehigh, da Pensilvânia.

Erguida no início dos anos 1970, essa estrutura imponente serviu como sede para a Bethlehem Steel Corporation, que já foi a segunda maior produtora de aço dos Estados Unidos. A empresa era parte do poderio militar da nação, fornecendo materiais para mais de mil navios durante a Segunda Guerra Mundial. O aço da Bethlehem construiu a ponte Golden Gate e, em 1955, a Bethlehem Steel ocupava a 8ª posição na lista das 500 empresas da Fortune.[10]

A Martin Tower foi construída intencionalmente como um símbolo da força da empresa. Não intencionalmente, no entanto, também simbolizou aspectos da cultura corporativa insular e arrogante, que, a longo prazo, contribuíram para a sua morte. A torre fora construída em forma de sinal de adição, não por qualquer razão estrutural, mas para apaziguar os egos dos gerentes e executivos, maximizando o número de escritórios de canto.

Se você estava na gestão, a Bethlehem Steel era uma boa empresa para se trabalhar. Jantar com executivos era uma experiência famosa de "quatro estrelas"; longos almoços eram tomados em uma sala elegantemente decorada, repleta de talheres de prata. Na época, muitas indústrias realizavam negócios importantes durante rodadas de golfe, e a Bethlehem Steel realmente construía campos de golfe para seus gerentes perto de muitas de suas fábricas.

A certa altura, nove dos doze executivos mais bem pagos dos EUA trabalhavam para a Bethlehem Steel. Eles tinham todos os motivos para estarem satisfeitos consigo mesmos e sentiam que sua posição era inexpugnável. Como observou o CEO Eugene Grace, o horizonte dramático que se eleva do granito da vizinha Ilha de Manhattan, grande parte dele construído com o aço da Bethlehem, era um atestado da solidez da empresa.

Mas lá fora, no mundo real, nem tudo estava bem. A competição estrangeira e as mudanças tecnológicas estavam aumentando. Essas forças cresceram durante a segunda metade do século XX, representando, no fim, um desafio mortal para toda a indústria siderúrgica norte-americana. Algumas empresas foram capazes de se adaptar a novas realidades externas e sobreviver, mas a Bethlehem Steel, não.

Existem, é claro, muitos fatores que contribuem para o fim de uma grande corporação, mas a história da Bethlehem Steel é um conto de advertência sobre o que pode acontecer quando uma organização se torna insular — buscando informações apenas de dentro e sendo pega em sua própria mitologia.

A corporação teve apenas quatro CEOs nos primeiros 66 anos de sua existência. Eugene Grace serviu até os 80; em seus últimos anos, ele às vezes adormecia nas reuniões do conselho, de modo que todos esperavam que acordasse para continuar. O próprio conselho era composto principalmente de membros internos da empresa, assim como os gerentes, que geralmente eram promovidos internamente, em vez de recrutados de concorrentes experientes e cada vez mais perigosos. Em um setor que se tornou hipercompetitivo, a falta de perspectivas de fora pode muito bem ter sido fatal.

No final, o que matou a Bethlehem Steel foram os custos associados às pensões e benefícios de saúde aplicados quando a empresa estava prosperando e os resultados financeiros eram sólidos.[11] A administração gastou muito com vantagens e benefícios, mas não conseguiu olhar para o futuro. Eles presumiram erroneamente que amanhã seria como hoje e adiaram todos esses custos para o futuro. Mas, quando este chegou, os problemas eram grandes demais para serem corrigidos. Em 2001, a empresa faliu e, em 2003, foi dissolvida.

E, assim, pouco depois das 7h de uma manhã clara de 2019, a multidão no topo da garagem viu lampejos de luz percorrerem as laterais do edifício em forma de sinal de adição enquanto cargas explosivas tiravam seus suportes estruturais. Enquanto os espectadores prendiam a respiração, a Martin Tower se manteve firme por apenas um momento antes de desabar sobre si mesma em uma enorme nuvem de poeira.

CULTOS CORPORATIVOS

Começamos este capítulo com a história de uma seita. A Bethlehem Steel não era de forma alguma uma seita, mas, como organização, exibia algumas das mesmas patologias de crença — em sua própria superioridade, sabedoria e resiliência — que caracterizam os grupos em um *continuum* semelhante a uma seita. Enquanto a Bethlehem Steel declinava, no final do século XX, outra grande empresa norte-americana avançava ainda mais nessa trajetória.

Em meados da década de 1980, Kenneth Lay assumiu o comando de uma nova empresa, a Enron, produto de uma fusão entre dois gigantes da energia. Na década seguinte, guiada por Lay e um grupo coeso de líderes seniores, a Enron foi transformada de uma empresa de energia tradicional baseada em infraestrutura de petróleo e gás — ativos físicos — em uma organização financeira envolvida no comércio massivo de commodities.[12] A empresa foi extremamente bem-sucedida; no ano 2000, empregava mais de 20 mil pessoas e alegava receitas de mais de 100 bilhões de dólares — pelo menos no papel.

Como se viu, no entanto, muito do valor aparente da Enron era ilusório, baseado em práticas contábeis duvidosas, em vez de lucros reais. A fraude era multifacetada, complexa e criativa. Por exemplo, os executivos conseguiram manter dívidas significativas fora dos livros da Enron, transferindo-as para sociedades limitadas que eles então trataram como empresas separadas. Quando essa prática foi finalmente contestada por seus auditores, o castelo de cartas começou a desabar.

A escala da fraude na Enron era vasta demais para ser atribuída a apenas "algumas maçãs podres", embora o ex-presidente George Bush tenha feito exatamente isso. Comentaristas, incluindo colunistas da revista *Economist*, sugeriram que a Enron deveria ser entendida como "algum tipo de culto evangélico". Os pesquisadores organizacionais Dennis Tourish e Naheed Vatcha submeteram essa ideia a um exame minucioso e concluíram que a analogia é adequada. Em particular, eles observam que os cultos têm uma variedade de características exibidas pela Enron em seu apogeu.[13]

Por exemplo, os cultos geralmente têm líderes carismáticos. Para os Seekers, era Dorothy Martin, supostamente abençoada com poderes especiais para se comunicar com seres superiores. Na Enron, a liderança sênior era tida em uma estima quase mítica. Os executivos se consideravam e eram amplamente vistos como revolucionários gênios, derrubando uma indústria sóbria e conservadora em busca de lucros muito maiores.

Jeffrey Skilling, que sucedeu Kenneth Lay como CEO, adotou uma caracterização de si mesmo como Darth Vader, uma reputação que ganhou por ser "um mestre do universo da energia, que tinha a capacidade de controlar a mente das pessoas. Ele estava no auge de suas forças e intimidava a todos".[14] Ele se referiu a seus comerciantes como Storm Troopers.

Os líderes de seitas promulgam "visões holísticas" para seus grupos, ideologias transcendentes que explicam tudo e fornecem guias claros para a ação. Não há visão mais abrangente, por exemplo, do que aquela que afirma que o mundo está prestes a acabar e que há apenas um meio de garantir a salvação. Mas, na Enron, a visão era a de que a empresa se tornasse muito mais do que apenas um importante agente do setor de energia.

Como dizia um banner enorme pendendo sobre a entrada do prédio, a missão da Enron era se transformar de empresa líder mundial de energia em empresa líder mundial. Tourish e Vatcha observam que, embora esta fosse uma visão secular em vez de religiosa ou apocalíptica, "ela prometia às pessoas o paraíso na Terra. Se a empresa atingisse seus objetivos, riqueza e felicidade inimagináveis seriam o destino daqueles que tinham a sorte de ser funcionários na época".

Assim como acontece com os cultos em geral, a Enron usou seus procedimentos de recrutamento como uma forma de doutrinar os funcionários desde o início. O processo de seleção foi notoriamente intenso e competitivo, envolvendo em determinado momento um interrogatório rápido com 8 entrevistadores diferentes. Qualquer pessoa que conseguisse passar pelo desafio e conseguir um emprego sentiria que havia sido especialmente selecionada para se juntar a uma equipe de elite. O senso de especialidade desses novos funcionários foi reforçado e vinculado à sua identidade com a empresa: "Os Enronianos ouviam com frequência, e passaram a acreditar, que eram os melhores e mais brilhantes funcionários do mundo." Esse elogio era acompanhado por uma generosa compensação e grandes bônus para pessoas que eram consideradas suficientemente agressivas em perseguir os interesses da empresa.

Finalmente, a fim de manter a fé, a liderança da Enron não tolerava divergências. Entre outras medidas, eles empregaram um sistema de avaliação severo, conhecido como "rank and yank", que criou um ambiente altamente competitivo e permitiu que os gerentes se livrassem rapidamente de qualquer pessoa de quem não gostassem. Como outros críticos da Enron observaram: "No processo de tentar separar da empresa de forma rápida e eficiente aqueles funcionários que não estavam carregando seu peso, a Enron criou um ambiente em que a maioria dos funcionários tinha medo de expressar suas opiniões ou questionar práticas comerciais antiéticas e potencialmente ilegais. Como o sistema de classificação era arbitrário e subjetivo, foi facilmente usado pelos gerentes para recompensar a lealdade cega e reprimir a dissidência crescente."[15]

Essas características de culto — líderes altamente carismáticos, uma visão holística, doutrinação cuidadosa e eliminação da dissidência — criam grupos e organizações com seguidores altamente entusiasmados. Profundamente dedicados à missão e isolados de perspectivas divergentes, eles se tornam cegos para as inconsistências internas do grupo, os custos exigentes e até mesmo a ilegalidade potencial. E essa visão de mundo é socialmente reforçada por outros membros do grupo — assim como os Seekers na seita apocalíptica de Dorothy Martin.

Quando suas ilusões e falsas crenças desabaram, a Enron faliu e desapareceu. Kenneth Lay e Jeffrey Skilling foram julgados juntos e condenados por fraude; Lay morreu antes de sua sentença, mas Skilling foi enviado para a prisão. Outros executivos também foram para a prisão. Milhares de funcionários perderam seus empregos e suas pensões. O sonho acabou. E, a esse respeito, o que acontece aos membros de um culto corporativo difere do que costuma acontecer aos membros de um grupo como os Seekers quando suas expectativas não se concretizam.

QUANDO PROFECIAS FALHAM

Cinquenta anos depois que os amigos extraterrestres de Dorothy Martin não se materializaram, um pregador chamado Harold Camping fez outra profecia do juízo final. Camping, presidente de uma rede de transmissão cristã chamada Family Radio, previu que o Arrebatamento ocorreria em 21 de maio de 2011.

O Sr. Camping dedicou incontáveis horas de seu programa de rádio para falar sobre o Dia do Julgamento e gastou milhões de dólares em outdoors para alertar as pessoas em mais de 40 países.

Essa publicidade foi bem-sucedida, e sua profecia atraiu a atenção de muitos veículos de notícias importantes, incluindo o *New York Times*, a *Associated Press* e a revista *Time*.

Também atraiu a atenção de uma equipe de economistas, que decidiu se basear no estudo original de Festinger sobre os Seekers. Sendo economistas, eles queriam medir o poder da crença em dólares. E acrescentaram um grupo de controle crucial que estava faltando na investigação dos Seekers. Os economistas incluíram um grupo de adventistas do sétimo dia, que eram um tanto semelhantes aos seguidores de Camping, pois muitos deles esperavam que o Arrebatamento ocorresse durante suas vidas, mas que não acreditavam, apesar da profecia de Camping, que seria em 21 de maio. Isso permitiu aos pesquisadores comparar diretamente as reações de dois grupos religiosos semelhantes com crenças apocalípticas divergentes.

Os pesquisadores abordaram os seguidores da Family Radio e os adventistas do sétimo dia fora das aulas de estudo bíblico e ofereceram-lhes dinheiro. Mas eles tiveram que fazer uma escolha — eles poderiam ter US$5 imediatamente ou até US$500 (os valores variavam) quatro semanas depois.[16] Criticamente, no entanto, os participantes não receberiam a quantia maior até depois de 21 de maio, a data agendada para o dia do juízo final.

Qualquer investidor racional lendo isso perceberá que esperar apenas algumas semanas por uma quantia maior de dinheiro oferece uma taxa de retorno melhor do que qualquer fundo no mercado de ações. Mas, é claro, isso só importa se você acha que o mundo existirá por tempo suficiente para receber a recompensa!

Os adventistas do sétimo dia agiram como pessoas em estudos econômicos anteriores. Em média, eles estavam dispostos a esperar para receber o dinheiro se pudessem receber pelo menos US$7 em um futuro próximo, em vez de US$5 imediatamente. O máximo que alguém do grupo de controle precisava esperar por algumas semanas era de US$20. Eles estavam dispostos a ser pacientes para ganhar alguns dólares extras. Uma sábia escolha financeira.

Em contraste, e para uma pessoa, os seguidores de Harold Camping queriam o dinheiro agora. Eles considerariam adiar o pagamento de US$5 apenas por um preço muito alto. Na verdade, a grande maioria recusou a chance de receber várias centenas de dólares em algumas semanas, insistindo em ser paga imediatamente.

Então, o que realmente aconteceu em 21 de maio de 2011?

Embora os membros da equipe de pesquisa não estivessem inseridos no culto como a equipe de Festinger, eles tinham o melhor ponto de vista seguinte: eles foram capazes de assistir ao fórum de mensagens do grupo no Yahoo. Nos dias anteriores ao previsto Arrebatamento — que, de acordo com Camping, começaria no primeiro fuso horário a ver o pôr do sol em 21 de maio e viajaria ao redor do mundo a partir daí —, o fórum continha principalmente mensagens de fé e esperança. O fórum ficou em silêncio algumas horas antes do pôr do sol do primeiro fuso horário.

Então, quando o momento da profecia veio e se foi, a atividade recomeçou. As postagens revelaram o mesmo tipo de reação que Festinger observara meio século antes. Em vez de abandonar a esperança, os seguidores buscaram algum tipo de explicação que lhes permitisse manter os princípios centrais da profecia. As pessoas propuseram tempos futuros alternativos para o Arrebatamento e, à medida que cada nova previsão falhava, uma revisão era rapidamente sugerida.

Isso continuou até que o Sr. Camping fez seu próprio anúncio, em 23 de maio. Em uma nova revelação, ele disse que, embora o Arrebatamento não tivesse sido detectado no reino físico, um "julgamento espiritual" realmente ocorreu, iniciando o princípio do fim do mundo. Apesar das evidências aparentemente contraditórias, ele e seus seguidores não estavam errados, e as coisas ainda estavam nos trilhos. É difícil imaginar uma replicação mais perfeita dos Seekers na era da internet.

Por que os membros da seita reagem assim quando as profecias falham?

Depois de observar os Seekers, Leon Festinger e seus colegas propuseram que, quando as identidades e crenças das pessoas são seriamente questionadas, isso produz imensos sentimentos de desconforto — um estado conhecido como *dissonância cognitiva*. Pode parecer racional para as pessoas simplesmente abandonar o grupo, voltar para sua família e amigos e tentar começar do zero.

Mas as pessoas farão de tudo para preservar sua identidade e o senso comum de realidade do grupo. Para membros profundamente comprometidos, muitas vezes é mais fácil ignorar as contradições ou buscar novas informações que ajudem a reduzir a sensação de dissonância.

A maioria de nós tem outras identidades e conexões sociais às quais recorrer quando um aspecto de nossas vidas se depara com um obstáculo importante. Quando as coisas vão mal no escritório, você pode buscar consolo no final do dia estando com sua família, entrando nas redes sociais para se conectar com amigos ou ligando a TV para torcer pelo seu time favorito. Essas identidades alternativas fornecem um amortecedor psicológico quando algo dá errado. Mas os Seekers, os seguidores da Family Radio e possivelmente muitos funcionários da Enron estavam envolvidos demais. Isso criou um enorme incentivo para que eles racionalizassem ou justificassem eventos de maneiras que reforçassem suas identidades e grupos.

A chave para manter as crenças em face das evidências compensatórias é o apoio social. Crentes isolados raramente podem resistir a evidências esmagadoras, como a fornecida pelo fracasso de uma profecia. Na verdade, a importância do apoio social na manutenção de um senso de realidade compartilhada pode fazer com que as pessoas — como vimos com os Seekers — não apenas revisem suas crenças quando são desafiadas pela realidade, mas também façam proselitismo em uma tentativa de aumentar o número de crentes. Como Festinger escreveu: "Se mais e mais pessoas podem ser persuadidas de que o sistema de crenças está correto, então, ele deve, afinal, estar correto."[17]

Esse padrão de dobrar as crenças é uma ocorrência comum quando as profecias de grupo falham. Examinando como grupos religiosos ao longo da história reagiram quando suas previsões não foram cumpridas, Festinger observou que "apesar do fracasso da profecia, o fogo do fanatismo aumentou... o fracasso parecia despertar exibições ainda maiores de lealdade."

Enquanto escrevemos isto, vemos uma dinâmica semelhante acontecendo entre os seguidores da teoria da conspiração QAnon, cujas previsões sobre a eleição presidencial de 2020 nos Estados Unidos foram desmentidas repetidamente. As pessoas costumam pensar que os teóricos da conspiração são fundamentalmente diferentes dos outros. Mas descobrimos que muitos teóricos da conspiração são atraídos por esses tipos de sistemas de crenças por causa de objetivos de identidade. Eles estão apegados a crenças conspiratórias que se alinham com suas identidades e ganham um sentimento de pertencimento ao compartilhá-las com outros adeptos.[18]

EVITANDO O PENSAMENTO DE GRUPO

Não estamos afirmando que os grupos são inevitável ou invariavelmente semelhantes a seitas. Mas a dinâmica da identidade que leva as pessoas a buscarem realidades compartilhadas, mesmo em face de informações contraditórias, afeta grupos de todos os tipos. Uma literatura científica relacionada descreveu essa dinâmica como *pensamento de grupo*.

De acordo com Irving Janis, criador da ideia, um caso claro de pensamento de grupo ocorreu um ano após a presidência de John F. Kennedy, quando seu governo lançou uma invasão de terras a Cuba em uma área remota da ilha conhecida como Baía dos Porcos.[19] O objetivo era derrubar o líder cubano Fidel Castro, um espinho comunista e perene no lado dos interesses econômicos e de política externa norte-americanos.

O planejamento da operação militar secreta havia começado durante a administração do antecessor de JFK, Dwight D. Eisenhower. Para evitar o envolvimento das tropas norte-americanas, a CIA treinou 1.400 exilados cubanos, preparando-os para invadir a Bahía de Cochinos e marchar para Havana. Os expatriados estavam ansiosos para voltar para casa e derrubar um líder que consideravam ditatorial e ilegítimo. O pensamento norte-americano era o de que isso inspiraria o povo cubano a se rebelar contra Fidel, desferindo um golpe poderoso contra a ideologia comunista.

Em vez disso, os exilados cubanos foram recebidos e rapidamente dominados por 20 mil soldados cubanos. Em quatro dias, mais de 60 foram mortos e mais de 1.100 capturados. Os navios norte-americanos tentaram evacuar alguns dos combatentes restantes, mas foram forçados a recuar sob o fogo cubano. A invasão da Baía dos Porcos foi um desastre e uma humilhação para a ainda jovem presidência de Kennedy.

Kennedy perguntou mais tarde: "Como pudemos ser tão estúpidos?"

Lamentavelmente, mesmo as pessoas mais inteligentes podem tomar decisões estúpidas.

Pode ser fácil descartar o comportamento de alguns cultos. Mas a administração Kennedy — como a Enron — estava repleta de pessoas brilhantes. Infelizmente, a inteligência individual dificilmente é uma cura para a estupidez social. A pesquisa descobriu que a tendência de uma pessoa de abordar os problemas de maneiras que possam confirmar o que ela já acredita não está relacionada à capacidade cognitiva.[20] E a dinâmica de grupo agrava o problema.

Irving Janis argumentou que essas pessoas muito inteligentes foram vítimas do pensamento de grupo. O pensamento de grupo ocorre quando um grupo de pessoas chega a decisões irracionais movidas pelo desejo de conformidade social. Isso é especialmente poderoso quando o tempo é um problema e as pessoas têm que expressar opiniões e objeções publicamente, e para os membros do grupo de status superior. A pressão para manter a harmonia e a coesão nessas circunstâncias leva as pessoas a concordarem a todo custo, mesmo quando muitas têm sérias dúvidas sobre uma decisão em particular. O pensamento de grupo dá a ilusão de uma realidade compartilhada quando nenhuma de fato existe.

Analisando a tomada de decisão da Baía dos Porcos, Janis descobriu que os conselheiros de Kennedy tinham motivos para pensar que a invasão fracassaria, mas se abstiveram de expressar suas reservas por preocupação em parecer "molengas" ou "pouco ousados". Ninguém falou nada contra isso. No entanto, como um dos conselheiros de Kennedy disse mais tarde: "Se um conselheiro sênior se opusesse à aventura, acredito que Kennedy a teria cancelado."

A ideia do pensamento de grupo inspirou os tomadores de decisão a adotar medidas para evitar essas armadilhas. Os líderes são aconselhados a deixar seus subordinados falarem antes de expressarem seus próprios pontos de vista. Eles podem nomear pessoas para servirem como advogados do diabo, encarregados de desafiar o consenso do grupo, independentemente de suas próprias opiniões. Uma abordagem com a qual nós, como pesquisadores, estamos muito familiarizados envolve um tipo de processo de revisão independente.

Imagine o que teria acontecido se Kennedy tivesse enviado o plano de Eisenhower a seus conselheiros seniores e pedido a cada um para escrever uma crítica anônima. Ele provavelmente teria recebido uma série de perspectivas, em vez de uma concordância uniforme. Kennedy poderia então ter revisado suas opiniões e tomado sua própria decisão informada, mas independente, sobre como proceder. Ninguém precisaria falar publicamente, e o presidente poderia ter digerido os pensamentos de seus conselheiros e possíveis objeções antes de expressar suas próprias preferências.

Não sabemos como a invasão da Baía dos Porcos poderia ter resultado em um processo de busca de aconselhamento diferente e mais rigoroso. Mas sabemos que a revisão por pares ajuda a erradicar a tomada de decisão tendenciosa entre acadêmicos e cientistas. Sempre que um artigo científico é submetido a uma revista para publicação, ele passa por esse tipo de escrutínio. Na maioria dos casos, o artigo é enviado a um editor, que o envia a um punhado de revisores anônimos especialistas na área. Eles têm a tarefa de encontrar todos os erros, lacunas na lógica e conclusões insatisfatórias que puderem. Muitas vezes, o processo é duplo-cego, o que significa que os revisores não sabem quem são os autores, e os autores nunca saberão quem foram os revisores.

Para a maioria dos pesquisadores, esse processo resulta em rejeição. Mas, se seu trabalho for considerado suficientemente rigoroso e robusto, eles são convidados a fazer revisões extensas e, em seguida, reenviar o artigo para outra rodada de revisão. E a pesquisa sugere que mesmo artigos inicialmente rejeitados tendem a melhorar quando submetidos a outro periódico. É por esse processo reconhecidamente doloroso que os pesquisadores produzem avanços científicos e conhecimento especializado. E não termina aí. Depois que um artigo é publicado, outros cientistas costumam opinar com suas próprias críticas ou tentar replicar as descobertas em seus próprios laboratórios. Cada descoberta e teoria é considerada provisória, e o conhecimento aumenta lenta e meticulosamente ao longo do tempo.

A revisão por pares não é perfeita, mas fornece um antídoto notável para o pensamento de grupo. Receber avaliações de cientistas que discordam sobre os pontos fortes e fracos do seu artigo pode ser irritante (acredite, nós também ficamos irritados!). Aproveitar a diversidade de opiniões também retarda o processo de publicação. Mas, quando você toma uma vacina, voa em um avião ou liga o computador, pode agradecer ao processo de revisão por pares por melhorar as bases científicas por trás da medicina e da tecnologia modernas.

IDENTIDADES BASEADAS EM EVIDÊNCIAS

Na formulação tradicional do pensamento de grupo, o objetivo de precisão de um grupo é confrontado com objetivos de consenso e coesão. Mas, quando os arquivos relacionados ao desastre da Baía dos Porcos foram abertos, alguns dos personagens envolvidos publicaram memorandos e mais materiais se tornaram disponíveis, o psicólogo Roderick Kramer reavaliou a explicação do pensamento de grupo.[21] Revendo um conjunto de evidências mais amplo do que o de Irving Janis, ele concluiu que o problema com a tomada de decisão do governo Kennedy não era necessariamente que as pessoas estavam suprimindo opiniões que teriam aumentado as chances de sucesso militar, mas que não estavam realmente pensando nisso nesses termos, para começar.

Kramer argumentou que, em vez de se concentrar em como maximizar as chances de sucesso operacional, Kennedy e seus conselheiros se concentraram em fazer escolhas que funcionariam bem politicamente para o governo, ou pelo menos minimizariam as consequências políticas internas. Ele sugeriu que, em vez de chamar sua tomada de decisão de um produto do pensamento de grupo, seria mais bem pensada como o resultado de um "pensamento político".

Isso destaca um ponto importante: os grupos têm diferentes tipos de objetivos e desenvolvem padrões ou normas para os tipos de objetivos que orientam sua tomada de decisão. E, como normas, esses padrões tendem a ser reforçados e aplicados. Por exemplo, se nós dois começássemos a compartilhar notícias duvidosas nas redes sociais, não apenas encontraríamos nossas caixas de entrada cheias de correções de nossos amigos, mas isso levantaria algumas sobrancelhas em nossa comunidade científica. Algumas de nossas oportunidades profissionais se esgotariam, receberíamos menos convites para fazer palestras e seríamos lentamente removidos de comitês importantes.

Isso não quer dizer que nenhum de nós seja perfeito! Quando compartilhamos informações incorretas ou fazemos uma afirmação não muito sólida, nossos colegas são rápidos em apontá-la. Se cometermos erros neste livro, temos poucas dúvidas de que nossos colegas nos informarão — talvez com uma nota educada ou possivelmente com uma crítica contundente no Twitter ou em um blog de ciências. Se não reconhecermos nossos erros, sofreremos ainda mais aos olhos de nossa comunidade. Essas sanções informais operam porque nossa identidade como cientistas vem com grandes expectativas de que usaremos a análise empírica para chegar a conclusões verificáveis. Buscar a exatidão faz parte dessa identidade e é uma parte crítica da interação entre as gerações de cientistas.

Claro, o processo de socialização é um pouco diferente para cada cientista e é influenciado por valores e ações de mentores e colegas imediatos. Mas, para muitos de nós, quando vemos colegas defendendo uma teoria desmentida ou descartando uma série de replicações fracassadas de seu trabalho, isso lança dúvidas sobre sua identidade como bons cientistas. A expectativa é a de que eles atualizem seu pensamento ou façam mais pesquisas para conciliar as diferenças entre suas conclusões e as de seus críticos. Os cientistas que fazem isso tendem a aumentar a estima dos outros, enquanto aqueles que se apegam a teorias, apesar de evidências contraditórias, tendem a perder status.

Os cientistas estão longe de estar sozinhos na avaliação do raciocínio baseado em evidências; jornalistas investigativos, advogados, juízes, investidores, engenheiros e muitos outros são constantemente avaliados em termos de sua capacidade de interrogar rigorosamente a realidade. Do contrário, as pessoas não confiariam nas notícias, não contratariam advogados caros, colocariam dinheiro em fundos mútuos ou atravessariam pontes sem se preocupar com sua integridade estrutural. Quando essas pessoas não conseguem tirar conclusões sólidas, corrigem seus erros o mais rápido possível, ou correm o risco de perder clientes e ficar desempregadas. Todas essas profissões prosperam quando usam padrões editoriais, jurídicos ou profissionais técnicos que impõem rigor. Não é porque esses campos são povoados por pessoas perfeitas; em vez disso, sua força reside nos valores e nas instituições que sustentam essas normas de precisão.

Sugerimos que processos independentes, do tipo revisão por pares, fornecem um antídoto para a tomada de decisão conformista. Mas os revisores, é claro, também têm falhas. Existe a preocupação de que os preconceitos dos revisores, especialmente se forem amplamente difundidos ou sistêmicos, afetem todo o empreendimento.

Recentemente, analisamos o valor do processo de revisão por pares para erradicar o preconceito político em nossa própria comunidade de pesquisadores em psicologia. De acordo com várias pesquisas, a maioria dos cientistas sociais se autoclassifica como liberal em suas crenças políticas.[22] Na verdade, uma pesquisa com psicólogos sociais descobriu que mais de 89% da área se identificou como liberal; menos de 3% se identificou como conservador.[23]

Esse desequilíbrio levou o comentarista político conservador Arthur Brooks a propor que o preconceito partidário inconsciente está minando a qualidade da pesquisa. Ele citou um cientista que disse: "Esperar resultados confiáveis em tópicos politicamente carregados de uma comunidade ideologicamente incestuosa é delirante." Brooks observou que mesmo pesquisadores escrupulosos podem ser afetados por preconceitos, e ele sugeriu, em particular, que as ideias comumente defendidas que se alinham com os valores liberais podem receber um padrão inferior de escrutínio.

Claro, essa é uma possibilidade distinta. Se identidades partidárias orientam as pesquisas, é bastante plausível dizer que alguma forma de preconceito ou pensamento de grupo ocorre no processo de revisão científica. Na verdade, realizamos uma pesquisa informal, à qual 699 de nossos companheiros do Twitter responderam, perguntando aos colegas se eles esperavam que as descobertas liberais ou conservadoras tivessem menor probabilidade de se replicar. Enquanto 43% achavam que as descobertas liberais teriam menos probabilidade de se replicar, apenas 13% achavam que as descobertas conservadoras teriam menos probabilidade de se replicar (os outros 44% não esperavam encontrar nenhuma diferença). Em outras palavras, muitas pessoas compartilharam a preocupação de que o preconceito liberal vazasse na literatura de pesquisa, o que se tornaria uma base instável na qual se construir.

Ainda assim, suspeitamos de que a revisão por pares e as normas críticas associadas a uma identidade científica ajudam a erradicar esse problema.[24] Para testar isso, Diego Reinero e outros membros do laboratório de Jay analisaram 218 experimentos psicológicos que incluíram mais de um milhão de participantes.[25] Cada um desses estudos foi posteriormente replicado por outro laboratório. Comparando os resultados originais com suas replicações, queríamos ver se os resultados se sustentavam melhor ou pior, dependendo se suas conclusões estavam alinhadas com as preferências políticas partidárias do campo. Se os cientistas liberais estivessem engajados no pensamento de grupo ou no político, esperaríamos que apresentassem estudos mais frágeis, alinhados com suas identidades políticas, e talvez pegassem um pouco mais leve em estudos semelhantes como revisores. Isso acabaria por criar um corpo de pesquisas publicadas repletas de preconceitos políticos.

Depois de reunir essa pilha de artigos acadêmicos, tomamos medidas para verificar nossos próprios preconceitos. Recrutamos alunos de pós-graduação de todo o espectro político para ler um breve resumo de cada artigo. Pedimos a eles que determinassem se as descobertas de cada artigo apoiavam uma visão de mundo liberal, conservadora ou algo intermediário.

Anotamos nossos planos de análise em um documento online com data e hora antes de analisarmos os dados. Isso nos impediu de fazer qualquer coisa para deturpar os resultados — foi uma estratégia para verificar nossos próprios preconceitos (mesmo se eles estivessem inconscientes). Também nos juntamos a um pesquisador que tinha previsões muito diferentes das de nossa equipe para ver se ele apresentaria os mesmos resultados usando uma abordagem de sua escolha. Jay alertou seu laboratório: "Alguém vai nos odiar, não importa como esses resultados acabem."

Em seguida, processamos os números.

Os resultados nos surpreenderam de várias maneiras. Em primeiro lugar, poucos estudos foram vistos como politicamente inclinados. Apesar do fato de que o campo é altamente povoado por liberais, poucos estudos se alinham claramente com essas crenças. Mesmo nossos avaliadores mais conservadores falharam em ver muito de uma tendência liberal na literatura.

Em seguida, examinamos se as conclusões mais liberais eram menos robustas do que as conclusões conservadoras. Essa foi a nossa grande questão de pesquisa. Se o pensamento de grupo liberal estivesse ocorrendo, as descobertas mais liberais também deveriam ser mais frágeis e menos propensas a se replicar. No entanto, se a revisão por pares anônima estivesse funcionando como o planejado, haveria pouca ou nenhuma diferença na replicabilidade dos resultados liberais ou conservadores. Fraquezas na lógica e nos dados seriam erradicadas por revisores e editores que julgassem o trabalho pelas lentes de suas identidades científicas, em vez de políticas.

A boa notícia é que não encontramos nenhuma diferença nas taxas de replicação das descobertas liberais ou conservadoras. Estudos liberais e de orientação conservadora também foram semelhantes em outras medidas de qualidade da pesquisa, como a força de seus achados (conhecidos como "tamanho do efeito") e a qualidade de seus métodos.

Não havia nenhum traço de pensamento de grupo liberal. Parece que os cientistas psicológicos foram, em sua maioria, capazes de colocar sua política de lado ao conduzir e revisar pesquisas. Em vez de exibir partidarismo hierárquico, eles foram capazes de canalizar os valores e normas de sua identidade científica. Isso deve dar a pessoas de fora — e pesquisadores — mais motivos para confiar nos dados; as instituições que os cientistas construíram parecem ser bastante imunes aos padrões de pensamento que afetam as administrações políticas e outros tipos de grupos.

Outros estudos encontraram padrões semelhantes. Um analisou se os resumos das apresentações de conferências acadêmicas eram tendenciosos a favor dos liberais. É certo que essas apresentações em conferências não passaram pelo escrutínio normal da revisão por pares em um periódico. Mais uma vez, os especialistas previram que haveria evidências claras de viés liberal. Os autores encontraram evidências modestas de parcialidade liberal nesse caso. Por exemplo, os resumos eram ligeiramente mais propensos a mencionar os conservadores como alvo de estudo do que os liberais. Mas a evidência de preconceito foi muito mais fraca do que o previsto; os especialistas esperavam encontrar muito mais do que realmente observaram.[26]

Essa é uma boa notícia para a sociedade, porque ressalta a integridade do processo científico. Mas também oferece uma lição para pessoas de fora da ciência: existem normas e práticas institucionais que podem ser usadas para promover a precisão, mesmo em face de fortes crenças políticas. Parece difícil de acreditar — até os próprios cientistas esperavam ver mais preconceitos. Mas, se fôssemos contratados por uma empresa para erradicar o pensamento de grupo, provavelmente encontraríamos uma solução muito parecida com o processo de revisão por pares. Se a Bethlehem Steel e a Enron tivessem mecanismos de contribuição e supervisão de especialistas independentes e anônimos, teriam sustentado essas culturas de cultos que se provaram autodestrutivas? A revisão por pares está longe de ser perfeita, mas parece bastante útil para abordar esse problema específico de comportamento de grupo.

Os cientistas continuam revisando e aprimorando nossos procedimentos de revisão por pares. Muitos periódicos agora disponibilizam planos de pesquisa, materiais, dados e código de análise durante a revisão por pares. Alguns periódicos criaram emblemas — assim como os escoteiros e as bandeirantes — para sinalizar quando as pessoas estão usando as melhores práticas. Também criamos novos sistemas para compartilhar o trabalho e obter feedback antes e depois da revisão por pares, com o entendimento de que mesmo os artigos publicados merecem um escrutínio contínuo. Tão importante quanto, continuamos a analisar e avaliar essas inovações à medida que novos dados surgem. Na verdade, existe todo um campo dedicado ao estudo do comportamento dos cientistas, denominado metaciência.

O compromisso com a precisão como objetivo central dificilmente é específico da ciência. Ao valorizar a crítica inteligente, grupos e organizações promovem a dissidência e melhoram a tomada de decisões. Infelizmente, muitos líderes agem como John F. Kennedy durante o planejamento da Baía dos Porcos. Eles são os primeiros a compartilhar suas opiniões nas reuniões, sinalizando o que valorizam e desencorajando a dissidência. Eles esmagam, talvez não intencionalmente, os tipos de perguntas e comentários que podem identificar problemas ou levar a novas ideias criativas. Isso parece estrategicamente útil para tomar decisões rápidas, mas pode gerar custos enormes a longo prazo.

PRECISÃO EM UM MUNDO DIVIDIDO

Neste ponto, esperamos ter convencido você de que a compreensão do mundo pelos seres humanos é moldada por outros seres humanos — que nossas realidades são fundamentalmente sociais. No entanto, embora isso seja verdade, as pessoas ainda tendem a acreditar — na maioria das vezes, pelo menos — que veem o mundo objetivamente. Esse fenômeno é conhecido pelos psicólogos como *realismo ingênuo*, porque as pessoas ingenuamente presumem que veem a realidade como é.

Como resultado do realismo ingênuo, quando outras pessoas discordam de você, especialmente se forem membros de outros grupos, você frequentemente as descarta como desinformadas, irracionais ou tendenciosas.

Enquanto as pessoas tendem a pensar que seus próprios grupos veem a realidade mais ou menos pelo que ela é — que têm um bom controle das coisas —, muitas vezes percebem os grupos externos como iludidos, conformistas e incompetentes. Para ilustrar esse ponto, um estudo inteligente conduzido por pesquisadores da University of Queensland pediu a um grupo de pessoas que nomeasse um animal que sentisse ter capturado a essência de um grupo ao qual tinha orgulho de pertencer; eles pediram a outro grupo para nomear um animal que achava que representava um grupo externo ao qual eles não gostariam de ser associados.[27] Os participantes do primeiro grupo listaram animais nobres, como leões, lobos, tigres e golfinhos. Os participantes do segundo, entretanto, nomearam espécies conhecidas por sua conformidade cega ou intenção nefasta: ovelhas e lemingues, cobras e hienas.

Esses tipos de suposições dificultam a resolução de desacordos entre os grupos. Se você entrar em uma discussão presumindo que as pessoas do outro lado são um bando de idiotas ou ideólogos, não ganhará muitos novos amigos. Nem sua mente se abrirá para a possibilidade de que você pode estar errado.

Esse aspecto particular da identidade e da psicologia de grupo representa um problema significativo para a sociedade, amplificado em nossa época pelas divisões políticas e pelas redes sociais. Quando os grupos não conseguem chegar a um acordo sobre os fatos básicos, isso corrói as bases do compromisso e fornece uma base para conflitos intratáveis entre os grupos. Na era da internet, parece mais fácil do que nunca para as pessoas formarem seus próprios casulos semelhantes a uma seita.

Considere debates sobre vacinação. Se um grupo acredita que as vacinas são a chave para prevenir doenças como poliomielite, sarampo e Covid-19, e outro grupo pensa que as vacinas contêm toxinas que causam autismo e são parte de uma conspiração para controlar as pessoas, há pouco espaço para concessões. É improvável que os cientistas acreditem nas teorias da conspiração, e que os antivacinas se convençam por outro estudo que desmascare a ligação entre o autismo e as vacinas. Isso pode fazer com que ambos os lados se retirem da conversa e passem mais tempo com outras pessoas que pensam de um jeito semelhante.[28]

As pessoas escolhem médicos, distritos escolares, amigos e empregos que se alinham com suas identidades. É mais fácil evitar conflitos e encontrar pessoas que proporcionam um sentimento de afirmação do que enfrentar o desconforto de se envolver com pessoas que não concordam com você.

Sociedades ao redor do mundo estão agora lutando para parar, ou pelo menos desacelerar, a disseminação viral de má informação e desinformação online. Empresas de mídia social como Facebook e Twitter estão experimentando anexar checagens de fatos e isenções de responsabilidade ("Esta é uma afirmação contestada") a mensagens contestadas e duvidosas. Elas também estão cada vez mais tomando medidas para remover usuários e contas que espalham teorias da conspiração.

Esses, certamente, são passos na direção certa, mas a pesquisa sugere que medidas como a verificação de fatos em tempos politicamente polarizados enfrentam uma batalha difícil quando se trata de realmente mudar de opinião. Com nossos colegas Diego Reinero, Elizabeth Harris e Annie Duke, recentemente realizamos experimentos que colocaram o poder da checagem de fatos contra a identidade social. Embora geralmente sejam menos fortes do que as verdadeiras identidades de culto, nós nos concentramos nas conexões das pessoas com os partidos políticos. Nos Estados Unidos, mais de 60% das pessoas se identificam com um dos dois principais partidos.

Fizemos com que partidários de ambos os lados lessem uma série de declarações que pareciam ter vindo do Twitter. Cada declaração parecia vir de um membro do grupo ou de fora dele, e perguntamos aos participantes o quanto eles acreditavam que aquilo era verdade. As declarações pareciam mensagens de líderes políticos, e tentamos capturar algumas das trocas que ocorrem durante as discussões políticas online.

Por exemplo, os participantes viam um tuíte que parecia ser da conta de Donald Trump, dizendo: "Fomos informados de que se o aquecimento global fosse real, as calotas polares estariam derretendo. No entanto, elas estão agora em níveis recordes." Em seguida, viam essa declaração "verificada" por um membro do grupo ou de fora dele. Nesse caso, as pessoas de nosso estudo poderiam ver uma resposta supostamente de Hillary Clinton observando: "De acordo com o National Snow and Ice Data Center, o gelo polar está em uma baixa recorde no Ártico (ao redor do Polo Norte) agora e quase recorde de baixa na Antártica (em torno do Polo Sul). De forma alguma os limites estão em níveis de alta recordes." Em outro teste, os participantes viam democratas proeminentes checados por republicanos proeminentes, o que nos permitiu examinar o preconceito entre os apoiadores de ambos os partidos. Nossa pergunta era: a checagem de fatos funcionaria ou as identidades partidárias dominariam as crenças?

Acontece que as verificações de fatos funcionaram, mas mal.

Quando as pessoas viam uma verificação pós-fato, tendiam a atualizar suas crenças em quantidades muito pequenas. Por exemplo, se acreditassem no comentário de Donald Trump sobre o aquecimento global, relatariam acreditar cerca de 1% a menos depois de ler a checagem de fatos de Hillary Clinton.

O impulsionador dominante das crenças, em nossa pesquisa, era se o tuíte original ou a verificação de fatos sobre ele parecia vir de um membro do grupo ou de fora dele. As pessoas acreditavam nos membros do grupo, fossem eles os que compartilharam as informações iniciais ou a resposta de verificação dos fatos. Nesse estudo, a realidade partidária compartilhada foi dez vezes mais poderosa do que a verificação de fatos! E isso foi válido tanto para republicanos quanto para democratas.

Nossas descobertas combinam com estudos anteriores. Acontece que as checagens de fatos funcionam bem para muitos tópicos, mas não no domínio da política. Uma vez que as pessoas têm uma identidade em jogo, o poder das informações factuais é diluído — especialmente se vier do outro lado.

Isso não é muito promissor, se esperamos reduzir a influência e a disseminação de informações errôneas. Felizmente, outro trabalho recente sugere que existem técnicas que podem orientar as pessoas mais para os fatos do que para a ficção. Mais uma vez, um fator-chave acaba sendo os objetivos com os quais as pessoas abordam as informações. Quando as pessoas encontram algo online, são motivadas a considerar sua precisão ou são animadas por outro tipo de objetivo — ficar atualizado, divertir seus amigos ou se tornar viral?

Para examinar como diferentes objetivos afetam o processamento de informações online, os pesquisadores apresentaram aos participantes uma série de manchetes verdadeiras e falsas sobre Covid-19 incorporadas ao que pareciam ser postagens do Facebook.[29] Perguntou-se à metade dos participantes se considerariam compartilhar cada manchete online; a outra metade foi questionada se, tanto quanto é do seu conhecimento, a afirmação de cada título era correta.

As pessoas que foram solicitadas a considerar a precisão discriminaram entre as manchetes verdadeiras e falsas de forma significativamente mais eficaz do que as que foram questionadas se as compartilhariam. Com o foco na precisão, as pessoas foram mais capazes de diferenciar a verdade das mentiras. Pesquisas lideradas por Steve Rathje e Sander van Linden também descobriram que incentivos financeiros ajudam a reduzir a disseminação de informações incorretas. Simplesmente oferecer aos participantes um dólar para formar crenças corretas foi suficiente para reduzir seus preconceitos partidários.

Quando as pessoas querem ser precisas, geralmente são muito boas nisso. Isso coloca algum poder em nossas mãos. O desafio é como criar normas de precisão em ambientes cada vez mais polarizados, em que as pessoas geralmente preferem se associar apenas a outras pessoas com ideias semelhantes e aproveitar todas as oportunidades para discordar e menosprezar seus rivais percebidos.

E isso levanta o desafio adicional de como as pessoas que discordam devido a seus compromissos políticos podem trabalhar juntas. Oferecemos uma compreensão mais profunda desse problema — bem como algumas soluções potenciais — no próximo capítulo.

CAPÍTULO 4

ESCAPANDO DAS CÂMARAS DE ECO

Imagine que você tenha sido eleito para o conselho municipal e deseja descobrir se uma potencial nova lei de controle de armas que proíbe armas de fogo escondidas ajudaria a reduzir o índice de criminalidade da cidade. Para determinar se esse tipo de legislação tem um histórico de sucesso, você analisa os dados de todo o país, comparando as cidades que aprovaram essas leis nos anos anteriores com as que não o fizeram. Você descobre que, entre as cidades que *não* proibiram armas de fogo escondidas, 225 experimentaram um aumento na criminalidade, enquanto 75 viram suas taxas de criminalidade diminuir. No entanto, entre as cidades que *proibiram* armas de fogo escondidas, 105 experimentaram um aumento na criminalidade, enquanto a criminalidade diminuiu em 20.

Reserve um momento para analisar os números. Esse tipo de legislação de controle de armas é eficaz?

Agora imagine um cenário diferente. Desta vez, você está trabalhando em um consultório médico e precisa avaliar a eficácia de um novo creme para a pele vendido como uma cura para um tipo desagradável de erupção cutânea. Mais uma vez, você faz uma comparação. Dos pacientes que *não* receberam prescrição do novo creme para a pele, 270 tiveram piora da erupção, enquanto 90 melhoraram. Entre os pacientes que *usaram* o novo creme para a pele, 126 tiveram piora da erupção e 24 melhoraram.

Esse creme para a pele foi eficaz?

Agora, compare essa resposta com a da pergunta anterior. Você chegou à mesma conclusão que chegou sobre o controle de armas?

A resposta correta, baseada nesses dados (que são hipotéticos, aliás), é que nem o creme para a pele nem essa legislação de controle de armas foram eficazes. Essas perguntas foram elaboradas de forma que suas respostas não sejam óbvias à primeira vista. Mas, se você fizer as contas, as erupções cutâneas melhoraram em 25% dos pacientes que não usaram o creme (90/[90+270] = 0,25), mas apenas em 16% dos que o fizeram (24/[24+126] = 0,16). Da mesma forma, se você inserir os números do controle de armas nas mesmas equações, verá que os índices de criminalidade diminuíram em 25% das cidades sem a legislação de controle de armas, mas apenas em 16% daquelas que a promulgaram. Expressos ao contrário, o creme para a pele e a lei foram associados à piora nos resultados 84% das vezes, enquanto o não uso do creme e a não aplicação da lei foram associados à piora nos resultados apenas 75% das vezes. Não é um bom creme para a pele e não é uma boa lei!

Embora essas duas perguntas sejam matematicamente idênticas, algo engraçado acontece quando as pessoas as completam em estudos de pesquisa. Um experimento de 2013 do professor de direito de Yale Dan Kahan e seus colegas descobriu que participantes norte-americanos com habilidades matemáticas razoavelmente boas tendiam a responder corretamente à pergunta sobre o creme para a pele. Mas, quando a questão era sobre controle de armas, muitas vezes eles erravam.[1]

Qual é a diferença? Embora o cuidado da pele seja um problema de baixo risco para a maioria das pessoas, o controle de armas não o é. Particularmente nos Estados Unidos, qualquer política pública envolvendo armas de fogo tende a ser uma questão política fortemente contestada. Quando as pessoas responderam à pergunta sobre o controle de armas, suas habilidades matemáticas não importaram tanto quanto suas identidades políticas. A resposta matematicamente correta sobre o controle de armas deveria atrair alguns partidários, mas desanimar outros. Como resultado, as pessoas cujas identidades e crenças políticas estavam alinhadas com a interpretação correta desses dados tinham maior probabilidade de entender o problema da maneira certa.

Você acredita que o controle de armas é eficaz e importante? Em caso afirmativo, é menos provável que você tenha respondido corretamente à pergunta que fornecemos sobre o controle de armas. Mas, se você não acredita no controle de armas, essa pergunta provavelmente foi mais fácil para você. Na verdade, provavelmente parecia que você sabia a resposta o tempo todo.

Conforme estruturamos a pergunta anterior, a resposta certa é que essa lei específica de controle de armas não funcionou — e, nesse caso, os democratas no estudo de Kahan foram menos corretos em suas respostas do que os republicanos. Mas, como dissemos, os números nessas perguntas são completamente hipotéticos, e, para outros participantes do estudo, as respostas corretas foram invertidas. Nesse caso, quando a resposta matematicamente certa era a de que o controle de armas funcionava, os republicanos tinham menos probabilidade de acertar do que os democratas.

Mesmo entre os participantes mais habilidosos do estudo em matemática, os partidários tinham 45% mais probabilidade de responder incorretamente à questão do controle de armas quando a resposta certa desafiava suas crenças políticas. Em suma, sua identidade política parecia torná-los mais burros.

PARTIDARISMO EM CRESCIMENTO

Por que a identidade política de alguém afeta sua capacidade de resolver um problema de matemática? A resposta está em um fenômeno que se torna cada vez mais visível na vida pública: o partidarismo político. As pessoas se identificam com líderes políticos, partidos e sistemas de crenças, e essas identidades moldam tudo, desde como aplicam suas habilidades analíticas na avaliação de políticas públicas até o comportamento eleitoral e o namoro.

No domínio político, os ingredientes básicos da identidade social que discutimos neste livro podem ser amplificados pela classificação em partidos políticos altamente competitivos e de oposição, por mensagens de fontes de notícias partidárias e pela manipulação de líderes políticos e elites. O fluxo de informações nas redes sociais também parece desempenhar um papel cada vez mais importante.

Atualmente, os Estados Unidos, Canadá, Grã-Bretanha, Brasil, Hungria e muitos outros países ao redor do mundo estão passando por intensa polarização política.[2] Nos EUA, isso assume a forma de conflito entre democratas de esquerda e republicanos de direita; na Grã-Bretanha, recentemente se manifestou como conflito sobre a decisão de deixar ou permanecer na União Europeia (conhecido como "Brexit"); no Brasil, isso se reflete no apoio ou oposição ao presidente Jair Bolsonaro, um líder conservador divisivo. No Canadá, liberais e conservadores também se tornaram cada vez mais polarizados, assim como na Nova Zelândia, Suíça e outros países.

Essas tendências fizeram com que as pessoas dessem mais ênfase às identidades políticas do que antes, com efeitos em muitos aspectos de suas vidas, desde o romance até como se projetam nas redes sociais.[3] Por exemplo, os usuários do Twitter nos EUA estão adicionando palavras políticas a suas biografias em uma taxa mais alta do que palavras associadas a qualquer outra identidade social.[4] As pessoas agora são mais propensas a se descreverem por sua filiação política do que religiosa. Se vivemos em uma era de identidade, a política é cada vez mais a identidade que importa para muitas pessoas.

As pessoas passam menos tempo juntas no jantar de Ação de Graças se discordam da política de seus familiares.[5] O partidarismo infiltrou-se até no romance.[6] O namoro entre membros de partidos políticos diferentes agora é mais um tabu entre os norte-americanos do que o namoro inter-racial. Fizemos um estudo sobre isso na época da posse de Donald Trump e descobrimos que menos de um quarto das pessoas estavam dispostas a namorar alguém do outro lado do corredor político.[7]

Desentendimentos e debates políticos sempre existiram, e são essenciais para sociedades saudáveis e democracias robustas. Mas é da natureza da polarização mudar a psicologia da identidade social do amor dentro do grupo (os tipos normais de preferências que temos por nossos próprios grupos) para o ódio do fora do grupo.

Na verdade, alguns partidários políticos podem ser mais motivados por uma forte antipatia pela oposição do que por qualquer apreço especial por seu próprio lado. Ouvimos pessoas dizerem que não estão votando em um candidato de quem gostam, mas *contra* aquele que temem ou desprezam.

Consistente com isso, nos Estados Unidos, os dados da pesquisa sugerem que o ódio externo se tornou mais poderoso do que o amor interno como um indicador do comportamento eleitoral.[8] Esse tipo de conflito político hiper-oposicional inclui tendências preocupantes de ver o outro lado como fundamentalmente diferente ou estranho a si mesmo, de desconfiar fortemente da oposição e de suas intenções e de vê-los como moralmente corruptos.

Neste capítulo, exploramos as origens e a dinâmica do conflito político, como os elementos do ambiente social contemporâneo o tornaram pior e o que podemos fazer a respeito. O partidarismo pode levar as pessoas a rejeitar evidências que sejam inconsistentes com a linha do partido ou que desacreditem seus líderes. E, quando grupos inteiros de pessoas negam os fatos a serviço de agendas partidárias, isso pode causar comportamentos e políticas que dividem e prejudicam as sociedades. Nossos dados e análises são, reconhecidamente, centrados nos Estados Unidos, mas dinâmicas de grupo subjacentes semelhantes estão ocorrendo em muitas nações.

CÉREBROS POLÍTICOS

> O verdadeiro problema da humanidade é o seguinte: Temos emoções paleolíticas, instituições medievais e tecnologia divina.
>
> — E. O. Wilson, "Looking Back, Looking Forward: A Conversation with James D. Watson and Edward O. Wilson"

As diferenças políticas têm ligações interessantes com a biologia humana. Muitas pessoas compartilham as mesmas preferências de política e identificação partidária de seus pais. Podemos esperar que isso se deva em grande parte à forma como foram criados, pois suas opiniões foram moldadas por incontáveis conversas ao redor da mesa de jantar. Muitas pessoas presumem que nossa política é produto de um condicionamento social.

Mas acontece que muitos de nós somos biologicamente predispostos a gostar de certos partidos e líderes. A pesquisa descobriu que quase metade das crenças políticas das pessoas tem um componente genético. Por exemplo, gêmeos idênticos (que compartilham 100% de seu material genético) têm muito mais probabilidade de compartilhar políticas semelhantes do que gêmeos ou irmãos não idênticos (que compartilham apenas 50%).[9] Portanto, se você separar gêmeos idênticos quando crianças e colocar um em uma família de liberais progressistas e o outro em uma família de conservadores ferrenhos, há uma chance boa de que ambos acabem gravitando em torno do mesmo partido político.

Alguns anos atrás, o ator vencedor do Oscar Colin Firth especulou que liberais e conservadores devem ter cérebros diferentes. Ele se juntou a um grupo de neurocientistas da University College London e juntos lançaram dois estudos nos quais realizaram exames de neuroimagem nos cérebros de um grande número de liberais e conservadores.[10]

O que eles descobriram foi incrível. Acontece que eles podiam prever as tendências políticas das pessoas com 72% de precisão simplesmente examinando certas estruturas cerebrais.

Eles examinaram as diferenças no volume de massa cinzenta que as pessoas tinham em diferentes áreas do cérebro. Os conservadores tendem a ter amígdalas maiores; participantes liberais tendiam a possuir córtices cingulados anteriores maiores. Ambas as regiões estão envolvidas em vários processos psicológicos, incluindo como as pessoas reagem a fatores emocionais, status social e conflitos.

O Sr. Firth é quase certamente a única pessoa a ganhar um Oscar (Melhor Ator por *O Discurso do Rei*) e publicar um artigo de jornal neurocientífico no mesmo ano. A pesquisa revelou claras diferenças neurológicas entre pessoas em diferentes lados do espectro político e inspirou nossa própria incursão na neurociência política, examinando ainda mais o papel específico da amígdala.

Em um projeto liderado por Hannah Nam, Jay conduziu um par de estudos semelhantes na Universidade de Nova York com o objetivo de ligar as diferenças cerebrais ao comportamento político real. A pesquisa identificou um padrão semelhante: amígdalas ligeiramente maiores em pessoas que relataram preferir o *status quo* à mudança social (uma preferência que normalmente está ligada ao conservadorismo).[11]

Mais importante, porém, nós acompanhamos um ano depois as pessoas cujas estruturas cerebrais tínhamos medido para ver se o tamanho da região previa um comportamento político real. Sim![12] Descobrimos que as pessoas com amígdalas menores eram mais propensas a se envolverem em protestos liberais progressistas e ações coletivas. Em outras palavras, as pessoas com menos densidade de massa cinzenta nessa região socioemocional do cérebro eram mais propensas a relatar a participação nos comícios Black Lives Matter, na Marcha Contra as Mudanças Climáticas e até no Occupy Wall Street.

O que isso significa? É claro que não é o caso de os genes ou cérebros das pessoas serem predefinidos para admirar ou endossar qualquer político, partido ou política em particular. As questões políticas específicas que enfrentamos no século XXI — mudança climática, direitos para membros de grupos de minorias sexuais, aumento do salário-mínimo e assim por diante — são diferentes de muitas das preocupações que as pessoas tinham nos anos 1800, quanto mais nos ambientes ancestrais onde os humanos evoluíram. O mais provável é que a biologia de uma pessoa a predisponha a experimentar o mundo de certas maneiras, que tornam posições políticas, partidos e líderes específicos mais ou menos atraentes.

Os conservadores, por exemplo, tendem a se sentir mais desconfortáveis com as mudanças do que os liberais, preferindo que as coisas permaneçam iguais.[13] Eles também tendem a se sentir mais confortáveis do que os liberais com hierarquias sociais, preferindo delineamentos claros de status e poder. Ambas as preferências provavelmente têm uma base biológica, emergindo das formas como o sistema nervoso de uma pessoa responde aos eventos. Algumas coisas parecem mais certas ou confortáveis. Algumas situações causam mais ansiedade ou preocupação. E essas reações aos eventos orientam a pessoa para diferentes posições no espectro político dentro de sua sociedade.

Pessoas que gostam de mudanças ou que consideram hierarquias mais planas e equidade mais agradáveis se sentem mais atraídas por posições liberais. Pessoas que consideram as mudanças aversivas ou que desejam que fique claro quem está no comando são atraídas para posições mais conservadoras.

A amígdala é uma região do cérebro envolvida em todos os tipos de processos emocionais. Entre outras coisas, ela tem sido vinculada a hierarquias sociais e status social em seres humanos, bem como em outras espécies. Em um estudo de imagens cerebrais com seres humanos, viu-se que a amígdala era envolvida quando as pessoas aprendiam sobre uma nova hierarquia social.[14] É especulativo, mas as pessoas com mais massa cinzenta nessa região podem prestar mais atenção às classificações sociais e, em parte como resultado, ser mais atraídas por arranjos sociais que mantêm hierarquias e políticas que as protegem.[15] Em última análise, elas são menos dispostas a se envolver em atividades que perturbem os arranjos sociais existentes, como protestos.

Por mais provocantes que sejam, diferenças biológicas como essa são apenas parte da história. Há um problema da galinha ou do ovo com esse tipo de dados cerebrais — não sabemos se as diferenças cerebrais das pessoas levaram a diferentes crenças políticas ou se diferentes tipos de crenças políticas mudaram seus cérebros.

De maneira mais geral, embora os fatores biológicos atraiam as pessoas para certos tipos de política, uma vez que desenvolvem identidades políticas, elas procuram pistas sobre como ser bons membros do grupo e filtrar os eventos pelas lentes dessa identidade. As pessoas muitas vezes se classificam em grupos de partidários que pensam da mesma forma, juntando-se a organizações politicamente aceitáveis, mudando-se para comunidades mais homogêneas e sintonizando seletivamente certos tipos de noticiários noturnos. E, mais recentemente, as pessoas colocaram sua política online, onde, ao que parece, os impulsos partidários costumam correr soltos.

POLÍTICA ONLINE

Nos primórdios da internet e das mídias sociais, havia um grande entusiasmo sobre as possibilidades de essas novas tecnologias conectarem as pessoas. Qualquer pessoa poderia se conectar e interagir não apenas com a família e velhos amigos, mas também com uma miríade de pessoas de diferentes origens e culturas. Estes seriam portais para um novo mundo interconectado, no qual os seres humanos construiriam um novo tipo de realidade compartilhada.

Isso se tornou real: vivemos em um mundo novo, mais interconectado do que em qualquer momento da história. O número de usuários de mídia social em todo o mundo totaliza bem mais de quatro bilhões de pessoas.

Mas, embora as pessoas estejam mais conectadas em um sentido, essas tecnologias têm feito o mesmo para as dividir. Elas permitem que as pessoas interajam através de culturas e fronteiras, mas também tornaram mais fácil para as pessoas buscarem informações que afirmam suas identidades e confirmam suas crenças. Em vez de promover a compreensão humana, algumas empresas de mídia social desenvolveram e monetizaram plataformas e sistemas de recompensa que facilitam alguns dos piores impulsos de nossas identidades partidárias.

Uma pesquisa feita por nossa colaboradora Molly Crockett descobriu que a internet agora é uma fonte de indignação maior para as pessoas do que a vida que vivem offline.[16] A maioria de nós raramente encontra atos imorais em nosso cotidiano. Mas, online, é outra questão. Na verdade, as pessoas relataram ter encontrado mais de três vezes mais atos imorais online do que na mídia impressa, na TV e no rádio combinados![17]

Quantas vezes você já viu uma pessoa roubar uma bolsa ou agredir alguém verbalmente? Isso acontece, mas, na maioria dos lugares, é bastante raro. No entanto, na internet, eventos como esses estão disponíveis para toda e qualquer pessoa testemunhar. A internet expõe os usuários a uma vasta gama de atos perversos, desde pais ou donos de animais de estimação negligentes até agressores, políticos corruptos e até mesmo os horrores do genocídio.

A internet é um poço sem fundo de depravação, se você quiser que seja. Você pode se conectar e descobrir imoralidade suficiente para manter sua raiva em ebulição. Como resultado, as pessoas na análise de Crockett relataram experimentar significativamente mais indignação com os encontros online do que com as interações em qualquer outra parte de suas vidas. Infelizmente, as pessoas também relataram ter uma probabilidade significativamente maior de encontrar informações sobre atos imorais do que sobre atos morais.

As reações negativas a eventos encontrados online têm funções importantes e produtivas. Sentimentos de raiva ou culpa em resposta a injustiças, por exemplo, motivam a ação coletiva. O Twitter foi creditado por facilitar os levantes da Primavera Árabe em 2011, quando cidadãos de países do Oriente Médio e Norte da África lutaram por maiores liberdades contra regimes autoritários. Da mesma forma, quando as pessoas veem vídeos de brutalidade policial no Facebook ou Twitter, isso pode levá-las a protestar, concorrer a um cargo político ou lutar por mudanças sociais. Discutiremos essas dinâmicas de protesto e mudança com mais profundidade no Capítulo 7.

De muitas maneiras, essas tecnologias tornaram as pessoas mais bem informadas do que no passado. Elas também as ajudaram a encontrar outras que pensam de modo semelhante, com as quais podem formar comunidades de apoio, que, de outra forma, não conseguiriam. O enorme valor das tecnologias de conexão, como a videoconferência, tornou-se particularmente aparente durante a pandemia de Covid-19, que forçou as pessoas em todos os lugares a se separarem fisicamente. De repente, nós dois estávamos ensinando online. Nossas conferências científicas mudaram para locais virtuais. E coordenamos grande parte da escrita deste livro por mensagem de texto, trocando milhares de pensamentos à medida que nos ocorriam.

Mas há uma consciência crescente de que essas inovações tecnológicas, e as mídias sociais em particular, têm um lado sombrio.

DENTRO DA CÂMARA DE ECO

"Junte-se a nós nas ruas! Parem Trump e sua agenda fanática!", dizia um anúncio na página do Black Matters U.S. no Facebook. A manifestação atraiu cerca de dez mil manifestantes, que marcharam da Union Square, a poucos quarteirões do apartamento de Jay em Nova York, até a entrada dourada da Trump Tower, perto da extremidade sul do Central Park.

Na mesma época, na corrida para a eleição presidencial de 2016, a organização Florida Goes Trump organizou comícios em mais de 20 cidades em toda a Flórida. Comunicados à imprensa divulgando esses eventos foram arrancados diretamente dos discursos de Trump, encorajando "patriotas" a ajudar a "Make America Great Again!"

Embora essas iniciativas tenham o ritmo e a cadência de eventos políticos de base, na verdade, tiveram origens muito mais sinistras. Em uma acusação legal, o advogado especial Robert Mueller revelou mais tarde que ambas as organizações eram frentes para um grande esquema russo para manipular as eleições e interromper o processo democrático. Em particular, os russos procuraram colocar os norte-americanos uns contra os outros apelando para suas identidades políticas.

Ao longo da temporada eleitoral, propagandistas russos veicularam anúncios divisionistas no Facebook e postaram conteúdo no Twitter visando questões como controle de armas, direitos civis e temores sobre "o outro", incluindo imigrantes e muçulmanos. Em uma mensagem, a cabeça de Hillary Clinton, ornada com chifres vermelhos, foi photoshopada no corpo de um diabo enquanto se preparava para lutar contra Jesus. A manchete "'Curta' se quiser que Jesus vença!" estava estampada na parte superior da imagem, com as palavras *Exército de Jesus* em letras pequenas na parte inferior. O Facebook estima que até 150 milhões de pessoas viram anúncios como esse nos meses que antecederam as eleições de 2016.

Era óbvio que esses anúncios eram memes concebidos para apelar e inflamar conflitos partidários. As mensagens incluíam símbolos poderosos da identidade norte-americana: as Faixas e as Estrelas, cowboys, até mesmo um desenho heroico de um Bernie Sanders vestindo nada mais do que uma sunga vermelha.

Essa campanha de desinformação não era simplesmente uma questão de espalhar falsidades que poderiam ser erradicadas com checagem de fatos — esses anúncios foram elaborados para criar uma divisão entre os norte-americanos. A propaganda russa geralmente traz à mente imagens da era da Guerra Fria de Stalin e Lenin elevando-se sobre brigadas de soldados ou fileiras de mísseis, mas os memes propagandeados na era do Facebook e do Twitter são diferentes, ricos com a linguagem e imagens de identidades sociais contemporâneas. E essas mensagens tendem a ser amplificadas pelos partidários mais radicais.

Recentemente, tem havido uma grande preocupação sobre como algoritmos em plataformas de mídia social podem estar criando "bolhas de filtro", nas quais as pessoas veem amplamente notícias, opiniões e memes que são consistentes com suas crenças. O Facebook e o YouTube desejam oferecer aos usuários as melhores experiências online possíveis, portanto, feeds de notícias e vídeos recomendados podem evitar expor as pessoas a coisas que elas não querem saber. Pior, certos tipos de algoritmos levam as pessoas a entrarem em ambientes de informação cada vez mais extremos.

Não está claro o quanto isso realmente é um problema. É difícil definir exatamente o que os algoritmos das plataformas estão fazendo, em parte porque a mecânica por trás deles está escondida do público, em parte porque eles mudam o tempo todo e em parte porque diferentes plataformas fazem coisas diferentes. E as empresas de mídia social, especialmente as grandes, tornaram-se mais atentas aos problemas potenciais de bolhas de filtros e radicalização. No entanto, os tipos de dinâmica psicológica relacionada à identidade que discutimos nos capítulos anteriores apontam para uma variedade de maneiras pelas quais as pessoas podem ser levadas a bolhas de informações que confirmam crenças, mesmo sem a entrada de algoritmos de mídia social.

As pessoas costumam se afiliar seletivamente com aqueles que são semelhantes a elas, mantendo conexões com pessoas com as quais concordam e bloqueando ou desautorizando todas as outras.

Além disso, mesmo que seus feeds de mídia contenham uma diversidade de perspectivas, eles podem seletivamente prestar atenção e lembrar informações consistentes com a identidade — os "fatos" que confirmam suas realidades sociais. Eles estão mais sintonizados com as normas do grupo e tendem a permitir que o consenso entre pessoas com ideias semelhantes dê forma às suas próprias opiniões sobre as questões. E eles podem procurar sinalizar essas identidades para o mundo, compartilhando e recompartilhando novamente informações consistentes com a identidade.

Na era da mídia social, as conversas sobre questões políticas, sociais e culturais passaram de discussões entre a família na mesa de jantar ou amigos no bar para uma esfera pública muito mais ampla. Essa mudança permitiu que pesquisadores, como nós, analisassem alguns dos elementos psicológicos que impulsionam o discurso político em grande escala. Começamos a examinar como as identidades são expressas online e como a linguagem divisiva fomenta o conflito intergrupal (e vice-versa).

As pessoas agora são bombardeadas com informações. Segundo uma estimativa, o usuário médio de mídia social rola mais de 90 metros de conteúdo todos os dias.[18] Se você possui um smartphone de seis polegadas, isso significa que você desliza a tela cerca de 600 vezes por dia em uma plataforma de mídia social ou outra — aproximadamente o equivalente a rolar a Estátua da Liberdade, centímetro por centímetro.

Para examinar como as pessoas filtram essa quantidade avassaladora de informações, Jay e seus ex-alunos Billy Brady e Ana Gantman realizaram experimentos de laboratório usando medidas clássicas de atenção para ver que tipos de mensagens chegariam às pessoas.[19] Os participantes viram palavras e mensagens fluindo em uma tela de computador semelhante ao que veem enquanto navegam por seus feeds de mídia social. As palavras variaram em conteúdo. Alguns eram bastante neutros em tom (por exemplo, *coisa, motocicleta*), enquanto outros eram muito mais emocionais ou moralistas (*chore, puro, santo, com medo*). Sem surpresa, a atenção das pessoas era capturada mais prontamente por palavras emocionais e morais do que por palavras neutras. Raciocinamos que pode ser assim que funciona a economia da atenção, atraindo a atenção dos telespectadores com uma linguagem visceral, o que os leva a compartilhar essas mensagens em suas próprias redes sociais.

Para testar isso, analisamos uma grande amostra de mais de meio milhão de mensagens reais no Twitter com conteúdo relacionado a tópicos políticos controversos, incluindo controle de armas, casamento entre pessoas do mesmo sexo e mudanças climáticas. Descobrimos que os mesmos tipos de palavras que capturaram a atenção de nossos participantes no laboratório também eram mais prováveis de serem compartilhados por usuários reais no Twitter.

Descobrimos que para cada palavra moral-emocional incluída em um tuíte, a chance de outra pessoa retuitar aquela mensagem aumenta em cerca de 15%. Curiosamente, palavras puramente morais (como *misericórdia* e *justiça*) ou puramente emocionais (como *medo* e *amor*) não tiveram o mesmo impacto. Foram as palavras que combinaram conotações morais com reações emocionais — como *ódio*, *vergonha* e *ruína* — que tiveram o maior impacto.

Também descobrimos que quanto mais palavras morais e emocionais as pessoas usam em uma mensagem, maior é a probabilidade de ela se espalhar para além de seus seguidores. Se alguém inserir quatro ou cinco dessas palavras em um tuíte, é provável que se espalhe ainda mais. As pessoas costumam retuitar mensagens em suas redes sociais porque endossam o conteúdo e confiam na fonte. Mas palavras morais-emocionais parecem adicionar combustível de foguete a essa decisão. As mensagens se tornam virais quando chamam a atenção.

Um estudante atrevido de outra universidade leu nosso artigo sobre esse estudo e decidiu escrever um tuíte consistindo quase inteiramente das quinze palavras morais-emocionais mais poderosas: *atacar, mal, culpar, cuidar, destruir, lutar, odiar, matar, assassinar, paz, seguro, vergonha, terrorismo, guerra* e *errado*. Como que para provar nosso ponto de vista, sua mensagem foi rapidamente compartilhada mais de 800 vezes e apreciada por outras 1.700 pessoas! Mesmo de brincadeira, certas palavras têm poder.

Esse padrão de contágio moral foi observado em todos os tópicos que estudamos, desde as mudanças climáticas até o controle de armas. Encontramos o mesmo padrão para pessoas à esquerda e à direita (embora o efeito fosse um pouco mais forte à direita), em diferentes plataformas de mídia social e entre líderes políticos e cidadãos comuns. Também é válido para pessoas com redes sociais grandes ou pequenas e para mensagens positivas ou negativas. Quer as pessoas estivessem falando sobre honra ou ódio, a linguagem moral e emocional ressoava muito além de suas redes sociais imediatas.

Se você quer viralizar, pode estar pensando em usar esse tipo de palavra em sua próxima postagem nas redes sociais. Mas devemos avisá-lo de que, embora possam inspirar seu grupo, podem alienar as pessoas do outro lado. Na verdade, esse costuma ser o ponto.

DIVISÃO DE DISSEMINAÇÃO

> Acho que a mídia social tem mais poder do que o dinheiro que eles gastam.
>
> — Donald Trump, *60 Minutes*

Muitos líderes políticos e seus conselheiros entendem o poder da linguagem evocativa nas redes sociais. É difícil encontrar um exemplo melhor disso do que Donald Trump, que tuitou extensivamente ao longo de sua campanha e mandato único (até ser banido do Twitter, após a insurreição de 6 de janeiro de 2021, devido ao "risco de mais incitação à violência"). Em sua primeira entrevista nacional após vencer as eleições de 2016, Trump afirmou que a mídia social ajudou a compensar o fato de que a campanha de Clinton ultrapassou a sua em cerca de 500 milhões de dólares.[20] Mas o que ele fez para aproveitar o poder da mídia social?

Para descobrir, analisamos como ele e outros líderes políticos usaram o Twitter.

Em um projeto liderado por Billy Brady, examinamos as contas do Twitter de todos os líderes políticos norte-americanos eleitos para um cargo federal em 2016. No ano anterior às suas eleições, esses funcionários postaram impressionantes 286.255 mensagens na plataforma.[21] Embora muitos desses políticos presumivelmente tivessem funcionários para ajudar a gerenciar suas mensagens online, encontramos o mesmo padrão entre os cidadãos comuns: o uso de linguagem moral e emocional foi um dos melhores indicadores para saber se suas mensagens se tornaram virais.

Dos candidatos menos proeminentes ao Congresso a senadores conhecidos, o político médio viu um aumento de mais de 10% nos retuítes para cada palavra moral e emocional usada em uma mensagem. Um dos beneficiários mais notáveis foi, é claro, Donald Trump. Quando analisamos o relato de Trump, descobrimos que cada palavra moral e emocional que ele usou aumentou a chance de sua mensagem ser retuitada em 25%. No caso dele, estamos falando de mensagens que estavam sendo retuitadas dezenas de milhares de vezes e gerando discussões — e às vezes políticas — sobre questões nacionais e internacionais.

Quando olhamos mais de perto as mensagens mais virais de Trump, vimos que elas tendiam a incluir a linguagem da vitimização coletiva. Palavras como *culpado, brutal, ferir, abandonar, vítimas, roubar, abusar* e *culpa* estavam entre os termos mais poderosos que ele usou no ano anterior à eleição. Brincar de vítima foi uma ferramenta eficaz para espalhar seu evangelho.

Suspeitamos que essa linguagem foi projetada para mobilizar seus apoiadores enquanto semeia divisões dentro do resto do país. Fazer as pessoas em seu grupo sentirem que foram atacadas cria a percepção de que todos vocês estão sob ameaça e, quando isso é feito por meio da mídia social, é uma estratégia barata e poderosa para gerar um senso comum de identidade.

Apesar de seu potencial para se tornarem virais, no entanto, os retuítes inspirados na linguagem partidária raramente cruzam as linhas ideológicas. Pudemos estimar as identidades e ideologias políticas de uma amostra de usuários do Twitter examinando quem eles seguiam e quem os seguia.

Por exemplo, se você seguia Hillary Clinton e Barack Obama, era mais provável que fosse liberal/democrata; se seguia Donald Trump e Mitt Romney, era mais provável que fosse conservador/

republicano. Se você seguisse todos eles, provavelmente seria um moderado, membro da imprensa ou apenas confuso!

Na análise de tuítes de cidadãos comuns que descrevemos, descobrimos que, quando eles usaram e responderam à linguagem moral e emocional, acabaram em câmaras de eco desconectadas. Os liberais tendiam a retuitar mensagens de outros liberais; e os conservadores, de outros conservadores. Embora as mensagens com emoções morais se espalhem rapidamente dentro desses grupos, raramente parecem atrair as pessoas do outro lado da divisão política.

Claro, alguns tuítes fazem mais do que apenas implantar palavras altamente carregadas; eles depreciam ativamente o outro lado. Recentemente, analisamos esse tipo de linguagem hiper-oposicionista no Twitter e no Facebook em um projeto liderado pelos colegas Steve Rathje e Sander van Linden. Dessa vez, pudemos examinar mais de 2,7 milhões de mensagens nessas plataformas.

Cada vez que uma mensagem negativa descrevia um membro de fora do grupo, era associada a um grande aumento no compartilhamento. E quando essas mensagens vinham do relato de um congressista, a mensagem direcionada para fora do grupo tinha o compartilhamento aumentado em até 180%, diminuindo o impacto da linguagem moral-emocional por si só. No Facebook, as postagens sobre o grupo externo também provocavam as reações mais raivosas, alimentando as expressões de indignação moral que agora dominam grande parte do discurso político online.

É tentador descartar as conversas online como não sendo "da vida real". Mas qualquer divisão entre a vida online e a no mundo real tornou-se tão difusa que quase não tem sentido. A atividade online impulsiona o comportamento no mundo real, e a atividade nas redes sociais está cada vez mais vazando para a vida real. Por exemplo, uma análise de Marlon Mooijman e seus colegas descobriu que a frequência de tuítes moralizados durante os protestos antipoliciais previa números posteriores de prisões durante os protestos, sugerindo que a moralização online estava associada e pode ter contribuído para o conflito nas ruas.[22]

A linguagem divisiva pode ser altamente recompensada nas redes sociais, em parte devido ao design da plataforma. No Facebook ou Twitter, você pode curtir os comentários que aprecia com o clique de um botão, embora seja mais difícil registrar o seu desdém. Assim, quando as pessoas postam conteúdo provocativo, prontamente veem afirmações de partidários que pensam da mesma forma, enquanto as reservas que seus amigos e familiares podem ter são mais difíceis de registrar. O sistema reforça as expressões de opinião mais extremas das pessoas e obscurece o desdém ou olhares que normalmente acompanhariam essas mesmas declarações se fossem feitas no trabalho ou durante o jantar. Essa estrutura de incentivos aumenta o envolvimento e os lucros para os gigantes da mídia social, mas leva os cidadãos ainda mais no caminho da separação e conflito entre grupos.

Na verdade, quando realizamos uma série de experimentos de laboratório usando mensagens desagradáveis do Twitter, descobrimos que as pessoas não queriam ter uma conversa sobre política com alguém do outro lado que usasse uma linguagem moral-emocional. Eles achavam os comentários desconcertantes e concluíram que a mensagem fora criada por alguém com uma mente fechada. Isso era especialmente verdadeiro para as pessoas que tinham o mais forte senso de identificação com seu partido político.[23]

Mas, quando as pessoas discordavam usando uma linguagem menos carregada, isso criava uma oportunidade para o diálogo entre as divisões partidárias. Às vezes, as pessoas estão dispostas a se envolver com outras em questões difíceis, mas apenas quando suas diferenças são estruturadas de forma que não implique automaticamente que um ou outro lado seja imoral.

É claro que a linguagem inflamada e as redes sociais, cada vez mais segregadas, não são o único problema — ou mesmo o mais importante — para a política online. A desinformação enganosa desafia as sociedades democráticas de todos os lugares. E, quando as pessoas possuem identidades políticas fortes, ficam mais vulneráveis a fatos falsos, o que aumenta sua disposição de acreditar — e compartilhar — em informações factualmente falhas, que colocam os oponentes em uma luz negativa.

FAKE NEWS!

Lembra dos propagandistas russos postando anúncios polarizadores nas redes sociais? Acontece que essa foi apenas a ponta do iceberg em termos de má informação e desinformação durante a corrida para as eleições presidenciais de 2016 nos EUA. Da Macedônia a Michigan, as pessoas estavam gerando e compartilhando notícias falsas para manipular e confundir os eleitores norte-americanos.

Um estudo estimou que até 44% dos norte-americanos adultos visitaram um site não confiável nas semanas finais antes da eleição, e milhões mais viram esse tipo de conteúdo em seus feeds de mídia social.[24] Quase um quarto dos norte-americanos relatou compartilhar uma notícia inventada, e pesquisas recentes sugerem que os partidários muitas vezes pensam que compartilhar fake news é moralmente permissível. Algumas pessoas sabiam que as histórias eram duvidosas, mas outras podem ter sido enganadas porque nelas queriam acreditar. Uma única fake news, publicada por um site chamado WTOE 5 News, relatou que o Papa Francisco havia rompido com a tradição e endossado Donald Trump para presidente. Essa história falsa recebeu quase um milhão de endossos no Facebook, quase três vezes mais que a notícia principal do *New York Times*!

Ondas semelhantes de fake news atingiram outros países, incluindo a Grã-Bretanha durante a votação do Brexit de 2016 e o Brasil durante sua eleição nacional de 2018. Essa é uma epidemia internacional. Empresas de mídia social e cientistas têm se esforçado desde então para tentar entender como e por que as pessoas espalham fatos falsos e, muitas vezes, acreditam neles.

Assim como acontece nas seitas, os cidadãos comuns procuram os outros membros do grupo — especialmente os líderes — para ajudar a determinar suas crenças. Encontrar notícias que afirmam suas identidades mais queridas ajuda as pessoas a terem um sentimento de superioridade, fornece uma narrativa para criar laços e reforça a sensação de que elas estão do lado certo da história. Ao atender às necessidades sociais essenciais e ao se alinhar com suas crenças anteriores, certas notícias são atraentes, independentemente de sua veracidade. Isso explica por que as fake news mais populares destacam as virtudes de um grupo em detrimento de outro. Quando o Papa concede seu endosso fictício a Donald Trump, por exemplo, isso fornece um sentimento de reforço para os católicos conservadores e outros cristãos que desejam sentir que mantêm seus princípios até em relação a suas preferências políticas.

O problema é que esses motivos e crenças sociais superam o desejo de precisão, fazendo com que as pessoas fiquem excessivamente crédulas quando se trata de informações de afirmação de identidade. Conduzimos vários estudos nos quais descobrimos que as pessoas tendem a acreditar em histórias positivas sobre seus grupos e negativas sobre os outros, por mais duvidosas que sejam as informações.

Em uma série de experimentos conduzidos por Andrea Pereira e Elizabeth Harris, apresentamos notícias reais e falsas a 1.420 norte-americanos para ver como suas identidades políticas moldavam suas reações.[25] Alguns desses artigos eram fake news negativas sobre os democratas. Uma manchete afirmava que "Hillary usava protetores de ouvido secretos durante o debate" e outra que "Os democratas da Flórida acabam de votar para impor a lei islâmica às mulheres". Outros artigos continham fake news negativas sobre os republicanos, como uma alegando: "O presidente Trump promulga a lei do filho único para as minorias."

Amostramos essas histórias de sites reais de notícias satíricas ou falsas. Descobrimos que os republicanos estavam mais dispostos a acreditar em fake news desagradáveis sobre os democratas do que sobre eles. Da mesma forma, os democratas estavam mais dispostos a acreditar em fake news sobre os republicanos do que sobre eles. Para piorar as coisas, a crença dos participantes em uma fake news foi um poderoso indicador de sua disposição de compartilhá-la nas redes sociais. As descobertas foram surpreendentemente semelhantes entre os partidos: democratas e republicanos tinham um ponto cego similar para fake news sobre o outro lado.

Os céticos dirão que, como coletamos essas histórias de sites reais, pode ter havido diferenças entre as histórias sobre democratas e republicanos. Talvez um tipo de fake news fosse mais verossímil do que o outro. Tínhamos a mesma preocupação, então refizemos o estudo, mas criamos nossos próprios artigos de notícias falsas e prejudiciais, que eram idênticos em todos os detalhes, mudava apenas conforme o alvo era republicano ou democrata.

Nesse estudo, as pessoas leram sobre um democrata ou republicano que era corrupto exatamente da mesma maneira. O estudo replicou nossos resultados originais quase exatamente, mostrando novamente que republicanos e democratas foram guiados por suas identidades para acreditar em más notícias sobre o grupo externo.

Isso não significa que não houve diferenças entre a esquerda e a direita. Uma diferença foi em termos de quem estava mais disposto a compartilhar fake news nas redes sociais. Embora democratas e republicanos tenham a mesma probabilidade de acreditar em fake news sobre o outro lado, os republicanos estavam mais dispostos a compartilhá-las com amigos e familiares. Isso explica por que histórias como aquela sobre o Papa endossando Trump se tornaram virais durante o ciclo eleitoral de 2016 nos EUA.

Não sabemos exatamente por que os republicanos estavam mais dispostos a compartilhar essas histórias, mas parece plausível que seu partido tivesse normas mais brandas sobre o compartilhamento de fake news. O próprio Trump era um superdivulgador de desinformação, e isso pode ter sinalizado para seus apoiadores que eles poderiam confiar mais em fontes de notícias de baixa qualidade ou que não havia problema em compartilhar informações vagas.

Também descobrimos uma diferença sobre o quanto os partidários da esquerda e da direita acreditavam em fake news que nada tinham a ver com política. Quando demos às pessoas informações falsas não relacionadas à política — como artigos sobre o membro da realeza britânica Camilla, Duquesa da Cornualha, indo para a reabilitação ou o ator Leonardo DiCaprio fazer um designer de sobrancelhas voar por 7.500 milhas para esculpir suas lindas sobrancelhas — os republicanos também estavam mais dispostos a acreditar. Parecia que os democratas eram mais céticos sobre fake news, a menos que fossem notícias negativas sobre os republicanos, enquanto os republicanos eram mais propensos a acreditar em fake news sobre uma variedade de tópicos.

Uma grande quantidade de más informações e desinformação se espalha nas plataformas de mídia social, e é fácil colocar a culpa pela polarização política resultante nas redes sociais. Mas essas tecnologias estão longe de ser a única maneira pela qual os indivíduos acabam em casulos ideológicos. As pessoas podem assinar um jornal que se inclina para afirmar a identidade de seus leitores, sintonizar uma estação de notícias que os alimenta com uma dose doentia de pensamento coletivo ou assistir a seu apresentador de televisão favorito espumar pela boca todas as noites antes de dormir. A mídia social leva grande parte da culpa, mas é apenas uma parte modesta da história, o que explica por que pessoas mais velhas, que consumiram uma dieta constante de notícias cada vez mais partidárias por anos, são muito mais polarizadas do que os millennials, que cresceram nas redes sociais. De fato, alguns especialistas acreditam que a polarização da grande mídia tem causado mais divisões do que o surgimento das redes sociais.

Uma frase famosa atribuída a Daniel Patrick Moynihan afirma: "Todo mundo tem direito à sua própria opinião, mas não aos seus próprios fatos." Nossa pesquisa sugere que esse é um pensamento positivo quando se trata de partidários políticos. No cenário político contemporâneo, o comediante Stephen Colbert estava mais perto da verdade quando disse em uma entrevista ao *AV Club*: "Antigamente, todos tinham direito à sua própria opinião, mas não a seus próprios fatos. Mas esse não é mais o caso. Os fatos não importam em absoluto. A percepção é tudo." Isso não é bom, porque os fatos, na verdade, ainda importam. A realidade pode voltar para nos morder.

UMA PANDEMIA PARTIDÁRIA

Durante os estágios iniciais da pandemia de Covid-19, não havia vacina nem tratamento médico. Especialistas em saúde pública de todo o mundo declararam que uma das maneiras mais importantes de desacelerar o vírus era as pessoas manterem distância física umas das outras. Para muitos, isso significava ficar em casa o máximo possível e reduzir drasticamente seus padrões de movimento.

Mas, enquanto as autoridades imploravam às pessoas para ficarem em casa e evitarem multidões, as imagens na mídia de festas, visitas a bares e praias lotadas sugeriram que essas mensagens não estavam sendo ouvidas por todos.

Existem inúmeras razões para as pessoas terem ignorado os conselhos de especialistas em saúde pública, variando do excesso de confiança dos jovens a teorias da conspiração. Mas, especialmente nos Estados Unidos, as pesquisas sugeriram que uma divisão partidária era parcialmente responsável por isso. Uma pesquisa do NBC News/*Wall Street Journal* conduzida no início de março de 2020 descobriu que enquanto 68% dos democratas temiam que alguém de sua família pudesse pegar o vírus, apenas 40% dos republicanos estavam preocupados com isso. Outra pesquisa relatou que os democratas tinham 18% mais probabilidade de evitar grandes multidões do que os republicanos.[26]

Por que havia uma lacuna partidária tão grande nas preocupações com o vírus? Uma possibilidade é que muitos conservadores vivessem em bairros mais rurais e menos densos, e muitos liberais morassem em cidades, que são grandes e apinhadas, e oferecem condições ideais para a propagação do vírus. Na verdade, Jay passou os primeiros meses da pandemia acocorado em Manhattan, quando era um hot spot global.

Mas outra explicação potencial era a dinâmica da identidade política. Líderes e elites associados aos dois partidos estavam enviando mensagens diferentes, o que pode ter moldado as percepções de seus seguidores sobre os riscos. Vozes proeminentes da direita mostraram-se abertamente céticas em relação à pandemia. O apresentador da Fox News, Sean Hannity, disse em seu programa de rádio WOR que pode ser verdade que a questão do coronavírus foi uma "fraude" disseminada pelo "estado profundo", e sua colega na Fox Trish Regan acusou os democratas de usarem a crise do coronavírus "para destruir e demonizar esse presidente".[27]

Na verdade, o membro mais influente do Partido Republicano, o presidente Trump, foi um dos mais ferozes céticos da pandemia. Ele inicialmente chamou as preocupações sobre a pandemia de uma "farsa democrática" e minimizou consistentemente os riscos do vírus, bem como a importância e eficácia de medidas como o distanciamento.[28]

Para ver se as atitudes partidárias em relação ao vírus se refletiam no comportamento real, não apenas nas pesquisas de opinião, examinamos o movimento físico de pessoas em condados e estados republicanos versus democratas nos Estados Unidos.[29] Juntamos forças com Anton Gollwitzer e seus colegas na Universidade de Yale e analisamos dados de geotracking de mais de 17 milhões de usuários de smartphones para ver se pessoas de locais politicamente divergentes se engajavam em diferentes comportamentos de distanciamento físico. Para proteger o anonimato, não usamos dados individuais de smartphones, mas observamos os níveis de movimento em condados inteiros.

Os resultados foram surpreendentemente claros. De 9 de março a 8 de maio, durante o primeiro pico da pandemia, os cidadãos do condado azul ficaram em casa e os do condado vermelho continuaram se movendo. No geral, os condados dos EUA que votaram em Donald Trump em vez de Hillary Clinton em 2016 exibiram 16% mais movimento, bem como mais visitas a serviços não essenciais, como restaurantes. Para ser justo, todos começaram a se distanciar mais e a se movimentar menos conforme a pandemia se espalhou, mas, quando isso aconteceu, a lacuna partidária só aumentou!

Testamos uma série de explicações possíveis. Acontece que a lacuna partidária no movimento não pode ser explicada pela densidade populacional, taxas locais de infecções por Covid-19, fatores econômicos como renda familiar e taxas de emprego, ou a idade média e afiliação religiosa da população. Em vez disso, a quantidade de consumo de mídia conservadora em cada condado foi responsável por menos distanciamento físico entre as pessoas que vivem lá. Em outras palavras, quanto mais notícias conservadoras eram consumidas, mais pessoas continuavam se movendo.

Durante uma pandemia mortal, essas diferenças partidárias eram tudo, menos triviais. Quando analisamos as taxas de infecção e mortalidade, descobrimos que menos distanciamento físico nos condados republicanos estava associado a um aumento na taxa de crescimento de infecções e mortes por Covid-19 duas semanas depois.

Essa discrepância devastadora não precisava ser o caso. Se os norte-americanos tivessem olhado através da fronteira para o Canadá, teriam observado uma dinâmica diferente. Os pesquisadores não encontraram evidências de líderes políticos de qualquer partido inimizando a pandemia. Como consequência, os canadenses não exibiram diferenças políticas em termos de distanciamento físico. Isso não significa que os canadenses sejam fundamentalmente diferentes de seus amigos norte-americanos, ao sul. Em vez disso, líderes e elites nos dois países forneceram pistas muito diferentes sobre em que acreditar, com impactos reais no comportamento e na vida dos cidadãos.

Ao moldar a forma como as pessoas se veem e aquilo em que acreditam sobre o mundo, os líderes eficazes têm a capacidade de reunir as pessoas para enfrentar os desafios nacionais e globais. Um dos melhores exemplos dessa forma de liderança durante a pandemia foi o da primeira-ministra da Nova Zelândia, Jacinda Ardern. Ela não apenas seguiu de perto o conselho dos cientistas ao enfrentar a pandemia, mas ajudou a inspirar seus cidadãos a seguirem as diretrizes. Ela fez isso criando um senso comum de identidade, chamando-os de "equipe de 5 milhões" e seguindo claramente as próprias diretrizes.[30] (Falaremos muito mais sobre a relação entre identidade e liderança no Capítulo 9.)

A maneira como as pessoas se movimentavam durante a pandemia de Covid-19 foi uma manifestação de uma relação entre política e espaço. De maneira mais geral, as diferenças políticas podem fazer com que as pessoas se separem fisicamente umas das outras, e, como se constata, as separações físicas podem conduzir ainda mais às diferenças políticas.

CRUZANDO O CORREDOR

Foi um erro clássico de novato. Em 3 de janeiro de 2019, seu primeiro dia no cargo, Andy Kim entrou no Plenário da Câmara em Washington, DC, e se sentou. Normalmente, não haveria nada de polêmico sobre tomar um assento, mas o congressista recém-eleito pelo Terceiro Distrito de Nova Jersey, sem saber, sentou-se na seção republicana da Câmara. E ele era um democrata.

"Eu estava apenas procurando por um assento", relatou Kim mais tarde.[31]

Só que aqui, em um dos espaços mais polarizados do mundo, assento não é apenas assento. Um lado da Câmara é designado para os republicanos e o outro, para os democratas. Os assentos são símbolos poderosos de lealdade partidária. Eles marcam o local ao qual as pessoas pertencem e, em geral, são um bom indicador daquilo em que elas acreditam. Como o funcionário público da era Truman, Rufus Miles, disse: "Sua posição depende de onde você se senta."

Poucos lugares são tão nítidos ou espacialmente divididos como o Congresso dos EUA, embora as consequências para Andy Kim não tenham sido tão ruins quanto poderiam ter sido para um torcedor que se senta na seção errada de alguns estádios de futebol europeus. Fendas no espaço sinalizam e reforçam diferenças na identidade social.

No entanto, o Congresso é um local de trabalho em que pessoas com diferentes visões políticas e filiações partidárias devem interagir para alcançar objetivos importantes. Os políticos, muitas vezes, precisam cruzar o corredor para intermediar acordos e aprovar novas leis. No entanto, as pessoas são fisicamente alocadas com base em suas opiniões políticas. Se as pessoas precisam interagir umas com as outras para fazer as coisas, essa classificação espacial representa um obstáculo para a governança norte-americana?

Pesquisadores aplicaram recentemente a tecnologia de detecção de movimento a 6.526 vídeos do Congresso em ação para examinar como republicanos e democratas se movimentavam na Câmara.[32] Quantas vezes eles cruzavam o corredor? Como você espera, democratas e republicanos tinham menos probabilidade de cruzar o corredor que divide o meio do Congresso do que de se mover por perto de membros de seu próprio partido.

Mais preocupante, no entanto, é o fato de que essa tendência aumentou com o tempo. Entre janeiro de 1997 e dezembro de 2012, à medida que os dois partidos se tornaram mais polarizados em suas preferências políticas, os vídeos revelaram menos mistura entre os membros dos dois partidos após a votação no plenário. Os congressistas gastaram menos tempo interagindo fisicamente com membros do outro partido.

É natural supor que os votos partidários tenham reduzido a interação. Mas o momento do padrão sugeria que era o contrário — a falta de interação física estava associada a um comportamento eleitoral mais polarizado no futuro. A redução das interações informais pode ter dificultado a formação de amizades e laços em todo o corredor, o que tornaria possível a legislação bipartidária, levando a padrões de votação menos cooperativos ao longo do tempo. A falta de interação também pode ter dificultado a compreensão das perspectivas do outro lado.

Dados todos esses desafios, então, o que pode ser feito?

PROCURANDO ANTÍDOTOS

Pesquisadores, formuladores de políticas, políticos e executivos de mídia social de todos os lugares estão lutando não apenas para entender como os avanços tecnológicos estão afetando a vida cívica, mas também para encontrar maneiras de reduzir alguns dos danos que causaram. Tem havido uma explosão de pesquisas sobre essas questões, e novos estudos surgem todos os dias.

É tentador pensar que a solução para câmaras de eco e bolhas de filtro é simplesmente fornecer às pessoas uma dieta mais diversificada de informações, expondo-as a pontos de vista e perspectivas do outro lado. Esse tipo de abordagem pressupõe que o problema subjacente é um *deficit* de conhecimento e que, se as pessoas estivessem mais bem informadas ou educadas sobre as questões, tudo ficaria bem. Infelizmente, no entanto, parece que adquirir mais conhecimento sobre política e simplesmente ser exposto a uma gama mais ampla de informações não vai necessariamente ajudar.

Receber informações de fora de sua câmara de eco partidária ajuda a reduzir as divisões políticas? O sociólogo Christopher Bail e seus colegas testaram essa possibilidade em um grande experimento de campo. Eles ofereceram a grupos de democratas e republicanos US$11 cada um para seguir um bot do Twitter que retuitou 24 mensagens políticas todos os dias durante um mês.[33] De maneira crítica, o bot sempre teve uma persuasão ideológica diferente do participante e enviava aleatoriamente tuítes de contas pertencentes a autoridades eleitas, líderes de opinião, organizações de mídia e organizações sem fins lucrativos do outro lado.

Infelizmente, receber tuítes de fontes de todo o corredor político não fez absolutamente nada para suavizar as atitudes políticas. Na verdade, o tiro saiu pela culatra. As atitudes dos democratas tornavam-se mais liberais depois de seguir um relato conservador, e as atitudes dos republicanos, mais conservadoras depois de seguir um relato liberal. Só obter informações diferentes não é suficiente, em parte porque as pessoas geralmente são motivadas a rejeitar e argumentar contra mensagens que sabem que vêm do outro lado.

Um antídoto para isso poderia ser remover a identidade partidária da equação. Um estudo descobriu que as pessoas aprendem efetivamente sobre questões polarizadas, como a mudança climática, interagindo com partidários do lado oposto, desde que as identidades sociais permaneçam em segundo plano.[34] As pessoas viram um gráfico da NASA ilustrando o nível médio mensal do gelo do Mar Ártico nos últimos 34 anos. A tendência de longo prazo era de redução constante do gelo, mas o ano mais recente mostrado no gráfico exibiu um aumento modesto nos níveis de gelo. Em seguida, elas foram solicitadas a prever a quantidade de gelo que sobraria no Mar Ártico em 2025.

Depois de revisar o gráfico, os conservadores foram significativamente menos propensos do que os liberais a interpretá-lo de uma maneira consistente com a tendência de longo prazo. Mas todos os participantes tiveram a chance de atualizar e potencialmente melhorar suas estimativas, visualizando as respostas de outras pessoas. A exposição a um conjunto bipartidário de respostas, em vez de a um unívoco, melhorou a estimativa de todos. No entanto, a capacidade de aprender com outras pessoas com perspectivas diferentes era significativamente menor se a identidade do partido ou o logotipo das pessoas fossem anexados às suas respostas. Mas, se os logotipos dos partidos fossem removidos e as identidades políticas, ocultadas, as pessoas seriam mais influenciadas por outras e melhorariam suas próprias estimativas em quase 20%.

A sociedade poderia ser mais bem servida se os símbolos políticos fossem removidos das reportagens e entrevistas; isso pode concentrar o público em detalhes de propostas de políticas, em vez de lealdades partidárias. Em uma conversa normal, as pessoas costumam conduzir com suas identidades. Isso pode promover transparência e fornecer posição sobre certas questões, mas também pode fechar mentes e fomentar desacordos. Podemos querer pensar duas vezes antes de invocar nossas identidades políticas, se pretendemos falar sobre uma divisão.

Pesquisas recentes sugerem ainda que, embora simplesmente receber informações de grupos políticos externos não seja necessariamente uma estratégia eficaz para lidar com a polarização, as interações reais entre pessoas com diferentes pontos de vista ajudam. Em um estudo recente, Erin Rossiter designou aleatoriamente um conjunto de republicanos e democratas para participar de breves chats online sobre tópicos políticos e não políticos.[35] Independentemente do que falavam, os participantes que se envolviam em comunicação digital com um membro político do grupo externo se sentiam mais positivos em relação a ele do que as pessoas que não tinham essas conversas.

Sair totalmente da esfera online, pelo menos por um tempo, também ajuda. Em um estudo feito no outono de 2018, economistas encorajaram as pessoas (às vezes oferecendo dinheiro) a se desconectarem de suas contas do Facebook por um mês.[36] Ao longo desse período, elas passaram menos tempo online e experimentaram um aumento no bem-estar psicológico. Elas também se tornaram menos informadas sobre as notícias e menos polarizadas politicamente. Notavelmente, a redução nas atitudes polarizadas observada em um único mês foi equivalente a cerca de metade do valor total que a polarização aumentou nos Estados Unidos desde meados da década de 1990!

Por fim, é útil chamar a atenção das pessoas com mais precisão para o quão polarizadas nossas sociedades realmente são. Como mencionamos, a polarização aumentou em muitos lugares. Isso é especialmente verdadeiro entre elites como os políticos. Entre os cidadãos comuns, porém, é um pouco mais complicado. A população em geral está experimentando altos níveis do que tem sido chamado de polarização "afetiva" ou emocional, com pessoas mantendo fortes sentimentos de desconfiança e antipatia por grupos políticos externos. Quando os pesquisadores olham para as opiniões das pessoas sobre questões e políticas reais, no entanto, tendem a encontrar menos evidências de polarização.

Certamente, há diferenças de opinião, mas a maioria das pessoas à esquerda e à direita costuma ser bastante próxima em suas atitudes até mesmo em relação a questões controversas. Nos Estados Unidos, por exemplo, as pessoas à esquerda e à direita não estão muito distantes em suas opiniões sobre saúde, certos tipos de controle de armas e imigração. Superestimar o quanto diferimos pode ser um impedimento até mesmo para chegarmos a um acordo. E, no entanto, a maior parte das informações que as pessoas obtêm sobre política reforça a ideia de divisões intransponíveis. Até a forma como os mapas eleitorais são apresentados dá a impressão de que as nações estão nitidamente divididas.

Na noite das eleições, estamos acostumados a ver mapas do país mostrando como as pessoas em diferentes lugares votaram. Nos Estados Unidos, esses mapas indicam estados republicanos em vermelho e democratas em azul. Eles dão a impressão de unanimidade dentro de cada estado. Mas, na realidade, é claro, cada estado contém uma mistura de pessoas, e, em alguns casos, o número de pessoas que votam no candidato de cada partido pode ser muito próximo. Uma descrição mais precisa das preferências dos eleitores mostraria diferentes tons de cores — mais vermelho para estados com mais votos republicanos, mais azul para estados com mais democratas e muitos tons de roxo no meio.

Um estudo de Sara Konrath e colegas mostrou às pessoas precisamente esses tipos de mapas mais proporcionalmente precisos e bastante roxos.[37] Em comparação com as pessoas que viam o vermelho e o azul padrão, esses participantes subsequentemente estereotipavam menos seus grupos políticos externos e consideravam os Estados Unidos menos divididos. Da mesma forma, quebrar os estereótipos que as pessoas têm sobre os membros da outra parte pode abrir caminho para interações mais positivas.

Como dissemos, grande parte da atenção da pesquisa está sendo dedicada a lidar com as divisões políticas e suas fontes online. Como consumidores de informações, e eles próprios membros do grupo, as pessoas podem usar estratégias para tentar chegar a um entendimento menos tendencioso e mais preciso das questões. Pesquisas descobriram que, quando as pessoas perdem tempo para raciocinar sistematicamente, em vez de seguir suas intuições viscerais, é menos provável que sejam induzidas a acreditar em fake news sobre política. O pensamento deliberado e crítico ajuda as pessoas a vencer o cabo de guerra entre os objetivos partidários e os objetivos de precisão.

Dê a si mesmo um tempo para parar e considerar cuidadosamente a reputação da fonte de um artigo de notícias antes de compartilhá-lo com outras pessoas. Tenha cuidado se uma história que está prejudicando o outro lado parece boa demais para ser verdade; esses sentimentos de alegria são uma dica de algo em que você quer acreditar, não que realmente acredite. Considere desligar as distrações do seu telefone ou e-mail na próxima vez que se envolver com uma história sobre política. Simplesmente se distrair reduz sua capacidade de raciocinar cuidadosamente sobre as notícias. Em um projeto com nossos colaboradores na Universidade de Cambridge, descobrimos que aumentar os motivos de precisão tem o mesmo efeito; oferecer às pessoas um pequeno incentivo para julgamentos precisos reduz a polarização nas respostas a informações imprecisas.

Alertar os outros de que podem ter recebido informações incorretas também ajuda. Em seus próprios grupos, tente fazer da verificação de fatos e do questionamento das suposições uma parte valiosa das normas e da identidade. Construa uma identidade baseada em precisão e feedback construtivo.

Quando você estiver conversando com pessoas do outro lado do corredor, tente entender que os motivos e crenças de suas identidades podem as estar atrapalhando a verem sua perspectiva. Remova os símbolos de identidade. Se isso não for possível, enquadre a questão com uma linguagem que ressoe com a sua identidade e valores ou, pelo menos, que reconheça o quão significativa sua identidade é para eles.

Temos um longo caminho a percorrer para resolver os problemas de partidarismo e, ao mesmo tempo, promover um debate saudável sobre questões sérias. Mas compreender a dinâmica da identidade que está por trás dessas divisões fornece uma base para esferas políticas mais saudáveis, em que o foco fica mais diretamente nas questões sérias, que afetam a vida e o bem-estar dos cidadãos.

CAPÍTULO 5
O VALOR DA IDENTIDADE

"O que é verdadeiramente escandinavo? Absolutamente nada", publicou um anúncio provocativo promovendo a Scandinavian Airlines, em 2020.[1]

Muitos escandinavos não acharam graça. Embora a Scandinavian Airlines tenha sido descrita como "um ícone da cooperação norueguesa-sueco-espanhola", seu anúncio conseguiu, de alguma forma, unir os cidadãos desses três países em duras críticas à empresa.

O anúncio descreveu como coisas que são globalmente consideradas produtos básicos da identidade nórdica, como doces dinamarqueses e almôndegas suecas, foram todas inventadas em outros lugares. Ele mostrou os cidadãos desses países parecendo deprimidos e desamparados ao aprenderem que várias fontes de orgulho nacional e regional foram, bem, roubadas de empresários, inventores e líderes de direitos civis de outras nações.

"Pegamos tudo do que gostamos de nossas viagens ao exterior, ajustamos um pouco e *voilà!* É uma coisa escandinava única." O anúncio concluía com a sugestão de que viajar enriquece os cidadãos desses países e sua herança cultural, e, portanto, os verdadeiros escandinavos devem comprar passagens aéreas imediatamente e sair para explorar o mundo.

Como uma tentativa de inspiração baseada na identidade, o anúncio foi um fracasso lamentável. Conseguiu fomentar um grau de indignação pública em relação a um anúncio de uma compa-

125

nhia aérea sem precedentes. Vários políticos conservadores juraram nunca mais voar com eles. E a reação foi ampliada por milhares de cidadãos nas redes sociais. Quando assistimos ao anúncio no YouTube, ele tinha mais de 131 mil símbolos de polegar para baixo, mais de dez vezes o número de pessoas que deram o polegar para cima.

Funcionários da empresa finalmente retiraram o anúncio e disseram que estavam orgulhosos de sua herança escandinava. Eles lamentaram que sua mensagem tivesse sido mal interpretada.[2] Mas como uma empresa poderia errar tanto em uma mensagem sobre identidade? E o que é preciso para acertar? Do outro lado do Oceano Atlântico, uma cervejaria ofereceu as respostas para algumas dessas perguntas.

Vestindo uma camisa xadrez e jeans desbotados, Jeff Douglas entrou no palco e se aproximou do microfone. Ele começou a falar baixinho com as pessoas no teatro, hesitante no início. "Ei, não sou lenhador ou comerciante de peles e não vivo em um iglu, nem como gordura, nem tenho um trenó puxado por cães e não conheço Jimmy, Sally ou Susie do Canadá, embora tenha certeza de que eles são muito legais."

Ele ergueu a voz lentamente enquanto continuava. "Tenho um primeiro-ministro, não um presidente. Falo inglês e francês, e pronuncio 'about', não 'a boot'." Imagens mostrando castores, um chesterfield, a letra Z (pronuncia-se "zed") e um toque (um chapéu de malha de inverno) eram exibidas em uma grande tela atrás dele.

Atingindo um rugido, ele declarou: "O Canadá é a segunda maior massa de terra, a primeira nação no hóquei e a melhor parte da América do Norte", enquanto destaques de um jogo clássico de hóquei e uma imagem de uma enorme bandeira canadense sendo hasteada apareciam na tela. Então, no clímax: "Meu nome é Joe, e sou canadense."

Esse discurso, carinhosamente conhecido como "o discurso retórico", durou apenas um minuto.[3] Mas se tornou a peça central da campanha publicitária de cerveja mais bem-sucedida da história canadense. Fazia parte da campanha "Eu sou canadense", lançada no ano 2000 pela Molson Breweries, a cervejaria mais antiga do

Canadá. A experiente equipe de marketing sabia que o ingrediente mais importante da Molson não era o lúpulo em sua cerveja, mas a identidade da empresa.

O discurso foi uma tentativa ousada de vender cerveja usando o nacionalismo, e a cerveja que eles estavam anunciando já se chamava Canadian. No entanto, ajudou a articular algo que muitos sentiram que faltava na conversa nacional. É justo dizer que os canadenses costumam ter vergonha de expressar sua identidade nacional de maneira ousada. Mas caracterizar o que significa ser canadense, especialmente em contraste com seu vizinho maior e mais poderoso ao sul, permitiu que os canadenses definissem quem eles eram.

Todo canadense que vestia um toque, possuía um chesterfield ou pronunciava a letra Z como "zed" sentia uma sensação não apenas de *pertencimento*, mas também de *distinção*. Era exatamente o oposto do anúncio da Scandinavian Airlines, que conseguiu negligenciar o sentimento de pertencimento que as pessoas desejam e minou qualquer sentimento de distinção. Esse anúncio desanimador foi quase perfeitamente elaborado para ameaçar a identidade cultural das pessoas, em vez de afirmá-la.

Ao combinar esses dois ingredientes psicológicos, pertencimento e distinção, a campanha "Eu sou canadense" ressoou entre os canadenses. Isso lançou um ano marcante para a Cervejaria Molson, com a empresa crescendo 1,6 ponto na bolsa. Essa tentativa despojada de promover uma identidade social era claramente suficiente para vender caixas — muitas, muitas caixas — da cerveja Molson Canadian.

Mas o discurso fez mais do que promover a cerveja; comoveu as pessoas de uma maneira que raramente um comercial de cerveja faz. O discurso recebeu o prêmio Gold Quill da indústria de publicidade em 2001, e foi imitado e parodiado em todo o Canadá. Foi até incluído no *Penguin Treasury of Popular Canadian Poems and Songs*, porque, como disse John Colombo, editor da coletânea, as palavras "expressam uma necessidade humana de afirmar uma identidade diante da ignorância e da indiferença".

O discurso significa o poder da identidade para moldar o valor que atribuímos a tudo, desde produtos a pessoas. Muitas vezes as pessoas pensam que seus gostos são uma parte única de sua individualidade. Na verdade, muitas vezes desejam ser distintos com seu próprio conjunto idiossincrático de preferências. Pergunte à sua amiga por que ela bebe uma determinada marca de cerveja e duvidamos que ela diga que é porque se identifica com a cervejaria.

Mas os aspectos da identidade de uma pessoa influenciam todos os tipos de decisões diárias, muitas vezes fora de sua consciência. Suas preferências são moldadas fundamentalmente por sua identidade social, e a razão é bastante simples: a sua identidade social é você. Neste capítulo, explicamos como diferentes motivos moldam a identidade, focalizando particularmente as necessidades humanas essenciais de pertencer, distinção e status. Esses motivos tornam certas identidades mais atraentes e importantes e, por sua vez, moldam como as pessoas valorizam os indivíduos e as coisas no mundo ao redor. Dos alimentos que as pessoas comem, com quem escolhem namorar, aos produtos que compram e às escolas que frequentam, a identidade está no cerne de muitas de suas decisões mais importantes.

ECONOMIA DA IDENTIDADE

Não estamos sozinhos na opinião de que as identidades são muito importantes para as decisões. Os ganhadores do Nobel George Akerlof e Rachel Kranton escreveram *Identity Economics* [Economia da Identidade, em tradução livre], livro no qual afirmam que a "escolha da identidade [...] pode ser a decisão econômica mais importante que uma pessoa tomará".[4] Depois de entendermos como a identidade influencia o valor, vemos por que algumas decisões que parecem irracionais para alguns fazem sentido para outros.

O ato de sinalização de identidade, muitas vezes, é uma tentativa de afirmar sua participação em um grupo. Fazer isso publicamente — como em seu perfil do Instagram ou Facebook — fornece uma maneira eficiente de sinalizar para você e sua comunidade social *quem você é*. E, como enfatizamos ao longo deste livro, as normas dos grupos com os quais você se importa determinam fortemente quem você é.

Essa psicologia é usada por profissionais de marketing, formuladores de políticas e líderes para cultivar um senso de identidade nas pessoas que procuram influenciar. Quando bem-feito, o cultivo do tipo certo de identidade leva a um senso mais profundo de conexão e, para as empresas, a um resultado financeiro mais sólido. Compreender a dinâmica da identidade social permitiu que algumas organizações controlassem seus mercados e outras abrangessem o globo. Acreditamos, por exemplo, que a Apple se tornou uma das maiores empresas do mundo não apenas por meio de conhecimento técnico, mas ao criar em muitos consumidores um profundo senso de identificação com seus produtos. Como a Molson Canadian, a Apple construiu uma identidade que atende a uma necessidade psicológica de *distinção ideal* — a sensação de que você pertence e se destaca dos outros ao mesmo tempo. É um coquetel potente.

As necessidades psicológicas nos ajudam a entender o que motiva as pessoas a se identificarem com os grupos. O que torna alguns grupos mais atraentes do que outros ou mais atraentes em certos pontos da vida das pessoas? Exploraremos o papel que o pertencimento, a distinção e o status desempenham na ligação de pessoas a grupos. Aqueles que cumprem um ou mais desses objetivos serão mais atraentes do que os grupos que não os cumprem. Quando as identidades sociais atiçam essas coceiras motivacionais, as pessoas dão mais valor a esses grupos e às coisas e ações que simbolizam sua participação.

Este capítulo também mergulhará mais profundamente nas maneiras como as identidades sociais fornecem incentivos potentes para a cooperação. Apresentaremos evidências que mostram como as pessoas cooperam mais prontamente e melhoram os resultados para todos quando se identificam com seus grupos e aderem às normas sociais cooperativas. Isso tem implicações críticas para a criação de grupos e organizações que funcionem de maneira eficaz.

Se funcionários se preocupam apenas com resultados pessoais, como salários e bônus, encontram maneiras de burlar o sistema e explorar brechas para obter ganho pessoal. Estima-se que pequenos furtos cometidos pelos próprios funcionários custem às empresas bilhões por ano, uma média de 1,4% da receita.[5] E isso não leva em conta as perdas por ociosidade e outras formas pelas quais as pessoas buscam se beneficiar em detrimento dos bens coletivos. Se os funcionários não se identificam com suas organizações, fazem o que é necessário para se beneficiarem ou se protegerem, não necessariamente o que é bom para suas empresas. As organizações operam com muito mais eficácia quando as pessoas se identificam com elas.

VALORIZANDO OS OUTROS

Quando nós dois chegamos à Ohio State University, rapidamente ficou claro que a identidade da comunidade universitária estava centrada no time de futebol norte-americano da faculdade, os Buckeyes. Em todos os jogos em casa, o campus era invadido por mais de 100 mil fãs vestidos em escarlate e cinza. Todo bar ficava lotado. TVs foram instaladas em todos os restaurantes da cidade, e todos transmitiam os jogos ao vivo (seguidos por incontáveis horas de replays e análises). Era uma celebração de um propósito coletivo diferente de tudo o que já havíamos visto.

No ano em que chegamos ao campus, o time venceu seus primeiros 12 jogos e se classificou para disputar o campeonato nacional. Ficou claro para nós que os Buckeyes sabiam algo especial sobre o sucesso de grupo.

Quase 40 anos antes, o time de futebol havia iniciado uma das tradições mais interessantes nos esportes universitários. Segundo a lenda, um membro da comissão técnica tinha tido uma ideia para motivar os jogadores.[6] Depois de cada jogo, os treinadores recompensavam os melhores jogadores dando-lhes pequenos adesivos para colocar em seus capacetes.

A lógica era simples: reconhecer o sucesso individual forneceria um incentivo social para os jogadores trabalharem mais para se destacar. Os adesivos se tornariam símbolos de conquistas individuais, e, no final da temporada, os craques entrariam em campo com seus capacetes cobertos por pequenos símbolos do Ohio Buckeyes, não muito diferentes de generais militares condecorados com medalhas. Os Buckeyes ganharam o campeonato nacional naquele ano, e as equipes de todo o país copiaram a prática de usar adesivos para recompensar a excelência.

Os adesivos se tornaram uma instituição. Mas, em 2001, os Buckeyes de longo sucesso voltaram à mediocridade. Então, quando a equipe contratou um novo treinador, Jim Tressel, ele decidiu mexer com a tradição. Em vez de reconhecer o desempenho individual, Tressel mudou o sistema de recompensa para se concentrar no sucesso coletivo. Por exemplo, em vez de dar a um jogador um adesivo por marcar um touchdown, cada jogador na unidade ofensiva receberia um adesivo se o time marcasse um certo número de pontos. E os treinadores deram a cada jogador da equipe um adesivo após cada vitória.

O trabalho em equipe recompensador valeu a pena, e a equipe ganhou um campeonato nacional no ano seguinte. Ao encorajar os jogadores a valorizarem o sucesso coletivo, e não apenas as realizações individuais, os treinadores conseguiram gerar uma cooperação eficaz. Quando chegamos ao campus, os Buckeyes haviam consolidado seu recorde como uma das equipes de maior sucesso do país.[7]

Isso ajudou a explicar a camaradagem no vestiário e no campo. Mas os benefícios da identidade compartilhada se estendiam muito além do campo de futebol, criando um senso comum de propósito — e orgulho — entre um grupo muito mais amplo de pessoas. Não fomos os primeiros psicólogos sociais no estado de Ohio a reconhecer o impacto dessa identidade social nos fãs. Mais de três décadas antes de chegarmos ao campus, Robert Cialdini e seus colaboradores estudaram como as pessoas que não faziam parte do jogo sentiam o calor do sucesso após uma vitória.[8] Os torcedores contribuem pouco para o sucesso do time além de seu apoio moral, mas eles podem muito bem "se deleitar com a glória refletida" quando o time triunfar.

Os jogos de futebol norte-americano universitário são disputados aos sábados, então os pesquisadores monitoraram estudantes em sete universidades diferentes para ver quem aparecia usando roupas de apoio ao time nas aulas às segundas-feiras. Eles contaram botões, jaquetas, camisetas, suéteres e pastas que exibiam o logotipo da escola ou o apelido do time e descobriram que 8% dos alunos usaram roupas universitárias para as aulas naquele semestre. Nas segundas-feiras, depois que o time da casa vencia um jogo, no entanto, esse número disparava.

Sinais visíveis de identificação com a equipe surgiram nesses dias, à medida que os alunos se tornavam mais propensos a usar os símbolos da escola para as aulas em uma demonstração de orgulho. Em um estudo subsequente, os pesquisadores ligaram para os alunos após cada jogo e pediram que descrevessem o resultado. Depois das vitórias, os alunos eram mais propensos a usar pronomes coletivos para descrever o evento, dizendo "nós vencemos", em vez de "o time venceu". Mas o uso da palavra *nós* diminuía após as derrotas. Na verdade, os alunos usavam o termo "nós" ao descrever uma vitória quase duas vezes mais (26%) do que ao descrever uma derrota (13,5%).

Essas descobertas sugerem que as pessoas se identificam mais com sua equipe depois de uma vitória do que de uma derrota. Mas elas estavam simplesmente vestindo as cores do time para se encaixar com todos os outros após uma vitória ou havia mais do que isso? Elas experimentavam um raio de glória genuíno?

Para entender melhor como as identidades influenciam a forma como as pessoas valorizam os resultados dos outros, usamos a neuroimagem funcional para olhar dentro dos cérebros dos alunos da Universidade de Nova York enquanto seu grupo era bem-sucedido. Em um projeto liderado por Leor Hackel, levamos alunos para o Center for Brain Imaging da NYU e os fizemos jogar um jogo econômico com um membro do grupo (um aluno da NYU) ou um membro do grupo externo (um aluno da Universidade de Columbia).[9] Nesse jogo, eles tiveram a chance de ganhar dinheiro de verdade com base em suas decisões.

Em metade dos testes, demos a eles a escolha entre uma quantia de dinheiro que eles poderiam levar para si (por exemplo, US$1) ou uma que poderiam dar a outro jogador (por exemplo, US$2). Nesse caso, as pessoas geralmente preferiam pegar o dólar para si mesmas, mas às vezes se sentiam generosas o suficiente para permitir que outro jogador saísse com a quantia maior. Quando os alunos enfrentaram esse tipo de decisão, no entanto, importou muito com quem eles estavam jogando.

Quando alunos altamente identificados com a NYU jogavam com um colega da NYU, eram mais generosos do que quando jogavam com um estudante da Universidade de Columbia. Esse padrão se inverteu entre os alunos que não eram fortemente identificados com a NYU. Na verdade, esses alunos foram um pouco mais generosos com os membros do grupo externo. Em outras palavras, as pessoas estavam dispostas a sacrificar seu próprio dinheiro para ajudar um membro do grupo em vez de um de fora — mas apenas caso se identificassem com o grupo.

Em seguida, analisamos os padrões de atividade neural. Para examinar como as pessoas valorizavam os resultados dos outros, o estudo também incluiu uma série de ensaios em que nossos participantes receberam dinheiro sem prejudicar ninguém, bem como em ensaios em que observavam seu parceiro (o membro do grupo ou externo) receber dinheiro sem prejudicar ninguém. Isso nos permitiu identificar uma pequena região do cérebro, conhecida como caudado direito, que ficava ativa quando os participantes recebiam uma recompensa. Depois de identificar essa região, verificamos se ela também ficava ativa quando um membro do grupo, um colega estudante da NYU, recebia uma recompensa — e ficava! A mesma região que respondia quando as pessoas recebiam dinheiro respondia ao ver um membro do grupo experimentando esse resultado positivo. Isso não aconteceu, é claro, quando elas viam um membro do grupo externo ser recompensado.

Essa abordagem da neurociência nos dá uma ideia se as pessoas estão genuinamente se deleitando com a glória refletida dos membros do grupo quando algo bom acontece com elas ou se vestem a camisa do time após uma vitória apenas para se encaixar no campus. Nosso estudo sugere que algo semelhante ao verdadeiro gozo ocorre; as pessoas que se preocupam com o grupo não estão apenas dispostas a enviar mais dinheiro aos colegas do que a membros rivais do grupo externo, mas também parecem ter um sentimento intrínseco de recompensa quando outros membros do grupo têm um golpe de sorte.

Isso ressalta uma virtude da identidade: uma das razões pelas quais nos preocupamos com os resultados dos outros. A sensação de alegria que você sente quando um colega de equipe é bem-sucedido, um colega ganha um prêmio ou seu país ganha uma medalha nas Olimpíadas são evidências do valor da identidade na operação.

ENCAIXAR-SE

Os seres humanos têm uma necessidade poderosa de pertencer, encaixar-se e conectar-se com os outros. As consequências de não se encaixar podem ser graves. A solidão, a sensação de que falta uma conexão social significativa com os outros, é um contribuinte bem conhecido para resultados de saúde física e mental mais fracos. Na verdade, o sociólogo Robert Putnam declarou que, se alguém fuma um maço de cigarros por dia e não pertence a nenhum grupo, há uma disputa estatística sobre o que deveria mudar. Pare de fumar ou junte-se a um grupo — ambos terão quase o mesmo impacto em sua saúde.[10]

Participar de grupos é bom para a sua saúde porque, entre outras coisas, satisfaz as principais motivações humanas. Durante a pandemia de Covid-19, Dom e um grupo de colegas examinaram como as identidades sociais incorporadas às comunidades locais das pessoas estavam associadas a resultados ruins de saúde mental, como estresse e depressão. De abril a outubro de 2020, observamos que as pessoas que se sentiam mais conectadas às suas comunidades — especialmente aquelas que acreditavam que os membros de suas comunidades estavam se unindo para apoiar uns aos outros durante a crise — experimentavam menos estresse e depressão ao longo do tempo.

Os grupos que proporcionam um sentimento de pertencimento são frequentemente atraentes para as pessoas porque satisfazem essa necessidade essencial. As pessoas também podem achar as identidades sociais mais importantes quando estão experimentando um desejo intensificado de pertencer, seja cronicamente (algumas pessoas parecem sentir essa necessidade mais fortemente do que outras) ou em uma situação particular.

Algumas de nossas pesquisas examinaram uma das consequências disso; a saber, que as pessoas ficam mais atentas e lembram-se melhor dos outros membros do grupo quando sua necessidade de pertencer é ativa. As pessoas exibem melhor memória para os rostos de membros do grupo em comparação com os de fora. Por exemplo, é comum que as pessoas reconheçam rostos pertencentes às suas próprias categorias raciais mais prontamente do que rostos de pessoas de outras raças. Em parte, é por isso que as pessoas, às vezes, dizem que os membros de outros grupos parecem ser semelhantes. Até certo ponto, isso se deve a diferenças de experiência. As pessoas passam mais tempo, especialmente no início da vida, perto de outras que pertencem aos mesmos grupos raciais, e desenvolvem alguma experiência em reconhecer certos tipos de rostos.

Mas essa não é toda a história.[11] Acontece que as pessoas são melhores em reconhecer os membros do grupo em geral, mesmo quando as pessoas em seu grupo pertencem a raças diferentes ou quando um grupo interno e externo são todos da mesma raça e não podem ser distinguidos dessa forma. Em vários experimentos, designamos pessoas a equipes novas (grupos do tipo mínimo), dos quais nunca tinham ouvido falar.[12] Depois que eles se juntaram aos seus grupos, mostramos aos participantes uma série de rostos de membros do grupo e de membros externos antes de fazer um teste surpresa de memória.

De modo geral, as pessoas lembram-se melhor dos rostos do grupo do que dos de fora, provavelmente porque prestam mais atenção a eles quando são encontrados pela primeira vez. As pessoas em nossos próprios grupos costumam ser mais relevantes para nós e, portanto, obtêm mais de nossa concentração. No entanto, essa diferença é maior para as pessoas que têm uma necessidade maior de pertencer. Famintos por conexão social, ficam mais sintonizados do que nunca com os outros membros do grupo.

A necessidade de pertencer também influencia a forma como as pessoas valorizam os símbolos e produtos vinculados às suas identidades. Pesquisadores na Holanda conduziram experimentos em que fizeram as pessoas se sentirem excluídas, aumentando sua necessidade de pertencer, antes de fazer com que escolhessem entre os diferentes tipos de produtos holandeses.[13] De forma crítica, alguns dos produtos eram nostálgicos — de marcas que tinham sido populares no passado do país. Outros eram contemporâneos, populares apenas aqui e agora. Eles descobriram que as pessoas excluídas eram mais nostálgicas, escolhendo marcas de biscoitos, bolachas, sopas, doces e carros com raízes no passado com mais frequência do que aquelas pessoas que não se sentiam excluídas.

Atender às necessidades de pertencimento é difícil. Esses desafios são particularmente graves para membros de grupos minoritários ou marginalizados, que, muitas vezes, são tratados de maneiras que implicam que não pertencem totalmente. Embora possam ter sido cidadãos de um país por muitos anos ou várias gerações, membros de grupos de minorias visuais são frequentemente questionados: "De onde você vem?" ou "Qual é a sua história?" como se sua identidade devesse residir em outro lugar.

Em dois experimentos, Maya Guendelman e seus colegas estudaram como esses tipos de ameaças à identidade influenciam as escolhas alimentares, especulando que as pessoas apontadas como diferentes devido à sua origem étnica ou cultural podem sentir a necessidade de trabalhar arduamente para confirmar sua identidade como norte-americanos.[14] Eles recrutaram asiático-norte-americanos (com herança de vários países da Ásia), que, apesar de terem nascido nos EUA, costumam ouvir que não pertencem ao país.

Quando os participantes chegaram ao laboratório, o experimentador — um norte-americano branco — perguntou à metade deles se eles falavam inglês. Isso parece uma pergunta inocente na superfície, mas, para muitos membros de grupos minoritários, serve como um sinal de que sua identidade como norte-americano está sendo questionada.

Quando foram questionados sobre suas preferências alimentares, os participantes asiático-norte-americanos que foram questionados se falavam inglês tinham três vezes mais probabilidade de dizer que suas comidas favoritas eram pratos norte-americanos típicos — coisas como Big Macs e pizzas — do que os asiáticos que não foram questionados sobre seu idioma. A mesma pergunta sobre falar inglês não teve influência sobre os participantes brancos norte-americanos, provavelmente porque não foi percebida como uma ameaça de pertencimento por esses membros do grupo majoritário.

Em um experimento subsequente, os participantes tiveram acesso a um site de entrega de comida e foram solicitados a selecionar um prato que gostariam de comer. Se tivessem sido questionados sobre falar inglês, os asiático-norte-americanos tenderiam a pedir cachorros-quentes, hambúrgueres, frango frito e bifes de queijo Philly, em vez de opções menos tipicamente norte-americanas, como sushi, porco banh mi, bibimbap e frango ao curry. Escolher as opções de comida norte-americana não era saudável, traduzindo-se em escolhas que continham, em média, 182 calorias extras e 12g de gordura em comparação com a comida selecionada por asiático-norte-americanos que não haviam sido questionados sobre falar inglês. No entanto, escolher alimentos estereotipadamente norte-americanos pode ter ajudado os asiático-norte-americanos a sentir (ou permitido que demonstrassem) um sentimento mais forte de pertencimento nacional depois de terem sido questionados.

PENSE DIFERENTE

Mais de 77 milhões de pessoas assistiram ao Super Bowl de 1984 entre a equipe de Washington, DC na NFL e os Los Angeles Raiders. O jogo em si há muito foi esquecido por todos, exceto pelos fãs mais obstinados, mas muitas pessoas ainda se lembram do comercial impressionante que foi ao ar durante o intervalo.

Em uma cena de um futuro distópico, fileiras e mais fileiras de pessoas ficam paralisadas enquanto assistem ao Big Brother em uma enorme tela. Uma voz fala sobre o "primeiro glorioso aniversário das Diretivas de Purificação de Informações". De repente, do nada, uma mulher loira passa correndo pelas filas passivas de espectadores. Quando ela chega à frente, arremessa um enorme martelo parecido com o do Thor na tela e a quebra em pedacinhos. Em seguida, uma mensagem de voz: "Em 24 de janeiro, a Apple Computer apresentará o Macintosh. E você verá por que 1984 não será como *1984*."

Em um campo competitivo, o famoso comercial da Apple de 1984 foi eleito o melhor spot publicitário do Super Bowl nos 40 anos de história do jogo, e o *TV Guide* o classificou como o comercial número um de todos os tempos. O anúncio marcou o início de uma sequência de propaganda revolucionária na qual a Apple se posicionou como a marca de computador dos rebeldes — para pessoas que se destacam como distintas. Com base no tema, mais de uma década depois, a Apple lançou sua campanha "Pense diferente" apresentando figuras iconoclastas como Albert Einstein, Martin Luther King Jr., Amelia Earhart e Pablo Picasso. Eles cimentaram a ideia de que a Apple era a marca dos rebeldes e inovadores.

Esses comerciais parecem irônicos agora, quando a Apple é uma das empresas mais onipresentes e valiosas do planeta. É impossível pegar um café ou mantimentos sem perceber que você está cercado por pessoas que usam produtos da Apple. Você poderia ser perdoado por pensar que, longe de serem anticonformistas ou rebeldes, os usuários da Apple não são tão diferentes dos drones daquele famoso comercial: paralisados por uma tela, desatentos ao mundo ao redor.

Na verdade, é provável que nós dois sejamos apanhados olhando sem pensar para os nossos iPhones enquanto caminhamos pelo campus. No entanto, também gostamos de manter a imagem de nós mesmos como rebeldes que desrespeitam as convenções. Como é que a Apple conseguiu cultivar a sensação de que seus usuários "pensam diferente" ao mesmo tempo que os transformou em um dos maiores grupos de conformistas de consumo da história? A resposta é que a Apple se tornou uma das marcas mais valiosas e bem-sucedidas do mundo, com seguidores semelhantes aos de um culto, criando uma *identidade perfeitamente distinta*.

A ideia de "distinção ideal" foi desenvolvida por uma de nossas mentoras e heroínas intelectuais, Marilynn Brewer.[15] Ela entendeu que os grupos mais atraentes são aqueles que atendem a dois motivos humanos básicos, mas conflitantes: a necessidade de pertencer e a de ser distinto. As pessoas querem pertencer, mas parte do poder de uma identidade social vem do que ela exclui — o que ajuda as pessoas a esclarecerem quem são e quem não são.

Como disse Brewer, procuramos ser iguais e diferentes ao mesmo tempo.

Imagine um grupo de punks, góticos ou descolados. Se você é como nós, provavelmente está imaginando alguns jovens vestidos da mesma maneira que os outros, adornados com joias, piercings ou tatuagens semelhantes, ouvindo a mesma música com o mesmo estilo de fones de ouvido. Se você realmente encontrou um grupo como esse na rua, pode ficar tentado a perguntar: *Não sabe que todos vocês têm a mesma aparência?* Ao que eles podem oferecer a resposta sarcástica: *De jeito nenhum — você é o conformista; estamos expressando nossa individualidade!* Esses tipos de subculturas incorporam uma distinção ótima em ação. Seus membros experimentam uma agradável sensação de *distinção em relação ao resto da sociedade*, enquanto se beneficiam de um profundo sentimento de *pertencer com seu próprio tipo*. Alcançar esse tipo de equilíbrio é uma das razões pelas quais certos grupos são irresistíveis para as pessoas.

A mesma psicologia se aplica aos produtos. Ao comprar certos produtos, você revela a si mesmo — e aos outros — quem você pensa que é. O tipo de carro que dirige, as roupas que veste, os alimentos que come e as tecnologias que usa enviam sinais a outras pessoas. Às vezes, podem ser significantes de status (seu nível de riqueza, por exemplo), mas, muitas vezes, essas escolhas expressam algo mais sobre o que você valoriza e as identidades que preza.

Você pode hesitar em acreditar que as pessoas realmente se identificam com um produto como os da Apple. Nós também estávamos, então fizemos um estudo para investigar. Dominic pesquisou alunos da Universidade de Lehigh para aprender sobre suas identidades mais queridas. Como seria de se esperar, identidades relacionadas a gênero, raça, idade e política eram comuns. Mas, com certeza, um número significativo de alunos disse que tinha orgulho de ser uma pessoa "Mac" ou "PC".

Outra pesquisa descobriu que o apelo da distinção ideal se estende às decisões de caridade. Uma análise de mais de 28 mil campanhas de crowdfunding descobriu que a distinção era um ingrediente-chave para o sucesso.[16] As campanhas que se destacavam das narrativas tradicionais sobre tipos semelhantes de causas eram mais atraentes; elas atraíram mais financiadores e levantaram mais dinheiro. As pessoas tendem a ser atraídas por narrativas que diferenciam uma causa, definindo como é especial.

O APELO DOS AZARÕES

A magia psicológica da distinção ideal nos ajuda a entender por que os fãs de música se gabam de que gostavam de uma banda ou músico famoso "antes de serem grandes" e por que as pessoas adoram torcer pelos azarões. Por definição, os azarões tendem a perder e parecem algo ruim com o qual alinhar sua identidade, já que eles o deixarão afogando as mágoas. Mas descobrimos que as pessoas que têm uma necessidade maior de distinção são mais propensas a se identificar com os azarões.

Quando nós dois estávamos fazendo pós-graduação, deparamo-nos com um artigo de jornal sobre a Microsoft afirmando que ela era o azarão na batalha com seus rivais do Vale do Silício. Na época, a Microsoft era uma das maiores e mais poderosas empresas do mundo, alvo recente de um processo antitruste do Governo dos Estados Unidos. Parecia estranho para nós que uma empresa tão grande e poderosa tentasse reivindicar o status de azarão, a menos que os executivos estivessem fazendo isso para aumentar o quanto seus funcionários — e seus clientes — se identificavam com ela.

Para descobrir se os azarões ajudam a satisfazer a necessidade de distinção ideal, elaboramos estudos em colaboração com Geoff Leonardelli, professor da escola de negócios da Universidade de Toronto. Toronto é a maior universidade do país, e, como em grandes grupos em geral, os alunos costumam reclamar que são tratados como se fossem anônimos, não como indivíduos distintos. Em nossos estudos, exacerbamos esse sentimento para alguns de nossos alunos participantes, afirmando que a universidade os via simplesmente como um número, um entre milhares, aumentando a necessidade ou desejo do aluno por uma identidade distinta.

Para outros alunos desses estudos, afirmamos que eles eram vistos como indivíduos únicos, e não como meros números. Com o desejo de exclusividade satisfeito, esses participantes, supomos, não precisariam se identificar com um azarão para suprir essa necessidade.

Em seguida, pedimos a todos que lessem sobre a equipe masculina de polo aquático da universidade. (Selecionamos a equipe de polo aquático porque quase ninguém tinha ouvido falar dela, o que tornou mais fácil para nós moldar suas impressões sobre a equipe.) Dissemos a alguns participantes que a equipe estava entrando em um jogo do campeonato como azarão; dissemos a outros que era a favorita para vencer.

Racionalmente, pode-se pensar que os alunos gostariam de torcer para a equipe de sua própria universidade se fosse uma história de sucesso e fosse a favorita para vencer. Mas não foi exatamente isso que descobrimos. Em vez disso, as pessoas que sentiam necessidade de distinção, porque nós as tínhamos feito se sentirem como meras engrenagens anônimas, eram mais propensas a se identificar com a equipe de polo aquático quando eles eram os *azarões*.

Encontramos um padrão semelhante em um estudo subsequente em que medimos a identificação com dois times da NBA — o New York Knicks e o Miami Heat — travados em um jogo de playoffs acirrado. Mais uma vez, a equipe de azarões era mais atraente para as pessoas cuja necessidade de uma identidade distinta fora intensificada. A sensação pareceu aumentar quando os azarões se aproximaram no final do jogo e os torcedores puderam saborear a vitória.

Talvez seja por isso que as histórias de esportes sobre azarões são eternamente atraentes. As pessoas desejam atingir um nível de distinção ideal, e a identificação com um azarão ajuda a encontrar o equilíbrio entre se encaixar e se destacar. Isso muda o valor psicológico de uma equipe que, de outra forma, seria um tiro no escuro. Como resultado (pensamos), Hollywood produz um fluxo quase infinito de filmes sobre azarões.

De *Rocky* a *Momentos Decisivos* a *Rudy* a *Uma Equipe Muito Especial* a *Nós Somos os Campeões*, o apelo do azarão atravessa esportes e gerações. Mas as pessoas querem fazer mais do que simplesmente apoiar os azarões ou, de modo mais geral, possuir identidades distintas. Frequentemente, desejam sinalizar essas identidades para o mundo.

SINALIZAÇÃO DE IDENTIDADE

A Apple reconheceu que seus clientes não apenas compravam seus produtos — eles se tornavam divulgadores da marca. Você consegue pensar em algo que acompanhe cada produto da Apple que não tenha nenhuma função prática?

Se você é um entusiasta da Apple, sabe que todos os principais produtos dela têm um pequeno adesivo branco representando o famoso logotipo da maçã mordida. O adesivo não serve para nada; nem mesmo deve ser usado no próprio produto. A função é totalmente social. Você pode colocá-lo na sua bicicleta, janela do carro ou mala para sinalizar para outras pessoas no trabalho, na escola ou em trânsito que estão na presença de uma pessoa Mac.

A Apple também incorporou essa sensibilidade de sinalização em seus produtos. Por exemplo, o logotipo da Apple na tampa de cada laptop fica voltado para baixo e longe do proprietário quando a tampa é fechada. Isso pode parecer um erro, mas não é. Depois que o computador é aberto, o logotipo fica voltado para as *outras pessoas* na sala. É um sinal de identidade para os outros, não para o eu.

Economistas descobriram que as pessoas pagam grandes quantias para sinalizar uma identidade distinta. Uma das maneiras mais interessantes — e caras — de as pessoas sinalizarem sua identidade é por meio dos veículos que dirigem.[17] O ambientalismo se tornou uma parte importante da identidade de algumas pessoas, o que criou um mercado para carros elétricos ou híbridos que oferecem melhor quilometragem e são menos prejudiciais ao meio ambiente. Por muito tempo, talvez o carro híbrido mais característico fosse o Toyota Prius. Um dos primeiros carros elétricos amplamente produzidos no mercado tinha um estilo visualmente único, que foi facilmente percebido por outros espectadores ambientalmente conscientes.

Os economistas observaram que as pessoas estavam dispostas a pagar mais por um Prius do que por um carro híbrido comparável, o Honda Civic. Os dois ofereciam praticamente os mesmos benefícios ambientais em termos de quilometragem e emissões, mas o Honda Civic o fazia de uma forma mais sutil. O Civic é um modelo popular de carro e já existia há anos, antes que a Honda decidisse fazer uma versão híbrida. Havia milhares de Honda Civics não híbridos, mas de aparência muito semelhante, na estrada, tornando difícil para seu colega de trabalho ou vizinho perceber que você estava dirigindo um híbrido. Isso estava em total contraste com o Prius, visualmente incomum, que sinalizava claramente suas credenciais ambientais para todos em sua rede social.

Essa distinção agregou valor. As pessoas estavam dispostas a gastar até US$4.200 a mais na época para dirigir o Prius. Em um nível puramente pragmático, isso é irracional. Certamente, os ambientalistas deveriam se preocupar mais com o impacto real de um carro no meio ambiente do que com sua capacidade de sinalizá-lo para os outros. No entanto, não é assim que a identidade funciona. As pessoas querem fazer várias coisas ao mesmo tempo — viver de acordo com suas crenças e valores e, ao mesmo tempo, maximizar seu pertencimento e sua distinção. Dirigir o carro híbrido mais óbvio permitiu-lhes atingir esse equilíbrio. Dado o preço relativamente alto desses carros, isso também pode ter ajudado as pessoas a satisfazer outra necessidade psicológica — de status.

NECESSIDADES DE STATUS

Em 12 de março de 2019, foi divulgada a notícia de que as atrizes Lori Loughlin e Felicity Huffman haviam sido presas em um grande escândalo de suborno na faculdade.[18] A Operação Varsity Blues alegou que 33 pais de candidatos a faculdades pagaram coletivamente mais de US$25 milhões para aumentar de forma fraudulenta as pontuações de seus filhos nos testes ou subornar administradores de universidades. Esses pais estavam dispostos a infringir a lei para dar aos filhos uma vantagem no processo de admissão em universidades de prestígio como Stanford, Yale, Northwestern, UC Berkeley, UCLA e USC. O caso foi o maior do tipo a ser processado pelo Departamento de Justiça dos Estados Unidos.

A mídia nacional cobriu essa história porque envolvia mau comportamento de celebridades e expunha uma grave corrupção no sistema de ensino superior. Mas no centro do crime estavam pais ansiosos e ricos em busca de uma vantagem no mercado hipercompetitivo de admissões em faculdades.

Uma boa educação é a chave para oportunidades e ganhos futuros, e as mensalidades — especialmente nos Estados Unidos — costumam ser caras. Mas vale a pena gastar centenas de milhares a mais (sem falar em arriscar uma pena de prisão) para comprar para seu filho uma educação em uma escola um pouco mais prestigiosa do que ele frequentaria?

A maioria dos economistas provavelmente diria não. Os benefícios da faculdade são, em grande parte, acumulados por alunos de classes socioeconômicas mais baixas, e há pouca diferença na qualidade real da educação entre a mais prestigiosa University of Southern California e a marginalmente menos prestigiosa University of California, Irvine. Alunos motivados têm a mesma probabilidade de prosperar em uma boa faculdade estadual, assim como em uma luxuosa universidade particular. Esse é um ponto importante, que muitas vezes é esquecido em sistemas de reputação e classificação. O objetivo de uma instituição educacional é educar as pessoas e melhorar suas vidas, embora as classificações incluam fatores como a dificuldade de admissão, os recursos financeiros da instituição e quanto dinheiro os ex-alunos devolvem. De maneira crítica, essas métricas têm mudado para prestar mais atenção aos resultados dos alunos, como taxas de graduação e quão bem uma universidade contribui para a mobilidade social de alunos menos favorecidos.

Mas as classificações são importantes para as pessoas, assim como as percepções de status relativo. Isso ajuda a explicar por que as pessoas estão dispostas a hipotecar suas casas ou infringir a lei para colocar seus filhos em uma universidade de maior prestígio. Escolas com classificações mais altas fornecem um poderoso impulso de identidade social para alunos e pais.

Não estamos sugerindo que um pedigree universitário de prestígio não confira benefícios reais. Além de uma oportunidade maravilhosa de aprender, essas escolas ajudam a determinar as perspectivas de emprego e parceiros românticos e de vida. Os alunos ganham acesso a redes sociais valiosas, em que podem permanecer pelo resto de suas vidas. Mas muitos desses benefícios são devidos tanto à identidade que seus graduados possuem agora quanto aos ganhos em habilidades e conhecimento, que são fundamentais para a educação universitária.

No cenário do ensino superior, ser membro da Ivy League representa o status de elite. Mas há diferenças de status mesmo entre as universidades da Ivy League. Por exemplo, uma pesquisa descobriu que, enquanto 41% das pessoas percebem que Harvard é uma Ivy, menos de 2% sabem que a Universidade da Pensilvânia pertence à mesma categoria.[19]

Para quem está de fora, isso parece trivial, mas essas diferenças sutis de status são psicologicamente reais para as pessoas envolvidas. De fato, como seu status é menos reconhecido, os alunos da Penn estão mais ansiosos para mostrar suas credenciais a outras pessoas para evitar qualquer confusão. Quando os alunos da Penn e de Harvard são solicitados a descrever sua universidade para outras pessoas, é mais provável que os alunos da Penn mencionem que frequentam uma faculdade da Ivy League, mesmo em correspondência particular. Os alunos de Harvard não sentem tanta necessidade de o mencionar; as pessoas já sabem que têm uma identidade social de alto status.

A mesma psicologia de identidade ocorre em sites de universidades e até mesmo nos e-mails de professores. Afinal, os professores dificilmente estão imunes às mesmas necessidades psicológicas de seus alunos. Uma análise descobriu que as universidades com classificação inferior eram mais propensas a mencionar a palavra *universidade* em seus sites do que as de maior prestígio.[20] Departamentos com classificações mais baixas também eram mais propensos a listar as credenciais de seu corpo docente. E os professores faziam o mesmo. Como resultado, docentes com mais publicações ou citações eram menos propensos a exibir símbolos de sucesso pessoal em suas assinaturas de e-mail.

As tentativas de reivindicar e sinalizar uma identidade social de alto status são parte de um fenômeno psicológico conhecido como autorrealização simbólica.[21] A maioria das pessoas precisa do reconhecimento dos outros para sentir que alcançou a identidade desejada. Quando os símbolos do seu sucesso são reconhecidos e afirmados por outras pessoas, isso garante que você alcançou essa identidade aos olhos de seus pares e da sociedade. Isso se aplica não apenas às credenciais acadêmicas, mas a qualquer aspecto da vida em que as pessoas busquem se destacar, seja em sua profissão, em seus hobbies ou mesmo em seus relacionamentos. Por que outro motivo existe esse mercado para as camisetas de melhor vovô do mundo e canecas para mães nº1 do mundo?

Percebemos uma tendência, tanto nas redes sociais quanto offline, de as pessoas diminuírem e até zombarem da sinalização de identidade. Às vezes, desacreditado como "sinalização de virtude" ou "exibição", a implicação é que as exibições de identidade são autopromotivas ou falsas. E, certamente, podem ser. Mas sinalizar identidades também é uma parte vital da maneira como as pessoas navegam no mundo social. É assim que as pessoas estabelecem posição, e os membros de grupos valiosos se encontram.

ENCONTRANDO UNS AOS OUTROS

Quando os seres humanos colaboram, são capazes de coisas extraordinárias. Construímos catedrais, criamos universidades, dirigimos corporações multinacionais e somos coesos em Estados-nação. Construímos Mars rovers e pousamos na Lua. Tornamo-nos maiores do que a soma de nossas partes. Essas empreitadas são mais do que identidade compartilhada, é claro. Mas a identidade ajuda as pessoas a superarem obstáculos para uma colaboração bem-sucedida, tornando a cooperação muito mais fácil.

Sempre que as pessoas optam por trabalhar juntas, é um ato de confiança. Decidindo escrever este livro juntos, confiamos que cada um de nós cumpriria sua parte do acordo, contribuindo igualmente para as longas horas de escrita, reescrita e mais reescrita! Quando assinamos com nosso agente, confiamos que ele faria o possível para encontrar uma editora para nós (obrigado, Jim!). E, quando fechamos um contrato com a Little, Brown Spark, confiamos que eles fariam um bom trabalho editando e vendendo nosso livro. Eles, por sua vez, confiaram que escreveríamos um livro decente dentro do prazo. O fato de você estar lendo este livro significa que todos esses pequenos atos de confiança deram certo.

Existem várias maneiras de decidir se você pode confiar em alguém. Estabelecer relacionamentos longos nos quais as pessoas aprendem umas sobre as outras é uma maneira. Os contratos legais são outra. E as identidades compartilhadas são uma terceira. Vimos (especialmente no Capítulo 1) que quando as pessoas assumem uma identidade social, isso induz uma mudança na motivação, e elas se interessam por resultados que vão além de seus interesses individuais. Indivíduos egoístas, focados exclusivamente em seus próprios resultados, começam a contribuir tanto para os bens coletivos quanto pessoas pró-sociais, que se preocupam mais com os resultados de outras pessoas.

Mas essa mudança na motivação não é suficiente para produzir confiança. Não é suficiente que você se preocupe com os outros membros do grupo e que tenha vontade de os ver prosperar. Para confiar neles e acreditar que estão igualmente interessados em seu sucesso, você precisa acreditar que eles são igualmente motivados a fazer o bem por sua associação ao grupo comum. Em outras palavras, o conhecimento da identidade precisa ser *compartilhado* para desbloquear todo o potencial de cooperação.

Para ilustrar a importância de compartilhar o conhecimento de uma identidade, imagine que você está jogando o "jogo da confiança". Em cada rodada, você recebe uma quantia em dinheiro — digamos, US$10 — e tem que decidir quanto investir com um parceiro. A quantia que você decidir investir será enviada ao seu parceiro e multiplicada por alguma quantia — digamos três. Portanto, se você decidir investir o valor total e enviar todos os US$10, eles se multiplicarão, e seu parceiro receberá US$30. Seu parceiro decide quanto enviar de volta para você. Se essa pessoa for justa e enviar de volta metade do que recebeu, cada um de vocês sairá com US$15, uma vez e meia sua cota original e três vezes o que começou coletivamente. Ambos se darão bem se houver confiança suficiente.

Agora, imagine que em algumas rodadas seu parceiro seja um membro do grupo e, em outras, de um grupo externo. Quanto você escolheria investir com cada tipo de parceiro? Se você for como a maioria das pessoas, investirá mais dinheiro com um membro do grupo do que com um parceiro de fora, porque você confia mais em um membro do grupo; ou seja, você espera receber mais dinheiro dessa pessoa.

Mas agora imagine que, embora *você* saiba que você e seu colega de grupo compartilham uma identidade, *seu parceiro* não tem consciência de seu vínculo comum. Ele está cego sobre quem você é! O que você faria agora?

Experimentos que manipulam esse fator descobriram que, embora as pessoas ainda tenham muitos sentimentos positivos em relação aos outros membros do grupo, não confiam mais neles do que nos membros de fora quando sua própria identidade não é visível.[22] Saber que um membro do grupo está ciente de que vocês dois pertencem ao mesmo grupo é a chave para desbloquear a cooperação.

A importância crítica de saber sobre identidades compartilhadas ajuda a explicar por que as pessoas se esforçam tanto para sinalizar sua participação no grupo para outras pessoas. Os católicos usam crucifixos; liberais, conservadores, ambientalistas, corredores, caçadores, defensores e ativistas de todos os tipos colam adesivos em seus carros. E as pessoas gastaram cerca de US$26,47 bilhões em roupas esportivas licenciadas em 2018. Esses e muitos outros símbolos são sinais de orgulho do grupo e desempenham o papel crucial de sinalizar suas lealdades e identidades para os outros.

Tendo crescido no Canadá, fomos instruídos a costurar nossa bandeira nacional em nossas mochilas quando viajássemos para o exterior. Na adolescência, soltos na Europa (Jay na Itália, Dom na França), conhecemos mulheres canadenses que reconheceram esses símbolos de identidade compartilhada e ficaram maravilhadas ao encontrarem um membro do grupo tão longe de casa. Havíamos viajado para esses outros países para experimentar coisas novas e conhecer diferentes tipos de pessoas, mas, ao sinalizar nossa identidade nacional de maneira conspícua, encontramos e desfrutamos momentaneamente da companhia de outros membros do grupo entre estranhos.

Toshio Yamagishi, um psicólogo social que iniciou pesquisas sobre muitas dessas questões, descreveu as identidades sociais como "contêineres de reciprocidade generalizada".[23] O que ele quis dizer foi que, quando compartilhamos uma identidade com as pessoas, isso nos ajuda a confiar nelas, mesmo sem saber mais nada sobre elas. Acreditamos que nossos colegas do grupo passaram pela mesma mudança motivacional que nós e agora estão orientados para nossos interesses coletivos.

É assim que as identidades sociais permitem que as pessoas estabeleçam confiança com uma gama muito mais ampla de pessoas do que elas podem conhecer diretamente ou celebrar contratos legais. Isso expande nossas possibilidades de conexão e cooperação. Infelizmente, porém, o valor que colocamos em nossos grupos às vezes tem um lado negativo. No próximo capítulo, vamos nos aprofundar em como a dinâmica de grupo contribui para o preconceito e a discriminação — e o que pode ser feito a respeito.

CAPÍTULO 6

SUPERANDO O PRECONCEITO

"Aqui é do 911, qual é a sua emergência?", perguntou a operadora.

"Tenho dois cavalheiros em meu café que se recusam a fazer uma compra ou sair", respondeu Holly Hylton.

Hylton, a gerente de plantão da Starbucks em Center City, Filadélfia, fez essa ligação na tarde de 12 de abril de 2018, dando início a uma série de eventos que resultariam em manchetes internacionais, desencadeariam indignação em todo o país e demandas por um boicote. No final das contas, isso fez com que os executivos da Starbucks fechassem temporariamente quase 8 mil lojas nos Estados Unidos.[1]

Os cavalheiros em questão — dois jovens negros — haviam entrado no café minutos antes e aguardavam em silêncio por um amigo. Eles ainda não haviam comprado nada, e, quando pediram para usar o banheiro, o acesso lhes foi negado.

Embora isso não pareça muito incomum para muitos estabelecimentos comerciais, estava fora do normal para a Starbucks, que é conhecida por permitir que as pessoas usem seus banheiros. Quando o ex-prefeito de Nova York, Michael Bloomberg, foi questionado por um repórter sobre por que a cidade não tinha mais banheiros públicos, ele brincou: "Há Starbucks suficientes, que permitirão que você use o banheiro."[2]

Infelizmente, essa cortesia não parecia se aplicar a todos.

Policiais chegaram à Starbucks e prenderam os dois homens por invasão de propriedade, apesar dos protestos de clientes que argumentavam que eles não haviam feito nada de errado. O episódio foi gravado em vídeo e viralizou.[3] Pessoas ao redor do mundo viram seis policiais algemando e removendo os dois homens do café enquanto outro cliente (um homem branco) implorava à polícia para explicar o que eles haviam feito.

Por fim, os dois homens foram libertados sem acusações, e a polícia da Filadélfia, assim como a cidade, desculpou-se diante da indignação pública em massa.

A Starbucks Corporation entrou rapidamente no modo de controle de danos. Hylton deixou o emprego, e, algumas semanas depois, a Starbucks anunciou que fecharia milhares de seus cafés nos Estados Unidos e em outras nações para fornecer a seus funcionários treinamento "para lidar com o preconceito implícito, promover a inclusão consciente e garantir que todos dentro de uma loja Starbucks se sintam seguros e bem-vindos".[4]

As ações da empresa refletiram, naquele momento, a implementação em maior escala e o perfil de treinamento com base no conceito cada vez mais em evidência de preconceito implícito. De repente, todo mundo estava falando sobre isso. Mas o que é preconceito implícito, exatamente? E quais estratégias são eficazes para o reduzir?

AS RAÍZES DO PRECONCEITO

Antes que o Congresso dos EUA confirme os nomeados de um novo presidente para o gabinete, os senadores de ambos os partidos os submetem a um intenso interrogatório. Durante a audiência de Merrick Garland, a escolha do presidente Joe Biden para Procurador-Geral, o senador John Kennedy lançou-lhe uma bola curva. "Quero perguntar a você sobre o conceito de preconceito implícito", disse o republicano da Louisiana. "Isso significa que sou racista, não importa o que eu faça ou o que eu pense? Eu sou racista, mas não sei que sou racista?"

Embora as perguntas pudessem ter a intenção de desconcertar Garland ou fazê-lo dizer algo errado, elas refletem o tipo de dúvida que muitas pessoas têm sobre o que significa ser preconceituoso e quais são as distinções entre as formas de preconceito.

Nas últimas décadas, os cientistas desenvolveram uma variedade de testes para medir preconceitos implícitos ou inconscientes, capturando as preferências que as pessoas têm em relação a alguns grupos sobre outros, das quais não estão conscientes.[5] Esses testes são projetados para medir os sentimentos e associações que rápida e automaticamente vêm à mente quando as pessoas encontram membros de grupos diferentes. Na verdade, eles podem ser usados para avaliar reações rápidas a todos os tipos de coisas, não apenas a grupos sociais — tipos de alimentos, substâncias viciantes, animais e assim por diante.

Os icebergs costumam ser usados como metáfora para a mente humana. Embora suas experiências conscientes pareçam dominar sua vida mental, elas são, na verdade, apenas a ponta de uma estrutura muito maior, oculta sob a superfície. Muitas funções da mente operam automaticamente ou fora de sua consciência, e, no momento em que você se torna consciente das coisas, uma quantidade significativa de processamento de informações já ocorreu.

Para algumas coisas, isso é óbvio. Seu cérebro regula sua respiração e digestão sem que você pense nisso. O que às vezes é mais surpreendente para as pessoas é que uma grande quantidade de processamento inconsciente, descontrolado e muito rápido também ocorre quando você entende outras pessoas.

Os preconceitos explícitos são aqueles sobre os quais as pessoas falam. Se alguém disser ou indicar em uma pesquisa que não gosta da geração millennial ou de canadenses, está expressando um preconceito claro e desavergonhado. Esses tipos de expressões tendem a refletir as normas sociais em um ambiente — as pessoas geralmente estão dispostas a dizer apenas o que acham que é aceitável. Medir o preconceito implícito requer testes mais sutis.

Em muitos desses testes, aos participantes são mostradas imagens em alta velocidade de pessoas pertencentes a grupos diferentes. Podem ser rostos de homens e mulheres, cristãos e muçulmanos, ou negros ou brancos. Você será solicitado a responder às imagens, e, com base no padrão de suas respostas — com que rapidez você reage ou os tipos de erros que comete —, os pesquisadores são capazes de estimar suas preferências automáticas para diferentes grupos. Por exemplo, durante uma tarefa que usamos muito (conhecida como "priming avaliativo"), você verá um rosto masculino ou feminino por alguns milissegundos seguido por uma imagem de algo que a maioria das pessoas acha positivo ou negativo — um lindo cachorro ou uma aranha peluda, talvez. Sua tarefa é simplesmente pressionar uma tecla no computador se o que você está vendo for algo de que goste e outra se for algo de que não goste. Acontece que o rosto que você vê antes de responder ao cachorro ou à aranha afeta a rapidez com que classifica essa imagem como positiva ou negativa. Se você tiver mais reações implícitas negativas aos rostos masculinos do que aos femininos, será um pouco mais rápido em dizer que a aranha é ruim depois de ver o rosto de um homem do que o de uma mulher. Você também vai demorar para dizer que o cachorro é bom depois de ver o rosto de um homem.

Você pode tentar outra versão de uma medida de preconceito implícito, o Teste de Associação Implícita (ou TAI), do Project Implicit, da Universidade de Harvard. Depois de administrar milhões desses testes, os cientistas descobriram que a vasta maioria das pessoas mostra algum grau de preconceito implícito, favorecendo seus próprios grupos étnicos, nacionais, políticos ou religiosos em detrimento de grupos externos correspondentes. Claro, nem todo mundo mostra o mesmo grau ou tipo de preconceito. Muitas pessoas ficam preocupadas em saber que nutrem esses preconceitos raciais, de gênero ou outros, porque acreditam no valor de tratar as pessoas com igualdade.

Mesmo crianças muito pequenas têm feito variantes desses testes e exibem preferências por membros de sua própria raça, levando a revista *Newsweek* a publicar uma capa provocativa perguntando: "Seu bebê é racista?"[6] Mahzarin Banaji e Anthony Greenwald, dois dos cientistas que desenvolveram o TAI, referem-se às tendências sutis possuídas por pessoas boas como um "ponto cego".

Então, o que isso quer dizer? Os seres humanos são, de alguma forma, programados para serem racistas? E, se não, de onde vêm esses preconceitos e por que persistem mesmo entre pessoas que se consideram isentas de preconceitos e igualitárias?

Se os seres humanos fossem realmente programados para o racismo, esperaríamos que nossa espécie tivesse evoluído em ambientes em que fosse adaptável para diferenciar e discriminar pessoas de outras raças. No entanto, de tudo o que sabemos sobre a evolução humana, isso é improvável.

A psicóloga evolucionista Leda Cosmides e seus colegas argumentam que descartaram "a hipótese de que os mecanismos cerebrais que causam a codificação racial evoluíram para esse propósito".[7] Isso significa que, embora nossos cérebros julguem as pessoas com base em sua raça, não desenvolvemos nenhuma função neural especial apenas para esse propósito. Cosmides e sua equipe sugerem que a seleção natural pode muito bem ter favorecido a maquinaria do cérebro que registra automaticamente o sexo e a idade, porque nossos ancestrais habitavam um mundo social no qual conhecer os gêneros e fases de vida de outras pessoas lhes permitia fazer uma variedade de julgamentos úteis sobre elas: Quem era um companheiro em potencial? Quem, jovem ou muito velho, provavelmente precisaria de ajuda extra?

Mas, afirmam Cosmides e seus colegas, com a raça é diferente.

Primeiro, eles observam que "os geneticistas mostraram que a humanidade não está dividida em tipos raciais distintos". Em segundo lugar, fornecem uma razão de bom senso para o racismo não estar embutido em nossa espécie: nossos ancestrais eram caçadores-coletores que viviam em pequenos grupos e viajavam principalmente a pé. Isso significava que seres humanos típicos quase nunca encontravam pessoas de grupos geneticamente distantes o suficiente para se qualificarem como pertencentes a uma raça diferente. Se eles nunca (ou muito raramente) encontravam pessoas com tons de pele ou características faciais diferentes, não havia vantagem evolutiva para o racismo.

Então, por que o racismo é uma característica tão comum da vida contemporânea? Uma razão, argumentam eles, é que prestar muita atenção à raça e dividir o mundo com base nisso é um efeito colateral da maquinaria neural que foi esculpida pela seleção natural para identificar grupos internos e rastrear coalizões. Nossos ancestrais viveram em bandos que entravam em contato com outros bandos locais. A necessidade de trabalhar com membros do grupo interno e de se defender dos externos pode ter selecionado pessoas que eram hábeis em fazer distinções "nós-contra-eles" e que defendiam o grupo contra estranhos hostis (que tendiam a se parecer muito com eles mesmos).

As pessoas também formavam coalizões dentro dos bandos. Para agarrar o poder político ou obter acesso a alimentos escassos e outros recursos, ajudava trabalhar juntos. Acredita-se que a capacidade de detectar e se identificar com alianças mutantes exista em todas as culturas do planeta.[8] É uma característica profundamente humana. Vemos isso acontecendo nos experimentos de grupo mínimo discutidos no Capítulo 1, quando meramente ser atribuído a uma categoria arbitrária fazia com que as pessoas formassem imediatamente uma identidade social e discriminassem outras em favor dela. Padrões semelhantes de comportamento de coalizão também foram observados em outros primatas, nossos primos genéticos próximos, embora os seres humanos possam estar sozinhos entre os primatas na disposição de ajudar os membros do grupo, mesmo que sejam anônimos. Somos uma espécie verdadeiramente social.

Mas nossa herança evolutiva também vem com uma tendência de formarmos e protegermos hierarquias que colocam algumas pessoas e grupos no topo e outros na base. Isso ajuda a explicar por que, tendo dividido o mundo em categorias como raça, religião e nacionalidade, os seres humanos têm a tendência abominável de criar e defender sistemas de opressão.

O impulso para defender as hierarquias de grupo é o que o psicólogo político Jim Sidanius descreveu como uma orientação para o domínio social.[9] Essa tendência fornece a base psicológica para grande parte do racismo que existe em todo o mundo. Dessa perspectiva, o racismo não é baseado em diferenças raciais genéticas, apesar daquilo em que os supremacistas brancos querem que você acredite. Em vez disso, baseia-se nas tendências mentais de dividir o mundo em grupos e defender sistemas injustos e disparidades de poder.

LONGA HISTÓRIA

O racismo e outros sistemas sociais opressivos têm uma longa história. Nada incomum nesse sentido, o racismo assola os Estados Unidos desde 1619, quando um navio que transportava escravos do continente africano chegou à colônia da Virgínia. A América do Norte não declarou independência da Grã-Bretanha até 1776, mas, naquele ponto, a escravidão já estava embutida nas instituições e era responsável por grande parte da riqueza inicial da pátria.

O resíduo dessa história sombria ainda é evidente hoje.

Ficou explícito no verão de 2014, em Ferguson, Missouri, quando um jovem negro, Michael Brown, foi baleado e morto por um policial. Ficou inequívoco na cidade de Nova York naquele mesmo ano, quando Eric Garner, um homem negro de meia-idade, foi morto por um oficial da Polícia de Nova York usando um estrangulamento proibido. E isso ficou evidente na primavera de 2020, quando Breonna Taylor foi baleada pela polícia enquanto dormia, em seu apartamento, em Louisville, e quando, logo em seguida, um oficial de Minneapolis matou George Floyd, ajoelhando-se em seu pescoço por 9 minutos e 29 segundos.

Os assassinatos de negros e outras pessoas não brancas pela polícia são chocantemente comuns nos Estados Unidos. Exatamente as mesmas palavras com as quais o sociólogo Gunnar Myrdal descreveu as disparidades raciais na justiça no início dos anos 1940 podem ser usadas, sem edição, hoje. Ele escreveu: "A polícia muitas vezes assume o dever não apenas de prender, mas também de condenar e punir o culpado."[10] Mas o que faz com que essas mortes se pareçam com o passado é também a impunidade de muitos dos policiais envolvidos. Nos casos de Michael Brown, Eric Garner e Breonna Taylor, os promotores públicos apresentaram possíveis acusações a um grande júri, e este se recusou a indiciar os policiais. Isso não foi uma decisão para declarar os oficiais inocentes; foi uma decisão de nem mesmo realizar um julgamento.

A maneira como as pessoas avaliam e reagem umas às outras no presente é o resultado de múltiplas influências operando em diferentes escalas de tempo. É como um tom complexo — ou onda sonora — feito de um conjunto de frequências constituintes. Algumas dessas frequências oscilam rapidamente, na escala de dias, minutos ou segundos. Algumas são mais lentas, operando ao longo de anos ou décadas à medida que uma pessoa se socializa, se desenvolve e tem experiências de vida. Outras podem ser ainda mais lentas, operando ao longo de gerações, trazendo tons do passado distante para o presente.

Nos últimos anos, cientistas sociais começaram a estudar os efeitos da escravidão nos resultados atuais. Por exemplo, economistas descobriram que locais nos Estados Unidos em que mais pessoas eram escravizadas nos anos 1800 tendem a ter níveis mais altos de desigualdade econômica e permanecem economicamente subdesenvolvidos hoje.[11] Nós e outros pesquisadores descobrimos da mesma forma que uma história de escravidão em certas partes dos Estados Unidos está relacionada a atitudes e preconceitos no presente.[12] Com base em dados de cerca de 1,8 milhão de participantes brancos que fizeram um TAI Preto/Branco online no site do Project Implicit entre 2001 e 2013, examinamos as relações entre os níveis atuais de preconceito em locais específicos e o que aconteceu nesses locais no passado. Observamos que os níveis de preconceito implícito hoje eram maiores em antigos estados escravistas.

Quando olhamos mais profundamente, descobrimos um preconceito implícito mais alto entre as pessoas que vivem nos condados do sul hoje, nos quais, em 1860, havia mais negros escravizados. Em outras palavras, a proporção de negros escravizados para a população branca em um condado em 1860 previu que os residentes brancos teriam mais preconceito racial implícito naquele condado hoje. Também previu um preconceito explícito mais alto.

É, em parte, a estabilidade do ambiente social que mantém as identidades e atitudes racistas em vigor.[13] Quer as pessoas saibam ou não, as características simbólicas e estruturais dos ambientes, desde o simbolismo da bandeira confederada à separação de grupos raciais em bairros segregados e escolas, perpetuam velhos padrões. Os preconceitos são persistentes, em grande parte, porque as pessoas vivem em um mundo que ainda não aboliu totalmente os antigos legados de discriminação estrutural e institucional.

Muitas pessoas estão se tornando mais conscientes do impacto dessas características sistêmicas do racismo. Enquanto escrevíamos este livro, manifestantes em todo o mundo estavam pondo abaixo símbolos da história opressora. Nos Estados Unidos, quase 100 monumentos confederados foram removidos em 2020; em Richmond, Virgínia, as pessoas jogaram uma estátua de Cristóvão Colombo em um lago.[14] Na Antuérpia, Bélgica, as pessoas atearam fogo a uma estátua do Rei Leopoldo II.

Esses eventos refletem um esforço para reestruturar ambientes para produzir diferentes atitudes e normas. Ao reconhecer o impacto da opressão do passado e desmantelar seus símbolos, as pessoas esperam criar identidades mais inclusivas para as gerações futuras. Traçar um novo curso para o futuro muitas vezes requer lutar com o passado. E como fazer isso de forma eficaz nem sempre é simples.

Pesquisas que ligam as atitudes atuais às circunstâncias históricas deixam claro que é improvável que haja soluções rápidas quando se trata de problemas de racismo e outras formas de preconceito. No entanto, compreender as raízes psicológicas do preconceito pode lançar luz sobre caminhos potenciais para reduzi-lo. A psicologia da identidade social pode ser usada para unir as divisões, em vez de criá-las. Dada a capacidade de nossa espécie de formar identidades em torno de novos grupos, encontrar diferentes maneiras de dividir o mundo social pode ter efeitos positivos. Na verdade, a criação de novas identidades pode remodelar a mente automática.

PROGRAMADO PARA IDENTIDADE SOCIAL

Nós dois ficamos interessados em saber como as identidades afetam o preconceito implícito quando dividíamos o escritório, como alunos de pós-graduação. Naquela época, havia um sentimento entre muitos pesquisadores de que preconceitos raciais implícitos eram inevitáveis. Supunha-se que depois que as pessoas fossem expostas por anos a todos os estereótipos e preconceitos de sua sociedade, as associações negativas com grupos marginalizados ficariam profundamente arraigadas em suas mentes. Os estudiosos achavam difícil reduzir o preconceito implícito no laboratório, e as medidas de preconceito implícito costumavam ser bastante desconectadas das atitudes e valores explícitos que as pessoas expressavam em pesquisas ou em público.

Mas estávamos curiosos — quão persistentes eram os preconceitos raciais implícitos? Poderíamos superá-los levando as pessoas a adotarem uma identidade nova e mais inclusiva?

Para descobrir, dirigimos cerca de 260km de nosso escritório em Toronto a Kingston, Ontário, onde a Queen's University acabara de construir um novo centro de neurociência e reservamos toda a instalação por longos períodos. Wil Cunningham, nosso mentor, teve que alugar um carro, porque seu Ford Escort verde 1995 não tinha espaço suficiente para todos nós (e nenhum de nós, alunos, podia comprar um carro naquela época). Morávamos em um hotel barato e passávamos nossos dias de verão no porão do centro do cérebro, examinando os participantes por meio de um scanner de neuroimagem funcional.

Em estudos anteriores de imagens cerebrais, os pesquisadores descobriram que os participantes brancos mostravam consistentemente um padrão de preconceito racial em suas respostas neurais quando viam pessoas de diferentes raças. Pessoas que exibiram associações implícitas mais fortes entre *negro* e *mau* (bem como *branco* e *bom*) no TAI mostraram maior fluxo sanguíneo em uma pequena região do cérebro em forma de amêndoa conhecida como amígdala.[15] Essa relação entre o preconceito implícito e a atividade cerebral foi especialmente forte quando os sujeitos foram apresentados a rostos de pessoas por apenas alguns milissegundos — menos do que um piscar de olhos! Isso implicava que o padrão de preconceito racial estava acontecendo muito rapidamente no cérebro, sem percepção consciente.[16]

Na época, acreditava-se amplamente que a amígdala estava centralmente envolvida no processamento das emoções negativas. No entanto, nosso laboratório, assim como alguns outros, começou a acumular evidências de que essa área do cérebro talvez fosse mais bem compreendida como reagindo a estímulos altamente relevantes ou importantes, de imagens eróticas a celebridades. Parecia sinalizar algo como *Preste atenção a isso!* Frequentemente, esses sinais eram para coisas negativas ou desconhecidas, como grupos externos. Mas coisas positivas também podem ser relevantes, especialmente quando estão conectadas ao nosso senso de identidade.

A pergunta que fizemos naquele verão foi o que aconteceria com a atividade cerebral nessa região se os participantes sentissem uma sensação de identidade compartilhada com pessoas de diferentes raças. Isso acontece o tempo todo na escola, no trabalho e nos esportes, quando as pessoas compartilham grupos e objetivos com pessoas de diferentes origens e etnias. Suspeitamos que compartilhar uma identidade comum pode ser suficiente para mudar os padrões tipicamente observados de preconceito racial. Para ver se era esse o caso, designamos nossos participantes, todos brancos, a uma equipe mista. Assim como ocorre nos estudos de grupos mínimos, criamos essas equipes jogando uma moeda.[17]

As pessoas iam à sala do estudo uma de cada vez; pegamos a foto de cada pessoa e a enviamos para um computador. Na primeira fase, os participantes foram informados que se juntariam a uma das duas equipes, os Leopardos ou os Tigres. Nos minutos seguintes, eles memorizaram fotos de 12 pessoas que eram membros de seu grupo interno e de 12 outras que eram membros do grupo externo. Eles também viram sua própria foto no mix para ajudá-los a se identificar com sua equipe. De maneira crítica, as fotos eram racialmente diversas; metade dos membros de cada equipe era branca e a outra metade, negra.

As pessoas de nosso estudo agora faziam parte de uma equipe mista, embora nunca tivessem tido a chance de se conhecerem ou aprenderem mais sobre os outros. Elas apenas olharam para os rostos dos outros membros da equipe. Isso seria o suficiente para mudar a forma como seus cérebros codificavam os membros do grupo e de fora do grupo, ou elas ainda exibiriam os padrões de preconceito racial que são tão difundidos na sociedade?

Uma vez no scanner cerebral (imagine um aparelho do tamanho de uma pequena cozinha com um túnel grande o suficiente para caber um adulto), os sujeitos puderam ver e reagir às imagens projetadas em um espelho a poucos centímetros de seus olhos. Deitados de costas, eles viram uma série aleatória de rostos, cada um deles de um membro do grupo ou de fora, por dois segundos de cada vez. Quando viram um rosto, os participantes davam uma resposta simples, usando uma caixa de botão que seguravam. Às vezes, eles eram solicitados a indicar se um rosto pertencia a um membro do grupo interno ou externo, outras, se era uma pessoa negra ou branca.

Esse tipo de pesquisa é lenta e bastante cara, por isso, demoramos várias viagens a Kingston e muitos dias no centro de imagem para coletar todos os dados de que precisávamos. Assim que o estudo foi concluído, o professor Cunningham alertou-nos para não ficarmos muito entusiasmados com os resultados preliminares. Embora ele normalmente fosse o membro do corpo docente mais entusiasmado que conhecíamos — cheio de grandes ideias e empolgado com novos dados —, ele nos lembrou severamente de que precisaríamos de muito mais semanas para confirmar as descobertas e as interpretar adequadamente. Mas, quando nos debruçamos sobre seu computador, em nosso laboratório, em Toronto, nosso primeiro vislumbre dos resultados sugeriu que uma mudança radical ocorrera em nossos participantes momentos depois que eles se juntaram à equipe mista.

As respostas cerebrais de cada sujeito refletiam a nova identidade da pessoa como Leopardo ou Tigre. Ao contrário de estudos anteriores, pudemos ver que nossos participantes não estavam respondendo às raças dos rostos, mas à sua nova identidade de grupo — sua equipe. Mais especificamente, observamos uma maior atividade na amígdala de nossos participantes quando eles viam membros de seu grupo, em comparação com o que ocorria quando viam os do grupo externo — e, criticamente, isso ocorreu independentemente da raça de seus companheiros de equipe. Agora que outra identidade era central para a situação, raça tinha pouca ou nenhuma influência na forma como seus cérebros respondiam aos rostos.

A maior ativação que observamos na amígdala quando as pessoas viam rostos de pessoas de dentro do grupo foi consistente com nossas descobertas de que essa região responde a coisas que são altamente relevantes para as pessoas. Seus cérebros refletiam uma afinidade recém-descoberta pelo grupo interno, que era mais evidente para eles naquele momento. Longe de estar programado para o racismo, nossos cérebros estão, na verdade, *programados para a identidade social*.

Em seguida, examinamos outras medidas de preconceito usando dados que coletamos durante o estudo. Pedimos às pessoas que relatassem o quanto gostavam ou não de cada um dos rostos que viam. Espelhando sua atividade cerebral, as pessoas relatavam gostar significativamente mais de membros de seu grupo interno do que de membros de fora dele. E, novamente, isso não estava relacionado à raça. As pessoas gostavam tanto dos membros negros quanto dos brancos de sua equipe e se sentiam bastante neutras em relação aos do grupo externo.

Nos últimos 15 anos, em estudos com amostras maiores em outras universidades e em outro país, encontramos repetidamente resultados semelhantes.[18] Por exemplo, em um estudo que realizamos com os neurocientistas do desenvolvimento João Guassi Moreira e Eva Telzer, observamos padrões semelhantes de preconceito dentro do grupo nas respostas cerebrais e no comportamento de crianças a partir dos 8 anos.[19] Os efeitos aumentaram com a idade. No meio da adolescência, havia uma relação muito forte entre a atividade da amígdala em relação aos membros do grupo e o nível de favoritismo do grupo, que foi exposta para nossa equipe de pesquisa.

Mesmo em medidas implícitas, as pessoas expressam consistentemente uma preferência por membros de grupos internos recém-criados, em comparação com grupos externos. E novas identidades aparentemente triviais como essas são capazes de substituir os padrões típicos de preconceito racial que aparecem repetidamente. Outros laboratórios observaram resultados semelhantes.[20] Estejam os cientistas estudando novos times, como os Leopardos e os Tigres, rivalidades universitárias ou identidades políticas, esses tipos de lealdade são consistentemente capazes de superar preconceitos raciais implícitos. Isso ressalta o poder da identidade.

Em um dos maiores estudos, envolvendo mais de 17 mil participantes, Calvin Lai e seus colegas testaram 17 diferentes estratégias possíveis para reduzir o preconceito racial implícito.[21] Eles descobriram que mudar os limites do grupo para formar novas identidades, como havíamos feito, era um dos métodos mais eficazes. A mera associação a um grupo é suficiente para mudar a identidade e as preferências de uma pessoa. Ela faz a ponte entre antigas divisões, como a raça, ao mesmo tempo em que cria novas. Desse modo, a identidade é, sem dúvida, uma bênção ambígua — pode aproximá-lo de um estranho, mas também afastá-lo de um vizinho.

Isso não quer dizer que esperávamos que as novas identidades artificiais que criamos no laboratório superassem para sempre os preconceitos raciais ou necessariamente o fizessem mesmo depois que os participantes deixassem o laboratório de imagens cerebrais. Vimos que preconceitos raciais e outros são fortes demais para isso, fundamentados em sistemas sociais persistentemente desiguais.

Em seu estudo de estratégias de redução de preconceito, Lai e colegas descobriram que mesmo intervenções bem-sucedidas tendiam a não ter efeitos muito duradouros. No caso de novas identidades, o poder de uma nova equipe de ignorar as reações racistas implícitas e automáticas parecia se dissipar em 24 horas. Uma vez que as pessoas estão de volta às estruturas e padrões de seus mundos regulares, as divisões baseadas em raça se reafirmam. No entanto, esses estudos baseados em laboratório fornecem uma prova de conceito poderosa, mostrando como a criação de identidades pode fornecer soluções para o preconceito — se, ao menos, pudermos sustentá-las.

A próxima questão é se é possível pegar esses tipos de descobertas do laboratório e aplicá-las ao mundo real, onde realmente importam. A construção de identidades mais robustas no mundo real pode ter benefícios duradouros para a harmonia entre grupos? Felizmente para nós, outros estudiosos investigaram exatamente isso.

A CURA DO FUTEBOL

Em 2014, o ISIS, um grupo jihadista que segue uma variante fundamentalista do islamismo sunita, cometeu genocídio contra minorias religiosas no norte do Iraque. O grupo terrorista tornou-se conhecido e temido em todo o mundo por vídeos de execuções, muitas vezes, decapitando suas vítimas. Em junho, eles se declararam um califado mundial e começaram a se referir a si mesmos como o Estado Islâmico.

Com o avanço da campanha do ISIS, muitas pessoas foram forçadas a fugir de suas casas e viver em campos de refugiados. Depois que suas cidades foram libertadas, após a Batalha de Mossul, em 2016, os refugiados conseguiram voltar para suas casas. Muitos encontraram seus bairros destruídos. O que o ISIS e seus combatentes não saquearam, incendiaram ao sair. Eles deixaram um caminho de devastação em seu rastro.

Esses eventos dizimaram a coesão social na região e foram especialmente prejudiciais para as relações entre muçulmanos e cristãos. De acordo com uma amostra de 476 cristãos, 46% encontraram suas casas saqueadas e 36% voltaram e encontraram suas casas destruídas. E 4% relataram parentes desaparecidos ou mortos.

Os cristãos se sentiram profundamente traídos pelos sunitas, a quem viam como colaboradores do ISIS. E a maioria dos muçulmanos agora se sentia desconfortável em áreas cristãs. Foi uma época de incrível tensão.

Diante dessa tragédia e do caos, Salma Mousa, então doutoranda da Universidade de Stanford, queria estudar se o contato significativo entre os membros desses grupos poderia reconstruir a tolerância.[22] Apesar das grandes diferenças entre esses grupos religiosos, eles tinham algo em comum: a paixão pelo futebol. Trabalhando com parceiros locais, ela criou quatro ligas de futebol para ver se faria um contato positivo e, assim, forneceria uma base para a coesão social após a violência e a devastação.

Os esportes coletivos, como o futebol, fornecem muitas das chaves para a construção eficaz da identidade: cooperação, um objetivo comum e poder quase iguais entre os membros. Aproveitando o poder social dos esportes coletivos e a popularidade universal do futebol, Salma recrutou 51 times cristãos amadores e os convidou a ingressarem em uma liga em Ankawa e Qaraqosh.

Mas havia um problema.

Como grande parte da vida nessas cidades, os esportes amadores eram amplamente segregados pela religião. Mas Salma fez com que cada equipe concordasse em adicionar três ou quatro novos jogadores a seus times — jogadores que poderiam ou não ser cristãos. Muitas sobrancelhas se ergueram. Alguns treinadores ameaçaram abandonar o campeonato.

Apesar de seus protestos iniciais, no entanto, todas as equipes finalmente concordaram com essas condições. Isso aumentou o tamanho de cada equipe em vários jogadores. Metade das equipes recebeu jogadores cristãos adicionais e a outra metade recebeu jogadores muçulmanos.

O jogador médio tinha 24 anos, era solteiro, estava desempregado, tinha o segundo grau completo e uma renda familiar de cerca de US$500 por mês. Pesquisas iniciais também revelaram que o jogador cristão médio não tinha amigos muçulmanos, acreditava que os muçulmanos eram amaldiçoados e não consideraria a venda de terras para muçulmanos. Mas, a boa-nova, os cristãos também acreditavam que os iraquianos deveriam tratar uns aos outros como iraquianos primeiro.

Com a bênção dos líderes religiosos, Mousa e sua equipe distribuíram uniformes e deram início ao campeonato. Os times jogaram juntos por dois meses, antes ou depois dos escaldantes meses de verão, quando as temperaturas no Iraque podem chegar a 46°C.

O que aconteceu? Essa experiência ambiciosa esfriou a temperatura entre cristãos e muçulmanos ou não foi melhor do que passar o verão em uma liga tradicional? Ou as coisas pioraram ainda mais quando as pessoas foram forçadas a entrar em contato com membros de um grupo de fora não confiável?

Os resultados foram surpreendentes e, ainda assim, consistentes com o que encontramos em laboratório na América do Norte. No final da temporada, jogadores cristãos em times de religião mista estavam mais dispostos a treinar com muçulmanos no futuro, votar em um muçulmano para ganhar um prêmio de esportividade e se inscrever em um time de religião mista na próxima temporada. Compartilhando uma identidade de grupo e trabalhando juntos, eles foram capazes de superar o que parecia ser uma divisão impossível.

O estudo de Mousa também descobriu que o sucesso da equipe ampliou esses efeitos. Como qualquer pessoa que já jogou com um time campeão pode lhe dizer, o sucesso pode forjar um senso especialmente forte de identidade compartilhada, e as conexões entre os companheiros de equipe podem durar anos. Para os jogadores cristãos em times de religião mista mais bem-sucedidos, o brilho caloroso da vitória transbordou para o tratamento dado a outros muçulmanos, pessoas que não estavam em seu time. Três meses depois, eles estavam mais propensos a visitar um restaurante em uma cidade muçulmana e comparecer a outro evento social de religião mista.

Esses comportamentos positivos eram menos comuns entre os cristãos que jogavam em times totalmente cristãos. Cooperar com membros de grupos religiosos externos como companheiros de equipe na posse de uma identidade comum era muito melhor para a tolerância do que competir contra eles.

Esse estudo parece notável até para nós. É difícil entender que as identidades do futebol ajudem a superar as consequências do genocídio religioso. Mas, de muitas maneiras, os esportes coletivos são o antídoto perfeito para o conflito intergrupal. Quando um grupo diverso de pessoas trabalha junto e adota uma identidade, eles desenvolvem uma camaradagem que, nas condições certas, se estende a como eles se sentem sobre os grupos uns dos outros de forma mais ampla.

Um senso de identidade compartilhada pode se estender além do campo, até os fãs sentados nas arquibancadas ou assistindo em casa. Quando Mohamed Salah, um jogador de futebol muçulmano, ingressou no clube de futebol Liverpool, na Grã-Bretanha, o efeito foi profundo nos fãs. Salma Mousa e seus colegas analisaram relatórios de crimes de ódio e mais de 15 milhões de tuítes de fãs de futebol.[23] Eles observaram que os crimes de ódio na área de Liverpool caíram 16% e que os tuítes antimuçulmanos caíram quase pela metade entre os torcedores do Liverpool em comparação com os torcedores de outros clubes.

As lições são promissoras: compartilhar uma identidade comum torna as pessoas mais tolerantes com os companheiros de equipe e com outros membros do grupo de diferentes origens étnicas e religiosas. Ainda assim, em muitos lugares, existem barreiras institucionais e estruturais poderosas para sustentar esses tipos de conexões.

PRECONCEITOS INSTITUCIONAIS

As pessoas estão cada vez mais conscientes de que os preconceitos — seja na forma de racismo, sexismo, homofobia ou incapacidade, para citar alguns — não estão apenas na cabeça dos indivíduos. Esse não é apenas um problema psicológico que pode ser resolvido mudando corações, mentes ou identidades sociais. O preconceito também está embutido em nossas instituições, organizações e estruturas sociais. Preconceito é um recurso na configuração de muitos de nossos sistemas políticos, financeiros, corporativos, judiciais, de saúde e outros.

Quando falamos sobre "preconceito institucional", achamos útil distinguir entre duas maneiras pelas quais o preconceito se manifesta dentro das instituições e organizações. Uma ocorre quando pessoas empregadas por instituições importantes tomam decisões tendenciosas no curso de seu trabalho. Isso pode se dar porque possuem preconceito explícito ou porque são suscetíveis aos tipos de preconceitos implícitos de que falamos.

Por exemplo, pessoas que trabalham na linha de frente de instituições importantes — policiais, médicos e enfermeiras, juízes, oficiais de admissão e professores em universidades, corretores de hipotecas e agentes imobiliários — detêm um poder significativo em seus domínios. Elas fazem escolhas diárias que afetam a vida das pessoas. Isso se torna crítico se esses indivíduos forem tendenciosos ao exercerem o poder de suas instituições. Em um capítulo anterior, falamos sobre um estudo de paradas de trânsito da polícia que descobriu que os motoristas negros e hispânicos eram mais propensos a serem parados e revistados por policiais do que os brancos.[24] Sabemos que essas diferenças se deviam ao preconceito, pois eram maiores durante o dia, quando os policiais conseguiam ver a raça dos pilotos com mais facilidade do que à noite. Além disso, embora os motoristas negros tivessem menos probabilidade de estarem de posse de materiais ilegais do que os brancos, eram revistados em taxas mais altas, o que resultou em mais prisões.

Da mesma forma, os juízes costumam aplicar sentenças mais duras aos suspeitos negros. Professores sexistas são menos propensos a responder a perguntas por e-mail de estudantes do sexo feminino ou podem fazê-lo de forma mais rude. E médicos preconceituosos podem oferecer atendimento médico pior para membros de minorias. Em alguns casos, essas decisões são de vida ou morte.

Mas uma segunda forma de preconceito institucional é menos psicológica e mais estrutural. Esses preconceitos estão embutidos em políticas, procedimentos e regras pelas quais as organizações operam. Eles são intrínsecos à maneira como as coisas funcionam e não dependem de os indivíduos serem ou não tendenciosos. Eles acontecem de qualquer maneira, porque os resultados díspares que causam estão fora da discrição e controle dos indivíduos. Preconceitos institucionais como esses costumam ser legados do passado, que, devido à inércia que faz parte de muitas organizações, tecnologias e sistemas sociais, nunca foram alterados. Talvez eles nunca tenham sido questionados.

Uma análise fascinante feita pela *Consumer Reports* ilustrou como os preconceitos embutidos nos testes de segurança resultaram em significativamente mais acidentes automobilísticos e mortes para mulheres do que para homens.[25] Nos Estados Unidos, as mulheres motoristas e passageiros da frente têm cerca de 17% mais chances de morrer em um acidente de carro do que os homens, e as mulheres têm 73% mais chances de se ferir gravemente em um acidente. Por que?

Os recursos de segurança dos carros, que avançaram significativamente ao longo do tempo, baseiam-se em grande parte nos resultados dos testes de colisão. Esses testes são realizados quase exclusivamente com bonecos de teste de colisão do sexo masculino — mais especificamente, com manequins modelados em um corpo masculino norte-americano típico da década de 1970: 78Kg e 1,80m de altura. Acontece que os corpos feminino e masculino são tão diferentes, que projetar recursos de segurança para maximizar a segurança masculina resulta em disparidades fatais de gênero na estrada.

Quando a *Consumer Reports* falou com especialistas do setor, ouviu várias explicações: "Alguns dizem que desenvolver novos bonecos e testes é desnecessário, muito caro ou levaria muito tempo." Não é necessário que ninguém envolvido seja abertamente sexista (embora alguns possam ser); tudo de que precisamos é de uma aversão a mudar o status quo. Assim, uma decisão tomada por engenheiros na década de 1970 sobre a forma como realizar testes de segurança continua a ameaçar a vida de milhões de mulheres hoje.

Esse é um dos motivos pelos quais é importante ter mulheres e outros grupos sub-representados em níveis executivos nas empresas. Em junho de 2019, a Ford tinha o maior número de mulheres executivas de todas as grandes montadoras de automóveis, com cerca de 27% dos cargos de vice-presidente e superiores ocupados por elas. Se houvesse mais mulheres na alta administração das grandes montadoras, suspeitamos de que esse tipo de questão de segurança teria recebido maior atenção. As empresas com melhor representação de gênero na gestão poderiam muito bem ter detectado o problema mais cedo e salvado inúmeras vidas.

Outro dos exemplos mais notórios de discriminação institucional ou estrutural é a disparidade nas diretrizes de condenação para diferentes formas de cocaína nos Estados Unidos. Respondendo às preocupações (alguns dizem "histeria") sobre a chamada epidemia de crack na década de 1980, os legisladores decidiram que as penas federais por posse de crack deveriam ser 100 vezes mais severas do que as por posse da mesma quantidade de cocaína. Assim, alguém condenado por possuir 5g de crack receberia a mesma sentença mínima obrigatória de 5 anos que alguém condenado por possuir 500g de cocaína.

As duas formas são essencialmente idênticas em termos químicos e têm basicamente as mesmas propriedades fisiológicas e viciantes. Mas a cocaína em pó era a droga estereotipada de escolha dos tipos ricos de colarinho branco; o crack foi associado a comunidades pobres e, muitas vezes, negras.

Um relatório de 2006 da American Civil Liberties Union concluiu: "As disparidades de condenação na punição de crimes de consumo de crack de forma mais severa do que os crimes de cocaína em pó penalizam injusta e desproporcionalmente os réus afro-norte-americanos por tráfico de drogas em comparação aos réus brancos. Para agravar esse problema, é desproporcionalmente menos provável que os brancos sejam processados por delitos de drogas."[26] Em 2010, o Congresso revisou as diretrizes de condenação de uma disparidade de 100 para 1 para uma de 18 para 1. Isso foi um progresso, mas a política de condenação à cocaína continua sendo uma forma de preconceito institucionalizado e ainda é um problema hoje.

As consequências dessas formas de preconceito institucional são enormes, mas não exigem preconceito psicológico nas mentes dos executivos de automóveis ou dos juízes que lidam com essas questões. O preconceito institucional está ligado à forma como nossas organizações e instituições trabalham, seja por meio de leis e legislação, regras, políticas ou procedimentos.

Universidades de prestígio costumam ter o que chamam de políticas de admissão "legadas", que dão tratamento preferencial aos filhos de ex-alunos ou doadores. Como os brancos têm, em média, mais acesso histórico ao ensino superior e possuem mais riqueza para doar, esses sistemas continuam a beneficiar os alunos brancos.

No caso do policiamento, os governos municipais e os políticos definem políticas e prioridades que influenciam para onde os policiais são enviados para a patrulha. Se essas políticas enviarem mais policiais para bairros pobres e de minorias do que para bairros predominantemente brancos e ricos, então, apenas em função dos números, haverá mais paradas no trânsito — e prisões — de pessoas pobres e de minorias.

Esses problemas podem ser agravados pela tecnologia. Se os algoritmos forem treinados em conjuntos de dados de decisões anteriores de admissão em faculdades ou taxas de crimes anteriores na vizinhança, podem levar a decisões que continuarão a prejudicar membros de comunidades historicamente privadas de direitos civis.[27] Em alguns casos, esses preconceitos são agravados pela tecnologia, porque os recursos de design e algoritmos de aprendizado de máquina podem obscurecer as fontes de preconceito e dar a aparência de uma tomada de decisão objetiva. Um lugar em que isso ocorre é em plataformas pessoa a pessoa. A cada ano, pessoas ao redor do mundo reservam mais de 700 milhões de aluguéis do Airbnb e fazem mais de 10 bilhões de viagens de Uber. Mas há evidências crescentes de discriminação nessas plataformas. Os usuários do Airbnb com nomes que soam negros são menos propensos a serem aceitos como hóspedes, e os apartamentos pertencentes aos anfitriões negros do Airbnb têm preços 10% mais baixos do que apartamentos semelhantes pertencentes aos anfitriões brancos. Parece uma tarefa impossível erradicar os preconceitos — implícitos ou explícitos — do vasto número de usuários do Airbnb. Mas descobrimos que simplesmente mudar a forma como a plataforma apresenta as informações principais basta para reduzir os resultados discriminatórios.

Em uma série de experimentos conduzidos por Katrine Berg Nødtvedt e Hallgeir Sjåstad, na Norwegian School of Economics, examinamos soluções para reduzir o preconceito racial na economia compartilhada.[28] Quando dávamos aos clientes noruegueses a opção de alugar um apartamento do Airbnb ou hotel, eles tinham 25% mais probabilidade de escolher o apartamento quando era hospedado por um membro do seu grupo racial do que quando o era por um membro do grupo racial externo. No entanto, quando fornecemos uma dica simples sobre confiança — uma avaliação de cinco estrelas de outros clientes —, esse padrão de preconceito desapareceu completamente. Quando essas classificações eram menos visíveis (ou medíocres), as pessoas continuavam a discriminar.

A lição aqui não é que erradicamos o preconceito nas mentes dos clientes em potencial. Em vez disso, alteramos a maneira como a plataforma exibia informações críticas. A raça dos anfitriões pode afetar os consumidores porque está ligada a estereótipos raciais nos quais eles confiam. Mas, se o crowdsourcing fornece informações alternativas baseadas na realidade sobre a confiabilidade real dos anfitriões, os hóspedes ficam felizes em ficar com pessoas de raças diferentes. Se as empresas na economia pessoa a pessoa desejam reduzir o preconceito racial, devem projetar sites e aplicativos que apresentem essas informações de reputação com mais destaque do que a identidade dos anfitriões.

Limpar nossas instituições e melhorar a tecnologia para reduzir o tratamento desigual de diferentes grupos é um imperativo moral. Além disso, a criação de regras, políticas e procedimentos mais justos e eficazes tem consequências positivas em cascata para além das próprias instituições. A existência de instituições transparentes, justas e eficazes torna as pessoas em geral menos propensas a discriminar em favor de seus grupos compartilhados e identidades sociais.

Anteriormente, descrevemos a psicologia de coalizão como uma provável evolução da nossa espécie para nos ajudar a navegar em nossos ambientes ancestrais. As pessoas estão sempre à procura de aliados e desconfiadas de inimigos em potencial. A aliança baseada em identidades sociais compartilhadas é uma maneira de nos proteger e aumentar as chances de que as pessoas com quem estamos interagindo sejam confiáveis e nos tratem bem. Ter amigos leais é uma forma de reduzir nossas apostas em um mundo caótico.

Mas muitas das instituições que nossas sociedades desenvolveram podem cumprir essa mesma função. Por exemplo, se você tiver a sorte de viver em uma sociedade com um sistema jurídico que funciona de forma razoavelmente eficaz e justa, isso o ajudará a se sentir seguro em suas interações com uma ampla gama de outras pessoas. Se você sabe que, de um modo geral, as pessoas que roubam ou fraudam outras são capturadas e punidas, pode esperar que o sistema jurídico aja como um impedimento para qualquer pessoa que fique tentada a roubá-lo. Se você sabe que os contratos são executáveis, pode esperar um recurso legal se for enganado em uma transação.[29]

Sem instituições eficazes, as pessoas restringem seu círculo de confiança àqueles com quem já têm uma conexão, seja na forma de um relacionamento pessoal ou por meio de uma identidade social compartilhada. Elas podem escolher contratar seletivamente, fazer negócios ou afiliar-se de alguma outra forma a pessoas semelhantes, porque lhes parece uma aposta mais segura. Mas, onde há instituições eficazes que apoiam o bom comportamento em sociedades inteiras, o círculo de confiança se abre com segurança para incluir pessoas sem conexões pessoais ou de grupo anteriores. Talvez por esse motivo, descobrimos que, quanto mais as pessoas confiam em importantes instituições sociais, incluindo o governo, o sistema legal e a polícia, mais à vontade se sentem ao interagir com membros de outros grupos raciais.

Também encontramos evidências de que estruturas semelhantes a instituições reduzem preconceitos implícitos. Em dois experimentos, pedimos a alunos brancos que entrassem no laboratório e dissemos que, mais tarde no estudo, eles jogariam uma série de jogos com outros alunos.[30] Eles viram pelas fotos que alguns dos outros alunos eram brancos e outros, negros. Os jogos exigiam um certo nível de confiança, porque sempre havia a possibilidade de os outros alunos trapacearem. Mas informamos à metade dos participantes de que todos seriam monitorados por um observador, que puniria o mau comportamento. Em outras palavras, alguém faria o papel de um executor desinteressado e tornaria menos provável que seus parceiros trapaceassem.

Depois de contarmos a eles sobre essa configuração, mas antes de realmente jogarem, pedimos aos alunos que completassem uma medida de preconceito racial implícito. Quando os participantes brancos esperavam que o comportamento fosse monitorado, não mostravam nenhuma preferência implícita por rostos brancos em vez de negros. Quando esperavam jogar sem esse recurso de aumento de confiança, no entanto, mostravam um padrão típico de preconceito implícito pró-branco.

Os resultados foram semelhantes ao que vimos quando designamos pessoas para equipes mistas, como os Leopardos e os Tigres — o preconceito racial implícito foi eliminado. Mas, aqui, não havia equipes. Ter uma estrutura de tipo institucional para promover a confiança entre as pessoas reduziu o preconceito, mesmo na ausência de uma identidade compartilhada. Promover a confiança entre as pessoas — nesse caso, na forma de um agente de justiça —, reduz nossa necessidade de formar equipes.

COMEÇANDO A AGIR

Agora, tendo examinado com alguma profundidade a natureza do preconceito — o implícito, especialmente —, é hora de retornar à questão colocada pelo senador John Kennedy a Merrick Garland.

"[Preconceito implícito] significa que sou racista, não importa o que eu faça ou pense?"

Garland deu uma resposta sofisticada. "Eu não aplicaria esse rótulo de *racista* assim. Preconceito implícito significa apenas que todo ser humano tem preconceitos. O objetivo de examinar nossos preconceitos implícitos é trazer nossa mente inconsciente à consciência — e saber quando estamos nos comportando de maneira estereotipada."

Certamente, existem crenças, abertamente defendidas, endossadas e até mesmo promovidas com entusiasmo, que são descarada e obviamente racistas. Alguns grupos acreditam que é certo dominar outros. Os tipos de preconceitos implícitos rápidos que os psicólogos descobriram e que parecem ser generalizados não são racistas nesse sentido. Na verdade, muitas pessoas ficam consternadas quando fazem um teste de preconceito e descobrem que suas respostas indicam uma preferência por rostos masculinos em vez de femininos, brancos em relação a negros ou mais jovens em relação aos mais velhos, porque esses preconceitos estão em desacordo com suas crenças sobre como o mundo deveria funcionar. Elas valorizam o igualitarismo e ficam horrorizadas ao saberem que uma parte de sua mente parece abrigar sentimentos muito diferentes.

Em nossa opinião, a questão de saber se o preconceito implícito o torna racista (ou sexista, elitista ou preconceituoso contra qualquer grupo em particular) não é respondida pelo fato de você ter preconceito, mas pelo que você faz com essa informação uma vez que a conhece. Se buscamos um mundo mais justo e igualitário, o que as pessoas fazem para lidar com as disparidades e a discriminação é mais importante do que a pontuação que obtêm em um teste de preconceito implícito. Na verdade, sua pontuação de preconceito implícito pode mudar muito de um momento para o outro (em parte, como resultado da mudança de identidades e pistas de confiança, como discutimos), tornando-se um indicador não confiável de suas próprias atitudes de qualquer maneira. Por outro lado, não importa tanto se os políticos não têm um osso racista em seus corpos, como proclamam, se as decisões que tomam perpetuam as disparidades raciais.

Há o temor de que, como o preconceito implícito parece sugerir que as reações das pessoas a diferentes grupos estão além de seu controle, fazendo com que elas não sejam responsáveis caso se comportem de maneiras discriminatórias. Isso trata o preconceito implícito como uma desculpa, um cartão de "saia da prisão livre".

Para contrariar isso, nós dois iríamos um passo além do que Merrick Garland foi em seu depoimento no Congresso. O objetivo de examinar o preconceito, implícito ou não, é entender que nossas mentes às vezes produzem comportamentos e resultados inconsistentes com nossas crenças e valores mais amplos. E, reconhecendo isso, podemos assumir o controle, exercendo o arbítrio para desafiarmos a nós mesmos e aos outros a construir um mundo melhor.

É claro que mudar as desigualdades profundamente enraizadas em nossas sociedades exigirá muito mais do que uma simples manipulação de laboratório ou mesmo uma grande intervenção no campo de futebol. Também será necessário mais do que um curso rápido de treinamento antipreconceito. Estes podem representar primeiros passos importantes. Mas, como discutiremos no próximo capítulo, uma mudança séria e sustentada requer uma ação organizada e coletiva, primeiro para identificar e, em seguida, para erradicar as estruturas que produzem oportunidades e resultados díspares. É preciso solidariedade.

CAPÍTULO 7
ENCONTRANDO SOLIDARIEDADE

Sylvia Rosalie Jacobson, professora adjunta de serviço social na Florida State University, voltava de Jerusalém para os Estados Unidos em setembro de 1970.[1] Pouco depois de decolar de Frankfurt, seu avião — voo 741 da TWA — foi sequestrado por membros da Frente Popular para a Libertação da Palestina (FPLP). Junto com 148 outros passageiros e tripulantes, ela foi levada para uma pista de pouso remota no meio do deserto da Jordânia.

Depois de um pouso desesperador, o avião foi abordado por membros da FPLP. Iluminada por uma lanterna, uma líder transmitiu uma mensagem aterrorizante: ninguém sairia do deserto até que as exigências dos sequestradores — incluindo a libertação de prisioneiros — fossem atendidas. Sylvia Jacobson escreveu mais tarde: "Pela primeira vez, percebemos que éramos todos reféns. Tínhamos nos tornado uma comunidade própria em um ambiente desconhecido, sob ameaça e estresse."[2]

As condições no avião se deterioraram lentamente com o passar dos dias. O sistema de resfriamento quebrou. Os banheiros estavam sobrecarregados. Pessoas adoeceram. Para piorar as coisas, os sequestradores começaram a remover alguns passageiros. Primeiro, mulheres e crianças não judias foram levadas de ônibus para hotéis na capital Amã. Então, em intervalos irregulares, grupos de homens foram levados para destinos não revelados. Em algum momento, todos os homens foram removidos, deixando muitas das mulheres restantes perturbadas.

Apesar do senso inicial de unidade dos passageiros no deserto, várias fontes de divisão começaram a surgir. Um grupo de 14 universitários irritou os outros passageiros por tratar a experiência mais como uma aventura do que uma provação. Os pais com filhos se sentiam distintos dos não pais, sem essas responsabilidades. E, então, uma grande divisão apareceu entre os pais judeus que permitiram que seus filhos comessem a comida não kosher fornecida por seus captores e aqueles que não o fizeram.

Uma divisão mais ameaçadora ocorreu quando os captores diferenciaram agressivamente os passageiros judeus e norte-americanos do resto. Isso dividiu os passageiros que possuíam dois passaportes daqueles com apenas um. Era vantajoso para os detentores de passaporte duplo manter certas identidades sociais ocultas. Mas, à medida que buscas repetidas no avião revelaram esses documentos, e os captores ficaram mais irritados, esconder passaportes parecia aumentar o nível de perigo de todos.

Houve tentativas intermitentes de organização e liderança entre os passageiros, que não deram em nada. Aqueles que tentaram se encarregar da fiscalização dos banheiros ou da distribuição dos alimentos, por exemplo, foram duramente questionados sobre sua legitimidade: "Quem *lhe deu* algum direito especial?"

Em meio ao calor e ao estresse, à confusão e à discórdia, houve momentos de união em que os passageiros do voo 741 recuperaram o senso comum de identidade compartilhada. Isso ocorreu quando seus captores os trataram como um todo. Quando os sequestradores, e depois os soldados, invadiram a cabine, os passageiros tiveram plena consciência de seu destino comum. Jacobson escreveu: "A divisão foi subjugada. Apesar das diferenças de nacionalidade, religião, raça, tristezas, necessidades, valores, ressentimentos e medos, havia unidade em uma demonstração de orgulhosa indiferença, desinteresse e desdém para os olhares inquisitivos."

No final das contas, os reféns conseguiram se organizar, quando as circunstâncias geraram o suficiente de um senso de destino compartilhado e objetivos comuns. Perto do final do quinto dia, os passageiros aprenderam que a água e a comida seriam racionadas com mais rigor. Eles começaram a coordenar arranjos para usar os banheiros e alocar o abastecimento de água limitado. Os universitários tornaram-se menos isolados e começaram a oferecer entretenimento para as crianças pequenas. O senso de solidariedade aumentou.

Em 11 de setembro de 1970, após cinco dias opressivos de mudanças de humor, alianças e identidades, Sylvia Jacobson e a maioria dos outros passageiros em dificuldades foram liberados para um local seguro. O FPLP explodiu o avião no dia seguinte. A crise não foi totalmente resolvida até 30 de setembro, quando os reféns finais foram soltos em troca da libertação de prisioneiros palestinos e árabes.

A professora Jacobson, como todos os passageiros, viveu para contar a história. Mas, sendo cientista social por formação e uma observadora habilidosa da dinâmica humana, ela não se limitou a deliciar as pessoas com suas experiências em jantares. Ela publicou um artigo científico sobre elas, tirando lições perspicazes sobre como os grupos funcionam sob condições de coação significativa.

O sequestro ilumina um fascinante conjunto de dinâmica de grupo: como as situações ativam novas identidades, como os subgrupos se formam e fomentam o conflito, e como os objetivos compartilhados fornecem um senso de solidariedade e propósito coletivo, levando as pessoas a se coordenarem e se sacrificarem a serviço do bem comum.

Neste capítulo, veremos o que acontece quando as pessoas se unem em solidariedade. Um senso de identidade comum é a chave para entender quando as pessoas ajudam e apoiam umas às outras. Isso acontece no cotidiano quando as pessoas cooperam para atingir objetivos comuns, mas também quando estabelecem conexões em condições desafiadoras. Assim como ocorreu na situação de reféns descrita, há muitos casos em que as pessoas constroem novas identidades em tempos de estresse. As identidades sociais criadas durante eventos, como sequestros e ataques terroristas — para não mencionar situações estressantes da vida, como doenças graves (ou quando um colega engasga em um coquetel) —, são uma fonte de coesão e resiliência a tragédias e desastres.

Frequentemente, presume-se que as pessoas cuidam de si mesmas em momentos de perigo ou ameaça. Inúmeros filmes de Hollywood mostram pânico ou tumulto em situações de emergência. Mas, na realidade, isso raramente acontece. Meio século de pesquisa sobre desastres, protestos e comportamento de multidão descobriu que circunstâncias terríveis inspiram a formação de identidades compartilhadas que permitem aos grupos coordenar respostas eficazes aos principais desafios. De maneira crítica, as identidades compartilhadas também permitem que grupos marginalizados e desfavorecidos, junto com seus aliados, mobilizem-se contra a injustiça e pressionem por mudanças sociais.

UMA OPORTUNIDADE DE INTERVIR

Como todo estudante universitário de psicologia, Jay ouvira a trágica história de Kitty Genovese, uma história assombrosa compartilhada em primeira mão pelo *New York Times*. Jay sabia (ou pensava que sabia) que, na noite de 13 de março de 1964, por mais de meia hora, 38 cidadãos respeitáveis e cumpridores da lei no Queens assistiram a um assassino perseguir e esfaquear uma mulher em três ataques separados em Kew Gardens. Duas vezes o som de suas vozes e o brilho repentino das luzes do quarto o interromperam e assustaram. Cada vez que ele voltava, procurava-a e esfaqueava-a novamente. Nenhuma pessoa telefonou para a polícia durante o ataque; uma testemunha ligou depois que a mulher estava morta.[3]

Não se sabe exatamente de qual fonte veio o suposto total de 38 testemunhas. Mas a noção de que tantos cidadãos pudessem observar cruelmente o esfaqueamento e o assassinato de outro ser humano sem intervir desencadeou uma indignação generalizada. As pessoas condenaram a decadência da civilização e a degradação da vida na cidade de Nova York.[4]

Como pesquisadores, algumas de nossas melhores ideias surgiram enquanto líamos notícias, e assim foi em 1964 para os psicólogos John Darley e Bibb Latané, que estavam trabalhando na cidade de Nova York na época. Com base na trágica história de Kitty

Genovese, eles desenvolveram e testaram uma hipótese que chamaram de "efeito espectador".[5] Sua hipótese afirmava, em essência, que quanto mais transeuntes houver em uma situação de emergência, menos provável é que uma determinada pessoa ajude.

Eles teorizaram que há pelo menos dois motivos para a presença de outras pessoas em uma emergência fazer com que um indivíduo não aja. Primeiro, nem sempre está claro o que é e o que não é uma emergência, e muitas vezes as pessoas procuram outras para diagnosticar a situação. Quando você vê que os outros não estão reagindo, supõe que é porque eles sabem que aquilo não é uma emergência. Isso se torna um grande problema se acontecer de eles terem chegado exatamente à mesma conclusão avaliando a *sua* reação, ou a falta dela. Isso é conhecido como *ignorância pluralística* — quando ninguém sabe o que está acontecendo, mas assume que todos os outros sabem.

Segundo, se as pessoas de alguma forma superam esse estado mútuo de ignorância para reconhecer uma situação de emergência pelo que ela é, ainda podem deixar de agir devido à *difusão de responsabilidade*, na qual todos assumem que outra pessoa deveria cuidar ou talvez já tenha cuidado da situação.

Darley e Latané desenvolveram experimentos de laboratório inteligentes para testarem sua ideia. Em um experimento, alguém fingiu ter uma convulsão. Em outra, a fumaça começou a subir sob uma porta. Eles observaram como os participantes reagiam a essas crises quando estavam sozinhos e na presença de outras pessoas que não faziam nada. As pessoas eram menos propensas a ajudar quando havia outras pessoas por perto do que quando estavam sozinhas.

Jay aprendeu sobre ignorância pluralística e difusão de responsabilidade quando era graduanda da Universidade de Alberta. Na mesma época, um grupo de jovens, desimpedido por outras pessoas, atacou um homem inocente no metrô de Edmonton, mais uma vez provocando revolta do público sobre a decadência da civilização e a depravação da cidade grande. Em resposta, Jay escreveu uma carta ao jornal local apontando que o fracasso de outras pessoas em impedir o ataque pode ter decorrido, em parte, do efeito espectador.

Ele também argumentou que saber mais sobre psicologia humana nessas situações ajuda as pessoas a superar esse tipo de barreira e a agir.

Mal sabia ele que, em pouco tempo, teria a chance de colocar essa teoria à prova.

Jay mudou-se de Alberta para a Universidade de Toronto, para concluir seu doutorado em psicologia social. Um dia, ele saiu do metrô, após uma tarde de compras de Natal, e estava prestes a sair da estação quando percebeu um jovem correndo na direção oposta. O homem, que parecia ter cerca de 20 anos, saltou sobre as catracas sem comprar passagem e pulou uma escada.

Alguns segundos depois, o jovem voltou, arrastando uma mulher muito menor do que ele escada acima. Ele a jogou contra a parede e gritou na cara dela. Ela estava chorando quando ele a agarrou pelos ombros e a sacudiu violentamente. Dezenas de passageiros perceberam a comoção e esticaram o pescoço para ver o que estava acontecendo. Mas, quando viu a cena, a maioria desviou os olhos e passou correndo para pegar seus trens.

Jay correu para relatar o que estava acontecendo a um funcionário do Toronto City Transit atrás de uma parede de acrílico. Quando o oficial de trânsito chamou a segurança, Jay se perguntou se havia feito o suficiente. Ele avaliou o homem, que parecia maior do que ele e estava claramente furioso. Mas, sabendo sobre o efeito espectador, Jay tinha a sensação de que a ignorância pluralística e a difusão da responsabilidade podiam estar impedindo os outros de intervir. Seu coração estava disparado, sua resposta fisiológica de luta ou fuga totalmente engajada, e, naquele momento, ele decidiu engolir o medo e intervir.

Quando Jay se aproximou do casal, outro homem se juntou a ele, um estranho de aparência ansiosa semelhante. Eles fizeram um breve contato visual e trocaram um aceno de compreensão antes de confrontarem o homem violento e dizer-lhe para deixar a mulher em paz.

O atacante furioso se virou e gritou: "Cuide da sua vida!" Ele enfiou a mão no bolso, e o coração de Jay se apertou. Estava pegando uma faca? Algo pior? Felizmente, era apenas uma moeda. O homem jogou a moeda e disse: "Chame alguém que se importe!" Quando o homem percebeu que os dois espectadores não iam embora, proferiu algumas ameaças e saiu furioso. Jay e seu colega acompanharam a jovem escada abaixo até a plataforma do metrô e perguntaram se ela queria que esperassem com ela até a chegada da segurança. Ela recusou, dizendo que simplesmente queria ir para casa. Ela se sentia segura por conta própria agora que o homem violento havia partido.

Momentos depois, eles ouviram o trem chegando. Jay e seu compatriota deixaram a mulher e voltaram em direção às escadas para certificarem-se de que o agressor não poderia entrar furtivamente no trem e segui-la para casa. Exatamente como temiam, quando o trem do metrô entrou na estação, e centenas de passageiros avançaram em direção aos trilhos, o homem saltou da escada mais uma vez e correu em direção à mulher.

Ele gritou para ela não entrar no trem, mas ela embarcou. Quando as portas estavam quase se fechando, o homem tentou pular também. Sem pensar, Jay e seu compatriota agarraram o homem e o derrubaram no chão. Enquanto lutavam para segurá-lo sem levar socos ou cuspidas, perceberam que o condutor, ao ver a comoção, havia parado o trem. Eles olharam para cima e viram centenas de passageiros olhando para eles. O trem estava congelado, e a plataforma, completamente vazia, mas ninguém desceu para os ajudar.

Jay novamente pensou consigo mesmo: *Este é o efeito espectador!* E percebeu que precisava explicar a situação para a multidão e pedir-lhe que ajudasse. Ele precisava romper a ignorância pluralística e a difusão de responsabilidade que mantinham essas pessoas no lugar. Ele o fez, o que levou dois outros estranhos a descerem do trem para ajudar. Juntos, eles seguraram o homem abusivo até que dois corpulentos seguranças chegaram e assumiram o controle.

Conhecer o efeito espectador ajuda as pessoas a superarem as barreiras psicológicas para agirem em emergências, como aconteceu com Jay. Mas agora também sabemos que nem a história de Kitty Genovese nem o efeito espectador são tão diretos quanto se acreditava por muito tempo.[6] Alguns dos vizinhos que ouviram os gritos de Kitty Genovese por socorro na noite de sua morte intervieram de uma forma ou de outra. Embora não tivessem certeza do que estava acontecendo, vários gritaram de suas janelas e assustaram temporariamente o agressor. Alguns vizinhos, incluindo um menino que mais tarde se tornaria policial da cidade de Nova York, relataram ter chamado a polícia durante o ataque. O fato de a polícia não ter respondido pode ter algo a ver com o fato de que o sistema 911 centralizado nos Estados Unidos só surgiu em 1968, quatro anos depois. Antes, cada delegacia, corpo de bombeiros e hospital tinham seu próprio número, e não havia um sistema padronizado para receber ou atender a ligações do público.

O efeito espectador pode dar a impressão imprecisa de que ajudar é muito raro em situações de emergência. As pesquisas sugerem, no entanto, que as pessoas realmente intervêm em muitas emergências, talvez na maioria delas. Um estudo recente examinou imagens de câmeras de vigilância de incidentes agressivos em áreas urbanas na Holanda, África do Sul e Grã-Bretanha.[7] Os pesquisadores descobriram que, de 219 conflitos públicos entre duas ou mais pessoas, pelo menos, um observador interveio em 199 deles, ou seja, em 91% das vezes.

Como você pode esperar, quanto mais pessoas estiverem por perto, maior será a probabilidade de que *alguém* dê um passo à frente, apenas em virtude dos números. Mas isso não significa que a chance de *você* intervir aumenta. É importante entender essa diferença: quanto mais pessoas estiverem por perto, maior será a chance de alguém na multidão perceber que algo está errado e agir. Mas a probabilidade de qualquer pessoa nessa situação fazer algo ainda é muito baixa, a menos que algo acione a ajuda dela.

Compreender a ignorância pluralística e a difusão da responsabilidade ainda é útil para entender quando as pessoas vão ou não ajudar. Se as pessoas não intervêm, porque não têm certeza se o que estão vendo é uma emergência, isso leva à previsão um tanto contraintuitiva de que elas deveriam ser menos suscetíveis ao efeito espectador em situações mais perigosas. Quando as coisas são realmente perigosas, deve ficar mais claro que uma emergência é real e que várias pessoas são necessárias para ajudar. Consistente com isso, uma metanálise de mais de cem estudos de espectadores descobriu que, em emergências mais perigosas, a presença de outras pessoas fez menos para impedir as pessoas de ajudar.[8]

No caso de Jay, sua compreensão do efeito espectador — e, talvez, sua identidade emergente como psicólogo social — o levou a intervir, enquanto outros não o fizeram. Mas, obviamente, você não precisa ser psicólogo social para intervir! Outras identidades também importam quando se trata de ajudar. Na verdade, simplesmente reconhecer que você compartilha uma identidade social com alguém parece ser um motivo significativo para prestar ajuda.

EXPANDINDO NOSSOS CÍRCULOS MORAIS

O quanto oferecemos ajuda a outras pessoas, como tantas outras coisas, depende de as vermos como alguém que compartilha uma parte de nossas identidades. O filósofo Peter Singer se refere a essa ideia como um "círculo moral", cujas fronteiras determinam quem merece nossa preocupação — e, é claro, quem não a merece.[9] Muitas coisas que agora são consideradas direitos humanos fundamentais — liberdade de expressão, não opressão, direito ao voto — expandiram-se ao longo do tempo de privilégios possuídos apenas por algumas elites nas classes dominantes para grupos maiores. A expansão dos direitos às mulheres, minorias étnicas, raciais e religiosas, à comunidade LGBTQ e assim por diante pode ser entendida como uma ampliação do círculo moral.

Os limites de nossas identidades não são fixos; eles variam ao longo do tempo e das situações com base no que é mais saliente. Embora Martin Luther King Jr. tenha acertado ao dizer: "O arco do universo moral é longo, mas se inclina para a justiça", as pessoas a quem sentimos a responsabilidade de ajudar e cuidar em qualquer momento mudam.

Os torcedores do futebol inglês não têm a melhor reputação, mas estão dispostos a ajudar seus colegas. Mark Levine e seus colegas convidaram os torcedores do Manchester United para seu laboratório psicológico na Universidade de Lancaster.[10] Eles chegaram e completaram uma série de tarefas destinadas a lembrar-lhes do quanto amavam o Manchester United e de ser um torcedor do time. Em seguida, eles foram solicitados a caminhar até outro prédio para concluir o estudo.

No caminho, eles encontraram uma emergência. Um jovem correu pelo caminho à frente deles, tropeçou, caiu e agarrou o tornozelo, gemendo de dor. Eles ajudariam esse homem em perigo?

O estranho desajeitado — de conluio com os experimentadores — era sempre a mesma pessoa. Mas sua identidade nem sempre era a mesma. Um grupo de torcedores encontrou um jovem com uma camisa simples e sem adornos. Outro grupo o viu vestindo uma camisa do Manchester United, exibindo sua lealdade aos Red Devils. E um terceiro grupo encontrou um torcedor do Liverpool, que, aos olhos de muitos torcedores do Manchester United, é o seu maior rival.

Essa simples diferença nas camisetas foi fundamental. Enquanto 92% dos torcedores do Manchester United ajudaram o estranho ferido quando ele vestia uma camisa do Manchester United, apenas 30% pararam para ajudar o do Liverpool. É importante ressaltar que essa falta de ajuda parecia tratar-se menos de uma aversão a ajudar o torcedor de um clube rival do que a uma ausência de identidade compartilhada, porque apenas 33% ajudaram o estranho à paisana!

Ok, tudo bem, você está pensando. Os torcedores do Manchester United são idiotas provincianos que não querem ajudar ninguém de fora de seu próprio grupo. Mas não tire conclusões tão rápido...

Em um segundo estudo, Levine e seus colegas repetiram o experimento, mas mudaram o que os torcedores do Manchester United deveriam pensar quando chegassem ao laboratório. Dessa vez, eles completaram tarefas destinadas a lembrar-lhes do quanto amavam "o belo jogo" e de serem *fãs de futebol em geral*, ativando uma identidade maior e mais inclusiva do que seu clube específico.

Todo o resto no estudo prosseguiu como antes, mas os resultados mudaram drasticamente. Agora, os torcedores do Manchester United estavam tão dispostos a ajudar um torcedor lesionado do Liverpool como se fosse do Manchester United. No entanto, ainda não era provável que ajudassem o infeliz estranho sem um brasão em sua camisa. Em outras palavras, as identidades sociais ativadas desses torcedores eram maiores do que antes. Seu círculo moral era maior, e, portanto, eles ajudaram uma faixa mais ampla da humanidade, embora apenas aqueles que amassem o futebol.

De certa forma, isso reflete a experiência dos passageiros sequestrados no deserto da Jordânia. Quando sentiram um senso comum de identidade, cooperaram prontamente. Mas, quando se dividiram por causa de comida, paternidade ou passaporte, ficaram menos dispostos a ajudar uns aos outros. As mesmas pessoas que agem com indiferença em uma situação podem ser generosas e apoiadoras em outra, e mudanças de identidade explicam por quê.

Os programas de treinamento em primeiros socorros se concentram em como reconhecer emergências e como responder. Mas ajudar não é apenas saber o que fazer. Como essa pesquisa mostra, começa com quem nos identificamos o suficiente para querer ajudar, especialmente em situações perigosas ou assustadoras.

GRUPOS EM POTÊNCIA

Como vimos, diferentes situações ativam uma ou outra das diferentes identidades que possuímos, com consequências significativas sobre a forma como pensamos, sentimos e agimos. Quando você está em uma partida de futebol, em um estádio lotado, a identidade de seu time, em vez de sua identidade profissional, familiar ou religiosa, está em primeiro plano em sua mente. Você mantém um conjunto de identidades existentes, e as circunstâncias as colocam e as tiram do foco. Às vezes, porém, as situações em que nos encontramos trazem identidades novas à existência.

Como falamos no Capítulo 1, há uma distinção importante a ser feita entre *coleções* de pessoas — conjuntos de indivíduos que por acaso estão no mesmo lugar ao mesmo tempo — e *grupos psicológicos* de pessoas. Os primeiros apenas coexistem em um espaço comum; os últimos compartilham um senso de identidade. Eles sabem que juntos são uma entidade significativa, algo maior do que os indivíduos dos quais o conjunto é composto.

Coleções de pessoas são grupos em potencial, em latência, com eventos pendentes. Quer estejam em um avião, em jantares em um restaurante ou sejam vizinhas em um subúrbio, coleções de pessoas podem tornar-se grupos quando os eventos conspirarem para criar identidades sociais compartilhadas. Essas circunstâncias podem ser planejadas e deliberadas, como quando alguém forma um grupo de bairro para unir e organizar a comunidade. Ou não planejadas e até indesejadas, como quando um avião é sequestrado ou ocorre um desastre.

Desastre do tipo ocorreu durante o trajeto matinal em Londres, em 7 de julho de 2005, quando terroristas atacaram a vasta rede de transporte da cidade. Os suicidas detonaram três bombas em trens subterrâneos e uma quarta em um ônibus de dois andares. Incluindo os terroristas, 52 pessoas foram mortas, e mais de 70 ficaram feridas. Depois que as bombas explodiram, milhares de passageiros, muitos dos quais feridos, ficaram atordoados, rodeados por fumaça, escuridão e escombros. Nessa situação horrível, era de se esperar pânico em massa — pessoas se empurrando e se atropelando para fora do caminho, abandonando as vítimas em uma corrida louca para escapar. Pandemônio. Caos.

Mas não foi isso o que aconteceu. O psicólogo britânico John Drury, que conduziu investigações intensivas sobre como multidões reagem durante emergências, incluindo os atentados a bomba em Londres, acredita que há quatro lições importantes a serem aprendidas sobre o que acontece durante desastres.[11]

Primeiro, o pânico e a reação exagerada são raros. Sylvia Jacobson também notou uma ausência de pânico em seu relato sobre o sequestro. Os passageiros exibiram choque, medo, depressão e descrença atordoada sobre o que estava acontecendo, mas em nenhum momento eles perderam a cabeça. Segundo, é comum que os sobreviventes ajudem e apoiem uns aos outros. Terceiro, grande parte dessa ajuda e apoio ocorre porque os sobreviventes possuem, naquele momento, um senso comum de identidade. E, quarto, a maneira como as equipes de emergência e as autoridades tratam a multidão molda a forma como esta reage, em grande parte, afetando aquele senso comum de identidade.

Após os atentados de Londres, Drury e seus colegas entrevistaram sobreviventes e vasculharam contas públicas nas quais as pessoas falaram sobre o ocorrido.[12] Embora fosse comum que as pessoas usassem a palavra *pânico*, o termo era usado com mais frequência para descrever um estado emocional natural de medo e choque, em vez de um comportamento desordenado ou frenético. O comportamento das pessoas era caracterizado como calmo, ordeiro e controlado, apesar da turbulência ao redor. Um entrevistado disse:

> Foi uma evacuação bem calma e uniforme, não havia pessoas correndo no trem gritando loucamente. Foi muito calmo e obviamente havia gente chorando, mas a maioria das pessoas ficou tranquila naquela situação, o que achei incrível.

Além disso, entrevistados relataram um sentimento de unidade com os outros:

> Senti que estávamos todos no mesmo barco... foi uma situação estressante, estávamos todos juntos, e a melhor maneira de sair daquilo era ajudarmos uns aos outros... eu me senti muito próximo daquelas pessoas.

Consistente com a pesquisa sobre identidade compartilhada e ajuda, o apoio mútuo era comum. Os jornais publicaram histórias sobre 57 pessoas que descreveram ajudar os outros e 17 que descreveram serem ajudadas; outras 140 pessoas testemunharam atos de ajuda. Apenas três relatos incluíram testemunhas oculares descrevendo comportamentos egoístas.

Emergências e desastres são eventos extremos, mas podemos aprender muito com eles sobre como a dinâmica da identidade opera em circunstâncias mais normais e menos aterrorizantes. Um senso de destino comum produz uma identidade compartilhada, o conhecimento de que, juntos, fazemos parte de um grupo. Essa identidade compartilhada produz solidariedade e a capacidade de trabalharmos juntos. Quando são coerentes, as identidades compartilhadas tornam-se as bases sobre as quais as pessoas se coordenam e cooperam umas com as outras.

NO MESMO COMPRIMENTO DE ONDA

Argumentamos ao longo deste livro que um dos benefícios fundamentais das identidades compartilhadas é que elas permitem que grupos de pessoas realizem coisas que elas não conseguiriam por conta própria. Em alguns casos, é óbvio que trabalharmos juntos nos permite realizar coisas notáveis. A menos que as pessoas possam se coordenar, não construirão uma catedral, tocarão uma sinfonia ou vacinarão uma população inteira. Mas, em outros casos, não é tão óbvio que trabalhar juntos é o melhor. Certamente, alguns tipos de tarefas são mais bem executados por conta própria ou, pelo menos, motivados por seus próprios interesses individuais.

Em pesquisas recentes, começamos a colocar essa questão à prova e a investigar o que acontece com nossos cérebros quando trabalhamos juntos em solidariedade, e não como indivíduos. Queríamos examinar se *grupos psicológicos* achariam mais fácil entrar no mesmo comprimento de onda neural e, ao fazer isso, superar meras *coleções* de pessoas — conjuntos de indivíduos que por acaso estão no mesmo lugar ao mesmo tempo.

Em um estudo conduzido pelo doutorando Diego Reinero, convidamos 174 pessoas para o laboratório para realizar uma série de tarefas bastante difíceis.[13] Em uma tarefa, elas receberam uma lista de suprimentos e foram solicitadas a classificá-los em ordem de importância para sobreviver a um acidente de avião no meio do inverno. Algumas das escolhas são contraintuitivas, a menos que você seja um especialista em sobrevivência, e é necessário um raciocínio cuidadoso para tomar boas decisões. Para cada sessão, quatro participantes foram ao laboratório ao mesmo tempo. Antes de deixá-los soltos com as tarefas de resolução de problemas, atribuímos aleatoriamente cada conjunto de quatro para concluir as tarefas de forma colaborativa como um grupo ou tentar o melhor como indivíduos.

Para criar sentimentos de solidariedade nos grupos colaborativos, dissemos a eles que estariam competindo com outras equipes nas tarefas de resolução de problemas. Também colocamos um pouco de dinheiro em jogo: se sua equipe fosse classificada entre as 5% melhores, receberia um bônus de US$200 a ser dividido entre eles (US$50 para cada). Em seguida, pedimos que criassem um nome para a equipe e que batucassem em uníssono ao som de uma música da moda, enquanto se encaravam. Se mover ao som da música é uma ferramenta milenar para ajudar as pessoas a terem um senso de propósito coletivo.

Em contraste, os participantes designados para trabalhar como indivíduos foram informados de que trabalhariam sozinhos e competiriam uns com os outros. Indivíduos classificados entre os 5% melhores receberiam um bônus de US$50. Em seguida, pedimos a cada um deles que criasse um codinome e pedimos que se afastassem do grupo para batucar junto com a mesma música que ouviam em seus próprios fones de ouvido. O propósito era fazê-los sentir que estavam em um mundo de competição individual.

Você pode notar alguns paralelos desconfortáveis entre essa condição e as organizações ou locais de trabalho com os quais está familiarizado. Muitas empresas, escolas e até famílias estruturam seus incentivos de maneira muito semelhante à nossa condição individualista. As pessoas competem entre si por prêmios e cultivam identidades individuais. Em espaços de escritório de plano aberto, muitos funcionários usam fones de ouvido para se desligar dos outros e organizar suas próprias experiências mentais.

Presume-se que as pessoas têm um melhor desempenho quando podem maximizar seus próprios resultados. Mas, entendendo a identidade, suspeitamos que as pessoas teriam um desempenho melhor trabalhando juntas, em solidariedade, do que sozinhas, competindo com as outras.

Enquanto os participantes se preparavam para suas tarefas, nossa equipe de pesquisa colocou um pequeno headset em cada um deles para registrar a atividade elétrica de seus cérebros à medida que completavam o estudo. Esses dispositivos são pequenos e se encaixam na cabeça como uma pequena coroa. Assim que o estudo começou, muitos participantes pareceram se esquecer deles.

À medida que eles trabalhavam nas tarefas, medimos seus padrões de atividade cerebral para ver se eles mantinham o mesmo comprimento de onda que outros membros de seu grupo. Comparamos a atividade cerebral de cada pessoa ao longo do estudo com os padrões exibidos por todas as outras pessoas que concluíram as tarefas ao mesmo tempo, a fim de avaliar os níveis de sincronia neural. Até que ponto seus cérebros estavam disparando de maneira semelhante ao mesmo tempo?

A primeira coisa que notamos quando analisamos os dados foi que os grupos trabalhando como equipes superaram os conjuntos de indivíduos em quase todas as tarefas. Eles chegaram a soluções melhores na tarefa de sobrevivência, bem como em sudoku, memória fotográfica, brainstorming e decodificação de palavras, do que o indivíduo médio trabalhando sozinho. Estar em uma equipe sempre produziu melhores resultados do que trabalhar sozinho.

As pessoas também cooperaram mais quando estavam em um grupo significativo do que quando eram meramente parte de um conjunto de indivíduos. Dissemos a todos em cada sessão que US$10 de seus ganhos poderiam ser doados ao coletivo. Todo o dinheiro seria reunido, dobrado e então dividido igualmente entre as quatro pessoas. Portanto, se todos os quatro doassem seus US$10, cada pessoa sairia com US$20. Descobrimos que 74% das pessoas na condição de equipe doaram os US$10 para seu grupo, mas apenas 51% na condição individual fizeram o mesmo.

Em outras palavras, as equipes superaram os indivíduos em quase todos os elementos da tomada de decisão coletiva. A única tarefa em que as equipes tiveram um desempenho pior do que os indivíduos foi em uma simples atribuição de digitação, em que trabalhar juntos e coordenar as respostas as deixava mais lentas. O trabalho em equipe nem sempre foi a solução, mas funcionou melhor na maioria das vezes.

Quando olhamos para a atividade cerebral, notamos um padrão semelhante. No início, as pessoas que trabalhavam juntas em grupos não estavam mais sincronizadas do que as que trabalhavam individualmente. Mas, à medida que o estudo avançava, os cérebros das pessoas que trabalhavam juntas começavam a se espelhar. Ao final do estudo, havia uma diferença clara no grau de sincronia cerebral entre equipes e indivíduos.

Ainda mais importante, essa sincronia cerebral estava relacionada ao desempenho! As equipes mais sincronizadas tinham o melhor desempenho nas tarefas — eram melhores na tomada de decisões coletivas. Embora elas não estivessem cientes disso, estar no mesmo comprimento de onda neural implicava em seu sucesso.

Dinâmicas semelhantes estão em jogo na sala de aula, mais um lugar em que as pessoas podem se ver como um conjunto de indivíduos, ou como parte de um grupo. Liderados por nossa colaboradora Suzanne Dikker, trabalhamos com uma turma de biologia do ensino médio para medir sua atividade cerebral durante um semestre inteiro.[14] Todas as semanas, durante cerca de três meses, Suzanne ia para a aula e colocava headsets em um grupo de doze alunos. Registramos sua atividade cerebral à medida que aprendiam sobre neurociência.

Um dos maiores desafios para um professor é manter engajada uma sala cheia de adolescentes enquanto eles avançam em um material complexo. Em nosso estudo, o professor adotou uma variedade de abordagens, incluindo leitura em voz alta, exibição de vídeos, palestras e discussões conduzidas, para ajudar os alunos a aprender. E, enquanto os alunos aprendiam, examinávamos quando eles estavam no mesmo comprimento de onda.

Acontece que assistir a vídeos e participar de discussões não foram apenas os elementos mais agradáveis da aula, mas também os momentos em que os alunos apresentaram padrões de atividade cerebral mais semelhantes. Conforme a sincronia aumentou para todo o grupo, eles se envolveram mais e avaliaram a classe de forma mais positiva. Curiosamente, também descobrimos que, quando um aluno fazia um breve contato social com outro antes da aula, era mais provável que seus cérebros ficassem em sincronia durante a aula e eles se sentissem mais próximos naquele dia. Esses momentos fugazes de conexão colocavam as pessoas na mesma sintonia.

Em todos esses estudos, colocar as pessoas no mesmo comprimento de onda foi a chave para tomada de decisões, aprendizado e cooperação em grupo. Eles falam sobre o tipo de situação cotidiana em que uma maior consciência das consequências de identidades compartilhadas e conexões sociais são benéficas.

Mas identidades compartilhadas também têm contribuições mais amplas em nível social, especialmente quando se trata de mudança social e busca por maior justiça no mundo. O longo arco de Martin Luther King Jr. se curvando em direção à justiça foi o resultado inexorável não do esclarecimento humano, mas de uma série de batalhas difíceis — muitas vezes lideradas por aqueles que não têm acesso à justiça igualitária — pela expansão dos direitos humanos e outros bens coletivos. A mudança acontece quando as pessoas encontram solidariedade umas nas outras e lutam por ela.

LUTA PELA MUDANÇA

As identidades compartilhadas ajudam os grupos marginalizados e seus aliados a se organizarem e se mobilizarem para a mudança. Como vimos, é possível que as pessoas formem identidades sociais em torno de quase tudo. Por longos períodos da história, no entanto, grandes grupos de pessoas sofrendo opressão — servos, escravizados, membros de grupos e castas estigmatizados — não tiveram muita chance de se mobilizar em torno de interesses comuns. Isso levanta questões cruciais: quando as pessoas que pertencem a categorias sociais marginalizadas e desprivilegiadas se unem em torno delas como identidades sociais e pressionam por mudanças? E o que torna sua ação coletiva bem-sucedida?

As identidades sociais mais importantes dos seres humanos são criadas e fomentadas por tradições compartilhadas, rituais, histórias, mitos e contos, lembranças de realizações e alegrias. Mas também são forjadas por adversidades, dificuldades e pela maneira como as pessoas são tratadas e maltratadas por outras. Quando elas percebem que suas oportunidades e resultados na vida são limitados porque pertencem a um determinado grupo, e que essas limitações são ilegítimas, isso tende a gerar um senso de destino comum e identidade compartilhada.

Esse fenômeno é poderosamente ilustrado por uma demonstração conduzida pelo autor e educador Jackson Katz.[15] Ele primeiro pergunta aos homens na sala: "Que medidas vocês tomam, diariamente, para se prevenirem de serem abusados sexualmente?" Isso leva a uma pausa estranha. Na maioria das vezes, os homens não têm nada a dizer. Então ele pergunta às mulheres a mesma coisa. As mãos imediatamente se levantam, e as mulheres compartilham os muitos e rotineiros cuidados que tomam todos os dias, como segurar as chaves para que possam ser usadas na autodefesa, verificar os bancos traseiros dos carros antes de entrar, sempre carregar um celular, evitar sair sozinha à noite, carregar spray de pimenta, estacionar em áreas bem iluminadas e assim por diante.

Esse exercício revela os riscos muito sérios que as mulheres enfrentam (e que muitos homens não percebem), mas também indica algo sobre quantas mulheres vivenciam sua identidade de gênero. A maioria dos homens provavelmente não pensa muito sobre seu gênero no dia a dia, simplesmente porque ser homem não os coloca em risco. Mas a enorme lista de precauções rotineiramente tomadas pelas mulheres indica que muitas delas possuem uma consciência mais crônica de seu gênero devido ao perigo que as cerca, em sua maioria, causado pelos homens.

As identidades sociais são fortalecidas e têm mais probabilidade de se tornarem um ponto de convergência para a mudança quando membros de grupos desfavorecidos ou oprimidos percebem o sistema social em que estão como *impermeável* e *ilegítimo*.[16] Quando as pessoas acreditam que um sistema é *impermeável*, elas percebem que seu lugar e experiência na sociedade estão vinculados a seu grupo e que não são livres para prosperar tão plenamente quanto os membros de outros grupos mais favorecidos. Quando acreditam que o sistema é *ilegítimo*, consideram esse estado de coisas injusto. No caso da violência de gênero, as mulheres enfrentam muito mais perigo do que os homens — uma experiência que está vinculada à sua participação no grupo. Por meio de movimentos como #MeToo, a realidade dessa discrepância nas experiências de homens e mulheres é cada vez mais reconhecida e considerada como horrível e injustificável.

O infame "teto de vidro" que impede as mulheres de ascenderem a cargos executivos na vida corporativa é outro exemplo de impermeabilidade ilegítima. No entanto, como a expressão *teto de vidro* implica, as barreiras baseadas em grupos nem sempre são obviamente aparentes e muitas vezes há forças trabalhando para mantê-las invisíveis. Uma dessas forças é uma forte tendência em muitas sociedades de atribuir resultados apenas à ação individual. Há também uma inclinação para ver o mundo e as coisas que acontecem nele como essencialmente justos e para racionalizar os sistemas em que vivemos — um processo conhecido como justificação de sistema.[17]

É como se muitas pessoas tivessem uma crença implícita no carma. Quando coisas ruins acontecem às pessoas, os outros muitas vezes presumem que elas devem ter merecido de alguma forma. Isso gera culpa para as vítimas, quando as pessoas são consideradas responsáveis e até envergonhadas ou punidas por circunstâncias e resultados que fogem de seu controle.[18] Isso é comum em casos de agressão sexual, quando o público — e às vezes até o sistema legal — coloca tanta ou mais culpa nas mulheres que foram vítimas do que nos perpetradores. De maneira mais geral, a propensão a individualizar os resultados faz com que as pessoas ouçam sobre disparidades grupais em salários, saúde ou justiça e as descartem como escolhas individuais ou fracassos.

Ela foi assediada em um bar? *Bem, ela não deveria usar roupas assim.*

E por que ela saiu tão tarde?

Ela ganha menos do que ele? *Bem, ela não negociou o suficiente.*

Ele foi parado e revistado pela polícia novamente? *Bem, se ele não dirigisse aquele carro chamativo, passaria despercebido.*

Quando as pessoas fazem esses tipos de atribuições individuais em vez de situacionais, isso desvia os fatores sistêmicos ou estruturais que afetam negativamente os membros de alguns grupos mais do que outros.

Outra força que pressiona contra o reconhecimento do tratamento ilegítimo com base nas categorias sociais às quais as pessoas pertencem é um fenômeno conhecido como tokenismo.[19] Exceto nos regimes mais brutalmente repressivos, pelo menos, alguns membros de grupos desfavorecidos conseguem superar algumas das barreiras à frente e ter sucesso. O tokenismo ocorre quando esses indivíduos são apresentados como evidência de que o sistema é justo e permeável. Quaisquer problemas que a sociedade tenha são considerados coisas do passado. Olha, temos uma CEO mulher. Ou um prefeito gay. Ou um presidente negro.

Quando Barack Obama foi eleito presidente, em 2008, pelo menos algumas pessoas viram nisso um sinal de que os Estados Unidos haviam superado os problemas raciais. Um estudo realizado por Cheryl Kaiser, professora da Universidade de Washington, e colegas descobriu que as pessoas relataram que o racismo contemporâneo era menos problemático nos Estados Unidos após a eleição de Obama.[20] Elas também apoiaram menos do que antes da eleição políticas que reduziam a desigualdade racial. Em suas mentes, o sucesso do presidente Obama parecia provar que o sistema era justo e honesto.

Dessas e de outras maneiras, as pessoas se engajam na justificativa do sistema, racionalizando as desigualdades para si mesmas e para os outros. Em nossa própria pesquisa sobre o assunto, descobrimos que essa tendência de justificar o sistema leva as pessoas a julgarem as minorias raciais com mais severidade e resistir à igualdade de direitos para a comunidade LGBTQ.[21] Quando as pessoas se identificam com um sistema opressor, ficam motivadas a mantê-lo.

Para ultrapassar esses tipos de forças de justificativa do sistema, os membros do grupo desprivilegiado e seus aliados se envolvem em um processo lento e opressor de conscientização. *Sim, esse é um problema real. Isso é muito errado. É sistêmico. Esse não é um incidente único. E juntos podemos fazer algo a respeito.*

Os movimentos #MeToo e #BlackLivesMatter são exemplos recentes de conscientização bem-sucedida — mas ainda contínua. Ambos envolveram uma organização significativa e protestos nas ruas, bem como ativismo online orgânico. Algumas pessoas criticam os componentes online dos movimentos como mero protesto de hashtag ou "slacktivismo" ["militante de sofá"], mas a mídia social, emparelhada com vídeos de telefones celulares, tem sido uma virada de jogo para essas questões de direitos civis.

Vídeos, especialmente da brutalidade policial contra cidadãos negros e outras minorias, abriram os olhos de pessoas ao redor do mundo para a frequência surpreendente desses eventos. Entre 2014, quando os policiais de Nova York mataram Eric Garner, e 2020, a porcentagem de norte-americanos que acreditavam que a polícia tem maior probabilidade de usar força excessiva contra negros do que contra outros grupos aumentou de 33% para 57%.[22] Da mesma forma, a hashtag MeToo permitiu que as mulheres documentassem e demonstrassem a prevalência de assédio e agressão sexual em sociedades em todo o mundo.

É importante ressaltar que a conscientização realizada por movimentos como BLM e MeToo não afeta apenas as identidades e lealdades de membros do grupo em desvantagem ou marginalizados. Os homens também podem ficar chocados e horrorizados com o que aprendem sobre o assédio sexual e o tratamento injusto sofrido pelas mulheres. Da mesma forma, os brancos podem entender que o sistema social é estruturado de forma que os beneficie (ou lhes dê o benefício da dúvida) mais do que a negros e membros de outras minorias. Eles também podem perceber essas disparidades como ilegítimas e defender a mudança social.

É claro que nem todo homem, branco ou pessoa de alguma outra forma favorecida passa a ver as coisas dessa maneira, e o mero conhecimento das disparidades não é suficiente para criar uma aliança entre grupos. Mas quando essas mudanças na percepção causam mudanças na identificação, acabamos com movimentos de mudança como as marchas BLM de 2020, quando pessoas de muitas raças, idades, gêneros, religiões e origens culturais diferentes levantaram suas vozes em um momento de solidariedade.[23]

LEVANDO PARA AS RUAS

Enquanto escrevíamos este livro, em 2020, protestos em apoio ao movimento Black Lives Matter se espalharam pelos Estados Unidos e pelo mundo. Os protestos começaram em Minneapolis, quando as pessoas exigiram a prisão dos policiais envolvidos no assassinato de George Floyd. Estimulados pela angústia e raiva pela morte injusta de mais um cidadão negro e se manifestando contra a violência policial de forma mais geral, os protestos do BLM cresceram durante o verão para o que os contadores de multidão acreditam ter sido os maiores protestos da história norte-americana. As pessoas também marcharam em outras cidades, como Londres, Toronto, Amsterdã, Sydney e Rio de Janeiro.

A maioria desses protestos foi pacífica, mas alguns não foram, e houve casos de pilhagem, bem como confrontos violentos entre os manifestantes e a polícia. À medida que o apoio aos protestos crescia, também crescia a reação, e estava claro que o que as pessoas viram nesses eventos foi percebido pelas lentes de suas próprias identidades. Onde alguns viam multidões pacíficas exercendo seus direitos, outros viam multidões indisciplinadas. Onde alguns viam policiais excessivamente agressivos, outros viam policiais cumprindo seu dever. Mais uma vez, as identidades moldaram as percepções e criaram suas próprias realidades distintas.

Mas nem tudo é percepção. O que realmente acontece durante os protestos e as chances de que eles permaneçam pacíficos ou se tornem violentos tem muito a ver com a dinâmica da identidade. Em particular, as respostas dos manifestantes são afetadas pela forma como são tratados pelas autoridades. As relações entre esses grupos moldam seus sentidos de identidade, bem como normas sobre cursos apropriados de ação. A esse respeito, os eventos durante os protestos BLM de 2020 refletiram os padrões observados durante muitos protestos anteriores.[24]

Em 2011, a polícia britânica atirou e matou Mark Duggan, um homem multirracial, em Tottenham, um subúrbio de Londres. Após sua morte, tumultos estouraram em Tottenham e se espalharam por outros subúrbios e cidades da Inglaterra. Houve saques e incêndios criminosos, e cinco pessoas foram mortas. Milhares de pessoas foram presas em confrontos furiosos com a polícia.

Embora a inquietação tenha se espalhado pelos bairros e entre as cidades, ela não se espalhou por toda parte. Por que não? Um relatório sobre o que ficou conhecido como os Tumultos de Londres descobriu que as áreas onde eles ocorreram tinham níveis mais altos de privação, conforme indicado por fatores como renda mais baixa, saúde precária e mais barreiras à educação. As áreas carentes também tendem a ter tumultos mais longos e mais prisões.[25] As áreas com tumultos também registraram taxas mais altas de batidas policiais e revistas de seus residentes durante os dois anos e meio anteriores.

A privação e os frequentes encontros negativos com a polícia foram uma parte importante do contexto de muitos locais quando Mark Duggan foi morto. Eram lugares em que as pessoas já desconfiavam da polícia e se viam em oposição às autoridades. Quando Duggan foi baleado, essas condições forneceram a base para o surgimento de uma identidade social na qual as comunidades se percebiam como aliadas contra a polícia. A inquietação se espalhou quando as pessoas em Londres e em outras cidades do Reino Unido passaram a se ver como compartilhando um destino comum, unidas pelo tratamento dado pelas autoridades.

As ações da polícia fomentaram e moldaram ainda mais essa identidade.

O primeiro tumulto em Tottenham só ocorreu dois dias após a morte de Duggan. Naquele sábado, a família e os amigos de Duggan lideraram um protesto em frente à delegacia de polícia de Tottenham. O protesto foi pacífico, até que a polícia aparentemente agrediu uma jovem no meio da multidão. Foi nesse ponto crítico que "a violência contra a polícia se tornou normativa" e se espalhou.

A maioria dos protestos, é claro, não aborda a polícia, ou, pelo menos, não começa com esse propósito. Pessoas se reúnem para se opor a um oleoduto ou a um depósito de lixo. Elas vão às ruas contra um imposto impopular ou um escândalo político. A polícia é chamada para manter a ordem e projetar a autoridade do Estado. A maioria das pessoas que participam de protestos ou se envolvem em outras formas de ação coletiva está lá para perseguir uma meta orientada para a mudança que acredita ser importante. Elas não estão lá para saquear, tumultuar ou participar de confrontos violentos com a polícia.

Às vezes, é claro, existem alguns indivíduos que procuram encrenca, e a cobertura da mídia se concentra em pessoas quebrando janelas ou saqueando lojas porque é interessante. Mas as evidências sugerem que os manifestantes, deixados por conta própria, muitas vezes param essas pessoas ou as expulsam. As multidões se coordenam em torno das normas de comportamento apropriado e as impõem. Elas podem se policiar e o fazem ativamente. Mas essa dinâmica se desfaz rapidamente diante das ações agressivas da polícia.[26]

Durante os protestos BLM de 2020, vimos a polícia ao redor do mundo fazer coisas certas; também vimos a polícia fazer coisas erradas, pelo menos, se o objetivo fosse promover protestos pacíficos. Vimos policiais em uniformes comuns marchando ao lado dos manifestantes, ajoelhando-se, confortando as pessoas em lágrimas e parando para ajudar as pessoas feridas. Nessas situações, o conflito diminui. Vimos chefes de polícia fornecerem plataformas para líderes comunitários, que, embora tremendamente chateados, procuraram canalizar a raiva de suas comunidades para a ação não violenta. Tudo isso serve para quebrar a distinção "nós" versus "eles", e fornecer ação dentro das multidões para elas se administrarem.

Mas também vimos policiais se aproximando de multidões pacíficas usando equipamento antitumulto e dirigindo veículos de estilo militar. Vimos policiais atacando civis, aparentemente sem provocação. Vimos a polícia atirar gás lacrimogêneo e balas de borracha contra manifestantes e membros da mídia que não infringiram nenhuma regra e não representavam nenhuma ameaça. Essas ações endurecem a distinção "nós" versus "eles" e mudam as normas dentro de grupos de manifestantes de ações pacíficas para violentas. E, quando os vídeos dessas ações se tornam virais, é como jogar um fósforo na gasolina.

Ao tratar agressivamente as multidões, como se fossem monólitos perigosos, a polícia induz uma experiência de destino comum que cria identidades unidas em oposição às autoridades. O uso preventivo da violência pela polícia é visto como ilegítimo e, aos olhos de muitos, justifica o uso da violência pelos manifestantes, em resposta. Os encrenqueiros que foram expulsos podem começar a ganhar credibilidade e influência na multidão. Os manifestantes mais pacificamente orientados podem agora ser expulsos ou escolher adotar as novas e mais violentas normas.

Respostas policiais excessivamente agressivas, em outras palavras, aumentam a violência desnecessariamente, transformando multidões em turbas e protestos em tumultos. Talvez a polícia espere que o uso intimidante da força sirva como um impedimento, fazendo com que os manifestantes se dispersem e não retornem. Mas isso negligencia o poder das identidades sociais. Quando as ações das autoridades são amplamente consideradas ilegítimas, isso unifica as pessoas que se opõem a elas.

DE QUE LADO ESTAMOS?

Em última análise, as percepções de quais ações e reivindicações detêm a maior legitimidade influenciam o sucesso ou o fracasso dos movimentos de mudança social. Os movimentos sociais têm sucesso em instigar mudanças quando um número suficiente de pessoas com o poder de fazer acontecer vão a bordo. Em diferentes contextos, podem ser membros do público eleitor, da mídia, políticos ou mesmo as próprias forças de segurança e policiais. Por padrão, esses terceiros tendem a apoiar o status quo, ou, pelo menos, não costumam ser motivados a se oporem a ele. A mudança acontece mais rapidamente quando sua lealdade muda.

As táticas usadas pelos manifestantes e movimentos de resistência parecem ter uma grande importância para instigar a mudança. Os cientistas políticos Erica Chenoweth e Maria Stephan examinaram a eficácia dos movimentos sociais em países ao redor do mundo entre os anos 1900 e 2006.[27] Elas compararam a taxa de sucesso de campanhas violentas e não violentas. Ao contrário da intuição de que mudanças profundas acontecem apenas com o cano de uma arma, elas descobriram que, ao longo desse longo período da história, as campanhas não violentas foram significativamente mais bem-sucedidas do que as violentas. Enquanto estas tiveram sucesso em 26% das vezes, as não violentas o tiveram em 53% das vezes! A não violência foi duas vezes mais eficaz na produção de mudanças.

A não violência funcionou por pelo menos dois motivos. Primeiro, tornou os movimentos mais atraentes para apoiadores em potencial, ajudando-os a construir identidades sociais mais inclusivas. As táticas não violentas são percebidas como mais legítimas, levando mais pessoas para o movimento e ganhando mais apoio de estranhos. Segundo, quando as autoridades usaram violência contra movimentos não violentos, o tiro saiu pela culatra, aumentando a simpatia e o apoio aos manifestantes e ativistas. Isso reduziu o número de pessoas que se identificavam com a polícia e aumentou o número das que se identificavam com os manifestantes.

As lealdades começam a mudar. E, em lugares em que os movimentos aspiram a mudar de regime — para substituir líderes e derrubar ditadores —, a lealdade das próprias forças de segurança costuma ser fundamental. Policiais e militares têm maior probabilidade de mudar sua lealdade quando não estão dispostos a realizar ações mais violentas contra civis e concidadãos pacíficos. Os regimes caem quando se recusam a fazê-lo.

É fundamental observar que a resistência não violenta não é uma resistência passiva. Os grupos que buscam mudanças precisam chamar a atenção para a sua causa. Eles precisam de manchetes. Precisam aumentar a consciência. Frequentemente, isso significa desobediência civil, causando tumulto, infringindo a lei. Podemos ver pessoas fazendo coisas de que normalmente não gostamos: pichar, bloquear estradas e linhas ferroviárias, ocupar parques e edifícios comerciais. Essas ações são planejadas não apenas para desafiar as pessoas no poder, mas para chamar a atenção do público e, em última análise, mudar a opinião pública.

Isso leva ao que Matthew Feinberg e colegas se referem como "o dilema do ativista".[28] Ações de protesto como bloqueio de rodovias e vandalização de propriedades podem ser eficazes para pressionar as instituições e aumentar a conscientização, mas essas mesmas ações também minam o apoio popular aos movimentos sociais. Encontrar o equilíbrio certo é fundamental para instigar uma mudança social eficaz.

A mídia também costuma ser crucial. A maioria das pessoas não observa protestos ou outras formas de ação coletiva diretamente; elas ouvem falar deles nos meios de comunicação. A maneira como a mídia enquadra o protesto e a resistência — que define como os "mocinhos" e os "bandidos" — desempenha um papel fundamental na formação da opinião pública. E a mídia também responde às táticas de protesto.

Uma análise recente de Omar Wasow, professor de política, concentrou-se em diferentes tipos de protestos durante o movimento pelos direitos civis dos EUA e os tipos de manchetes que apareceram nos principais jornais.[29] Ele descobriu que os protestos não violentos estavam associados a mais manchetes sobre os direitos civis e a um maior consenso de que os direitos civis eram uma questão importante nas pesquisas de opinião pública subsequentes. Os protestos violentos, por outro lado, foram associados a mais manchetes sobre distúrbios e a um endosso público mais forte ao controle social.

Sua análise sugere que os protestos não violentos em um condado dos EUA aumentaram o número de pessoas que votaram nos democratas (que eram a favor da expansão dos direitos civis) em cerca de 1,6%. Mas os protestos violentos diminuíram o número de pessoas que votam nos democratas de 2,2% a 5,4%.

Na maioria das vezes e para a maioria das injustiças sociais, a maior parte das pessoas está entre os terceiros cujas lealdades inclinam a escala para um lado ou para outro. Mesmo se elas forem os ativistas em uma batalha pela mudança, são os observadores em muitas outras. E, como observador, cada pessoa deve se fazer estas questões fundamentais: *Com quem estou? Qual causa tem maior legitimidade? Quem está do lado da justiça e do arco moral da história? Com quem me identifico?*

CAPÍTULO 8

FOMENTANDO A DIVERGÊNCIA

O artilheiro de helicópteros Ron Ridenhour começou a ouvir os rumores "sombrios e sangrentos" no final de abril de 1968. Perambulando pelo quartel general dos EUA no Vietnã, Ridenhour encontrou um amigo que conhecera durante o treinamento de aviação. Seu amigo tinha uma história perturbadora para contar. Cerca de um mês antes, as tropas pertencentes à Companhia Charlie haviam conduzido o que deveria ter sido um ataque comum em uma suposta fortaleza vietcongue. Mas, quando eles invadiram a vila de My Lai, algo deu terrivelmente errado.[1]

Para sua surpresa, os soldados encontraram apenas um pequeno povoado — árvores, cabanas e animais de fazenda — ocupado não por combatentes inimigos, mas por mulheres, crianças e homens velhos demais para lutar. Nas horas que se seguiram, as tropas norte-americanas massacraram os indefesos aldeões das vilas. Um grande número de civis vietnamitas foi morto sem piedade, destruídos por metralhadoras, executados com pistolas ou explodidos por granadas atiradas em suas casas. Algumas estimativas dizem que mais de 500 pessoas morreram em My Lai. A aldeia foi totalmente destruída.

Chocado, Ridenhour teve dificuldade em acreditar no que tinha ouvido. Mas, ao longo do ano seguinte, ele juntou pedaços da história de soldados que fizeram parte da Companhia Charlie ou que conheciam homens que o fizeram. Os detalhes que ouviu eram horríveis e terrivelmente consistentes. Ele reuniu os fatos da melhor maneira que pôde e, ao retornar aos Estados Unidos, no final de sua missão, escreveu tudo em uma carta. Ridenhour enviou sua carta a 30 pessoas, incluindo membros do Congresso, o presidente e funcionários do Pentágono:

> Exatamente o que aconteceu, de fato, na aldeia [de My Lai] em março de 1968, não sei ao certo, mas estou convencido de que foi algo muito obscuro. Continuo irrevogavelmente convencido de que, se você e eu realmente acreditamos nos princípios da justiça e da igualdade de todos os homens, por mais humildes que sejam, perante a lei, que constituem a espinha dorsal deste país, devemos exigir uma ampla investigação pública desse assunto, com todos os nossos esforços combinados.[2]

A carta de Ridenhour desencadeou uma investigação interna pelo Exército, que resultou em várias acusações. No final das contas, apenas um homem, o tenente William Calley, foi condenado por crimes cometidos em My Lai. Quando o povo norte-americano ficou sabendo do massacre e das evidências de que ele havia sido encoberto, as histórias dividiram o país. O apoio público à guerra no Vietnã foi ainda mais corroído. Mas, ao mesmo tempo, muitas pessoas reagiram com raiva a Ron Ridenhour e a outros denunciantes por tomarem atitudes que consideraram uma traição antipatriótica que minou as tropas. Em 1974, seis anos após o massacre em My Lai, William Calley, a única pessoa já responsabilizada, foi perdoado pelo Presidente Richard Nixon.

Ron Ridenhour tornou-se um estimado jornalista investigativo. Mais tarde, refletindo sobre sua experiência ao revelar as atrocidades cometidas por soldados em My Lai, ele escreveu: "A questão mais frequentemente colocada a mim não era por que eles tinham feito isso, mas por que eu o fizera."[3]

Neste capítulo, explicamos como as identidades sociais motivam as pessoas a expressarem dissidência. Embora a maioria das pessoas presuma que bons membros do grupo cumprem as normas sociais e suprimem as críticas de seus grupos, nossa pesquisa sugere que a forma mais profunda de lealdade de grupo muitas vezes envolve a expressão de desacordo quando as pessoas pensam que é necessário salvar os valores e objetivos de seu grupo.

UM DIREITO E UM DEVER

Entre as nações, os Estados Unidos são um país que conhece o valor da desobediência civil, o que torna as reações negativas provocadas por dissidentes e denunciantes como Ron Ridenhour ainda mais surpreendentes. Desde o Boston Tea Party ao movimento pelos direitos civis, o protesto faz parte do DNA norte-americano. A publicação da Declaração de Independência em 1776 fundou os Estados Unidos em um ardente ato de dissidência, defendendo a rebelião não apenas como um direito, mas como um dever:

> Consideramos que essas verdades são evidentes, que todos os homens são criados iguais, que são dotados por seu Criador de certos direitos inalienáveis, que entre estes estão a Vida, a Liberdade e a busca da Felicidade... Mas quando uma longa série de abusos e usurpações... evidencia um desígnio de reduzi-los ao despotismo absoluto, é seu direito, seu dever, derrotar tal Governo e fornecer novos Guardas para sua segurança futura.

O Congresso das treze colônias originais pode ter tido o rei George III em mente, mas suas palavras influenciaram os movimentos de independência até o século XX, à medida que povos ao redor do mundo tentavam derrubar governantes e colonizadores que consideravam ilegítimos.

Em casa, essas palavras inspiraram gerações de cidadãos norte-americanos a questionarem o status quo e a desafiarem as autoridades. No que provavelmente foi seu discurso mais influente, o líder dos direitos civis Martin Luther King Jr. baseou-se amplamente na Declaração da Independência, dizendo: "Ainda tenho um sonho. Está profundamente enraizado no sonho norte-americano. Eu tenho um sonho que um dia esta nação se levantará e viverá o verdadeiro significado de seu credo: Nós consideramos essas verdades como evidentes por si mesmas, que todos os homens são criados iguais."

Assim como Ron Ridenhour vinculou seu protesto à espinha dorsal da fundação do país, King fundamentou o protesto político pelos direitos dos negros norte-americanos nos princípios originais do país. O que King e Ridenhour entenderam foi que os custos da dissidência eram necessários para promover os valores incorporados nos documentos de fundação de sua nação. Em ambos os casos, eles estavam dispostos a pagar um alto preço — do ódio ao assassinato — para garantir que o país vivesse de acordo com seu credo.

PUNIR REBELDES MORAIS

Certas verdades são evidentes por si mesmas, mas o valor da discordância não é uma delas. Acontece que os méritos dos críticos e a retidão dos rebeldes estão nos olhos de quem vê. É fácil, quando se está do lado de fora de uma situação ou olhando para trás, do ponto de vista da história, ter os dissidentes e denunciantes em alta estima, até mesmo considerá-los como heróis. Mas essas pessoas são diferentes quando nos deparamos com elas no presente. Na vida real e em nossos próprios grupos, elas costumam ser encrenqueiras, desordeiras, desviantes, aberrações e dores de cabeça em toda parte.

Os norte-americanos agora celebram um feriado nacional em homenagem a Martin Luther King Jr., durante o qual políticos, empresas e figuras públicas de todos os tipos prestam homenagem a suas palavras e legado. Em 2011, MLK era quase universalmente considerado um herói, e seu índice de favorabilidade nacional era de 94%. Mas, durante a própria era dos direitos civis, as opiniões de MLK soavam controversas. Em 1966, três anos depois de fazer seu discurso "Eu tenho um sonho", apenas 33% dos norte-americanos o viam como uma figura positiva.[4]

O fato é que, no presente, as pessoas muitas vezes se sentem incomodadas com "rebeldes morais" — pessoas que vivem de acordo com seus valores em face de obstáculos significativos.

Benoît Monin e seus colegas estudaram as respostas mistas que as pessoas costumam dar a indivíduos que fazem a coisa certa.[5] Em um experimento, as pessoas foram informadas sobre uma participante anterior que fora solicitada a escrever e gravar um discurso no qual ela teria que expressar publicamente uma opinião contrária às suas crenças pessoais. Os participantes então ouviram o que ela havia gravado. Um conjunto de participantes ouviu alguém obedientemente seguindo as ordens do experimentador, articulando pontos de vista que não eram dela. No entanto, outro conjunto de participantes ouviu alguém se recusar a segui-los, negando qualquer intenção de dizer coisas nas quais ela não acreditava.

Um ato de obediência agradável de um lado e um de desobediência a princípios do outro. Se você fosse um participante, por qual dessas pessoas teria mais respeito? Se for como nós, você assume com bastante segurança que prefere o rebelde de princípios.

Mas você faria isso? Nós faríamos?

O que não dissemos a você foi que, antes de saberem sobre qualquer outra pessoa, metade dos participantes em cada uma das condições também fora solicitada a escrever e gravar seus próprios discursos, e esses participantes, para uma pessoa, atenderam ao pedido do experimentador para expressar uma opinião da qual discordavam. A outra metade não havia recebido tal pedido, e, portanto, eram simplesmente observadores não envolvidos na obediência ou desobediência de outra pessoa.

Os observadores não envolvidos gostavam e respeitavam mais a pessoa que ouviam sendo rebelde do que aquela que ouviam sendo obediente. Eles ficavam impressionados com alguém disposto a defender o que acreditava. Se você chegou à mesma conclusão, provavelmente é porque você, leitor, não se envolveu no experimento.

Mas, para os participantes que haviam sido obedientes, o padrão foi completamente revertido. Eles gostavam e respeitavam mais aquele que fora obediente do que aquele que se rebelara.

Em experimentos subsequentes, as pessoas ouviram sobre alguém que se recusara a completar uma tarefa alegando que ela era racista. De maneira crítica, os participantes ouviram novamente sobre o rebelde depois de terem ou não completado a tarefa potencialmente racista por conta própria. Quando solicitados a citar um traço que eles achavam que descrevia o sujeito rebelde, observadores não envolvidos (cujo próprio comportamento não estava em jogo) disseram que o rebelde moral que se recusou a completar a tarefa racista era "obstinado", "independente", "decidido" e "imparcial". Mas os participantes que já haviam feito a tarefa eles próprios descreveram o mesmo rebelde como "egoísta", "defensivo", "facilmente ofendido" e "confuso". Por que a diferença?

À distância, admiramos os rebeldes morais. Mas, quando eles abalam nossa crença de que somos pessoas inerentemente boas e virtuosas, isso altera nossa perspectiva. Nesses casos, os rebeldes morais nos fazem parecer maus para nós mesmos e para os outros, e tememos que esses indivíduos mais virtuosos nos julguem negativamente.

Quem entre nós nunca viu ou ouviu falar de alguém se comportando de forma antiética ou imoral sob pressão — talvez enganando clientes porque o chefe exigiu ou intimidando um colega de trabalho porque todos acharam engraçado — e pensou: *Eu nunca faria isso!* Mesmo assim, pelo menos algumas vezes, muitos de nós concordamos com coisas das quais discordamos. Ao desobedecer enquanto outros permanecem obedientes, os rebeldes expõem o fato de que várias pessoas muitas vezes não fazem a coisa certa quando enfrentam um dilema moral. As pessoas não reconhecem suas limitações até que alguém mais corajoso as torne conscientes de sua própria fragilidade moral. *Idiota hipócrita!*, pensam.

Acontece que as pessoas não necessariamente apreciam aqueles que fazem o bem, mesmo quando eles estão objetivamente fazendo o bem para seus grupos. Não é de surpreender que as pessoas reajam negativamente aos aproveitadores, o tipo de pessoa que pouco contribui para um projeto de grupo difícil, mas recebe muito crédito quando o projeto é bem-sucedido, ou o tipo que evita pagar impostos, mas depende fortemente dos serviços do governo. O que é mais surpreendente, entretanto, é que as pessoas podem ser igualmente negativas em relação aos membros do grupo altamente generosos.

Os pesquisadores Craig Parks e Asako Stone analisaram as respostas das pessoas a indivíduos que contribuíram muito para um grupo, mas tiraram pouco dele para si.[6] Eles descobriram que, quando oferecida a oportunidade de se livrarem de alguns membros do grupo, as pessoas ficavam tão ansiosas para expulsar os generosos quanto os egoístas!

Quando os pesquisadores perguntaram às pessoas por que elas reagiram daquela forma, algumas disseram que era porque o membro generoso as fazia parecerem ruins, em comparação. Mas também surgiu um segundo tipo de explicação, fundamentada na ideia de que a pessoa generosa estava rompendo com as normas do grupo. Os participantes escreveram: "É estranho alguém doar muito sem receber nada em troca. Se você dá muito, deve usar muito." E: "Eu teria achado tudo bem se não tivesse visto as escolhas de todos os outros e percebido o quanto ele era diferente. Ele é muito diferente do resto de nós."

Na literatura científica sobre como as pessoas respondem aos dissidentes, rebeldes e críticos, verifica-se que há uma variedade de coisas que desencadeiam reações negativas. O fio que os une é que eles ameaçam a identidade das pessoas. Às vezes, como acontece com os rebeldes morais que discutimos, a ameaça é para o senso pessoal dos membros do grupo, mas, muitas vezes, é para suas identidades sociais e para o que eles acreditam ser os interesses e as normas do grupo.

As pessoas defendem as normas de seu grupo porque essas normas as definem e ajudam a coordenar suas ações; elas unificam as pessoas. Por esse motivo, os desviantes tendem a ser rejeitados com mais força em grupos menores, onde podem causar mais danos às normas ou diluir um consenso.[7]

Os violadores das normas são julgados de forma particularmente severa quando suas ações confundem os limites entre os grupos, turvando as distinções que os membros gostam de defender entre "nós" e "eles". Os grupos também tendem a não apreciar o desvio ou a discordância quando estão sob a pressão de um prazo ou envolvidos na competição com um grupo externo.[8] Uma pequena divergência é saudável, mas esse não é o momento! Quando o grupo está em guerra, é hora de manter a boca fechada e se unir em torno da bandeira. Você está conosco ou contra nós!

Mas os grupos que reprimem a dissidência estão jogando um jogo perigoso. Com o tempo, abraçar uma diversidade de opiniões e ouvir críticas é necessário para que os grupos floresçam diante de novos desafios e adversidades. Grupos e organizações que exigem um conformismo quase ritualístico, como os que discutimos no Capítulo 3, estão fadados ao fracasso, mais cedo ou mais tarde.

POR QUE PRECISAMOS DE DISSIDÊNCIA

Para entender os méritos da dissidência, crítica e rebelião, é claro que não podemos confiar inteiramente nas opiniões das pessoas envolvidas na situação imediata. Felizmente, há uma literatura científica considerável sobre as virtudes e desvantagens da dissidência.

Charlan Nemeth, professora e autora do livro *In Defense of Troublemakers* ["Em defesa dos encrenqueiros", em tradução livre], dedicou grande parte de sua carreira à investigação dos efeitos da dissidência. Ela argumenta que os reais benefícios dos dissidentes decorrem menos das ideias que defendem ou das sugestões que fazem e mais da maneira como mudam o modo de pensar do restante de nós.[9]

Quando as pessoas são expostas a ideias defendidas pelo senso comum, seu pensamento tende a ficar preguiçoso e estreito, focado em se a opinião da maioria é correta ou não. Mas, quando ouvem um ponto de vista minoritário, uma perspectiva mais rara, seu pensamento se expande. Elas começam a refletir sobre por que alguém endossaria tal ideia. Verdade seja dita, muitas vezes, elas começam a argumentar contra, mas, ao fazê-lo, são forçados a lançar uma rede mais ampla de pensamento, considerando e, talvez, até questionando suas próprias suposições.

Isso é crítico, porque é assim que a discordância melhora a inovação, a criatividade e a tomada de decisões em grupo. A dissidência é eficaz porque muda a maneira como as outras pessoas pensam. Isso significa que os dissidentes não precisam realmente estar certos para beneficiar o grupo — eles apenas precisam falar o suficiente para fazer os outros pensarem. Sua mera presença desperta pensamentos mais divergentes e abre espaço para que outros expressem pontos de vista alternativos.

Para medir o impacto da dissidência, pesquisadores da Universidade de Michigan manipularam experimentalmente a presença ou ausência de dissidentes em equipes de alunos trabalhando juntos durante um semestre.[10] Ao longo de 10 semanas, 28 equipes se envolveram em tarefas de resolução de problemas e foram avaliadas quanto à originalidade de suas soluções. As apostas eram bastante altas para os alunos, já que esses problemas valiam 40% de suas notas finais.

Em metade das equipes, um dos cinco membros, sem o conhecimento dos demais, foi recrutado pela equipe de pesquisa para servir como dissidente. Isso permitiu aos pesquisadores determinar se a inclusão de um único dissidente na equipe melhoraria seu desempenho ou apenas criaria conflito e a desaceleraria.

Os pesquisadores não selecionaram cegamente os rebeldes. Eles precisavam de pessoas para as quais a divergência ocorresse de forma razoavelmente natural e que se sentissem à vontade para expressar desacordo. Assim, os 14 divergentes eram pessoas que, em um questionário anterior, endossaram afirmações como: "Espero correr riscos no que diz respeito a expressar minhas ideias em meu grupo" e "Valorizo a novidade no comportamento humano". Os pesquisadores forneceram um pouco de treinamento, incentivando esses alunos a serem consistentes e persistentes quando discordavam, mas não a parecerem rígidos. Eles também pediram que expressassem desacordo com seus grupos apenas quando realmente deles discordassem.

No final do semestre, chegaram os resultados.

Adicionar um único dissidente a um pequeno grupo valeu a pena de várias maneiras. As equipes que foram designadas aleatoriamente para incluir um dissidente tiveram um desempenho melhor do que aquelas sem ele. Seu trabalho foi avaliado como mais original por especialistas externos objetivos. Até mesmo os alunos que trabalhavam com dissidentes notaram diferenças. Quando consideraram os padrões de pensamento de seus próprios grupos, eles os classificaram como mais divergentes do que os alunos em grupos sem dissidentes.

Processos semelhantes ocorrem em empresas e organizações. Em um estudo com 7 empresas da Fortune 500, pesquisadores organizacionais usaram estudos de caso detalhados para examinar como as equipes de alta liderança funcionavam em dois momentos: durante os períodos em que tinham sucesso e durante aqueles em que perceberam que não satisfizeram as principais partes interessadas.[11] A dinâmica das equipes de liderança foi drasticamente diferente durante os períodos de sucesso e fracasso.

A importância da identidade compartilhada foi claramente associada aos períodos de sucesso. Nesses tempos, as equipes de liderança pareciam ter sentimentos mais fortes de "destino comum", estavam mais comprometidas em resolver os problemas do grupo, mostravam mais espírito de equipe e estavam mais focadas em objetivos comuns.

De maneira crítica, durante os períodos de sucesso, essas organizações também encorajaram mais dissidência em reuniões privadas, e seus membros foram mais abertos e francos uns com os outros. Isso revela que a dissidência pode florescer junto com um forte senso de identidade compartilhada e um sentimento de espírito de equipe. Na verdade, esses fatores parecem ser partes importantes da receita para o sucesso do grupo, tanto no laboratório quanto no mundo real.

A pesquisa sugere que a dissidência tem mais probabilidade de ser eficaz quando é persistente e consistente. No clássico filme *12 Homens e Uma Sentença*, estrelado por Henry Fonda, um júri considera a culpa ou inocência de um jovem de 18 anos, acusado de matar seu pai. As evidências parecem claras, e, em uma votação secreta inicial, onze dos doze jurados estão prontos para votar culpado. Um jurado quer encerrar as coisas rapidamente porque tem ingressos para um jogo de beisebol.

Apenas um — o jurado número oito — acha que o acusado pode ser inocente e que as provas não são tão sólidas quanto parecem.

Ao longo das próximas horas, suas observações e dúvidas lentamente começam a mudar a opinião dos outros jurados, que também começam a questionar as evidências. Existem resistências no início. Mas até o último proponente de um veredito de culpado acaba cedendo. Os jurados, por unanimidade, declaram o jovem inocente.

O filme é uma história empolgante sobre o dever da dissidência e sobre como um único cético persistente pode mudar a opinião de outras pessoas e alterar o curso da justiça. De modo mais geral, é a disposição dos dissidentes de se manterem firmes em face da oposição que faz com que os outros pensem com mais cuidado. *Essa pessoa deve realmente acreditar no que está dizendo*, pensamos. *Por que isso?*

No entanto, como acontece com tudo o que envolve seres humanos, a história completa da dissidência é complicada. A dissidência não tem consequências uniformemente positivas para os grupos, e, entre os estudos, os resultados são mistos. Em uma metanálise recente, Codou Samba e colegas descobriram que a *dissidência estratégica* entre as equipes da alta administração estava associada a decisões de qualidade e desempenho inferiores.[12] Isso aconteceu porque parecia piorar os relacionamentos entre os membros da equipe e, na verdade, reduzir a consideração cuidadosa das informações.

Porém, é importante ressaltar que o que esses pesquisadores chamam de *dissidência estratégica* reflete não apenas a discordância sobre como um grupo ou organização deve atuar para atingir seus objetivos, mas sobre quais devem ser esses objetivos. No caso de equipes de liderança, esse conflito reflete uma fratura no topo de uma organização sobre o que estão tentando alcançar e, potencialmente, quem são. Como Samba e seus colegas colocaram: "A dissidência estratégica não captura tanto a diversidade de informações e percepções que podem ser integradas de maneira produtiva, mas, em vez disso, representa metas e preferências conflitantes que os membros têm interesse em defender. A dissidência estratégica, portanto, interrompe a elaboração de informações, porque os gerentes são motivados a defender suas posições, em vez de se envolver em uma busca e análise de mente aberta."[13]

Durante seus períodos de sucesso, as 7 empresas da Fortune 500 mencionadas tiveram níveis elevados de dissidência, mas também tinham um espírito de equipe palpável e estavam focadas em objetivos comuns. No contexto de uma identidade claramente compartilhada, a discordância é benéfica. Para equipes que não têm uma identidade compartilhada ou cuja identidade é seriamente questionada, a dissidência é mais desafiadora e difícil, e nem sempre se associa imediatamente a melhores decisões ou desempenho.

Isso não quer dizer que essas divergências não sejam importantes. Algumas vezes, é vital que os grupos — seja no topo de uma hierarquia administrativa ou na sociedade de forma mais ampla — debatam e reformulem seus objetivos, quem são e o que representam. Mas é improvável que esse processo seja fácil.

Para captar os benefícios potenciais da dissidência, os grupos precisam superar dois obstáculos: eles precisam ter membros dispostos a expressar opiniões divergentes, e os outros membros precisam ser capazes e estar dispostos a ouvir com curiosidade, em vez de em forma defensiva. Ambas as respostas são baseadas em identidades fortes e seguras.

AS PESSOAS SÃO OVELHAS?

Embora dissidência, desvio, crítica e agitação sejam importantes, os cientistas dedicaram muito mais tempo e energia para compreender seus lados opostos: conformidade, complacência e obediência. O foco dos psicólogos na conformidade é rastreado até dois eventos-chave na história da disciplina.

Um desses eventos foram os experimentos de conformidade conduzidos por Solomon Asch, nos quais as pessoas concordavam com os julgamentos errôneos de outras pessoas, apesar das evidências de seus próprios olhos.[14] Como descrevemos no Capítulo 2, os participantes desses estudos receberam uma tarefa visual extremamente fácil de resolver: identificar quais das várias linhas tinham o mesmo comprimento. Todos podiam fazer a tarefa muito bem até que as pessoas que respondiam antes deles começassem a dar respostas erradas. De repente, os participantes eram confrontados com a pressão para se conformar e cediam em cerca de um terço das vezes, respondendo às perguntas incorretamente para acompanhar o grupo.

O segundo grande evento foi uma série de estudos conduzidos alguns anos depois pelo psicólogo de Yale Stanley Milgram.[15] Ele expandiu as descobertas de conformidade de Asch examinando como uma única pessoa poderosa pode moldar o comportamento quando as apostas eram muito maiores do que estimar linhas.

Ele recrutou residentes de New Haven, Connecticut, para um experimento sobre como a punição afeta o aprendizado. Os participantes chegaram à Universidade de Yale em pares e foram recebidos por um experimentador com um jaleco. Assim como Asch, Milgram encenou a situação de modo que apenas um membro de cada par estivesse lá como um verdadeiro objeto de estudo — o outro trabalhava secretamente para a equipe de pesquisa. Os participantes reais foram designados para ser o "professor" do experimento; eles foram informados que testariam a memória de um parceiro designado para ser o "aluno".

O professor foi solicitado a ler listas de pares de palavras para o aluno, que então teria que as recitar de volta. A diferença era que, sempre que o aluno cometia um erro, o professor tinha que aplicar um choque elétrico crescente como punição. Os choques começavam baixos, em 15 volts, mas aumentavam 15 volts a cada erro. Conforme o estudo progredia, e o aluno cometia mais erros, as tensões exigidas eram rotuladas com avisos cada vez mais proibitivos: choque intenso, perigo de choque severo e, finalmente, xxx a 450 volts.

Quando os choques eram aplicados pelo professor, o aluno era instruído a emitir queixas cada vez mais intensas, expressões de dor e pedidos para parar antes de ficar em um silêncio ameaçador. Se o professor protestasse, o experimentador respondia com firmeza: "Por favor, continue", "O experimento exige que você continue", "É absolutamente essencial que você continue" e, finalmente, "Você não tem absolutamente nenhuma escolha a não ser continuar". Na realidade, é claro, não havia choques, e todo o cenário era um ardil.

Você daria choques em um completo estranho, apesar de ouvi-lo gritar de agonia ou reclamar de problemas cardiovasculares? A maioria das pessoas diz que não.

Antes de conduzir seu experimento, Stanley Milgram perguntou a um grupo de psiquiatras como eles achavam que as pessoas reagiriam quando instruídas a administrar choques aparentemente perigosos em outro participante. O consenso dos médicos era o de que apenas uma pessoa em mil concordaria.

Os especialistas estavam totalmente errados. Na versão padrão do experimento, quase dois terços dos participantes obedeceram totalmente às instruções do experimentador. A maioria das pessoas deu o nível máximo de choque a um aluno aparentemente inconsciente simplesmente porque foi instruída a fazê-lo por um homem vestindo um jaleco.

Nem nos estudos de Asch nem nos de Milgram as pessoas estavam felizes com a situação em que se encontravam. Os participantes de Asch pareciam confusos enquanto tentavam descobrir o que diabos estava acontecendo. *Como todo mundo pode estar enganado? Há algo de errado com os meus olhos?* Muitos dos participantes de Milgram questionaram o experimentador. *Tem certeza? Não deveríamos ver como ele está?* Ao que o experimentador respondia, de forma implacável: "Continue, a experiência deve continuar." E muitos deles continuaram até o fim, dando choques em um homem aparentemente indefeso na sala ao lado repetidamente.

Inicialmente, os resultados desses estudos foram surpreendentes e provocativos para as pessoas. Eles iluminaram aspectos do comportamento humano que poucos esperavam. Muitas pessoas viram paralelos entre os experimentos de Milgram e as atrocidades do Holocausto. Mas as ideias mudam, e essas descobertas rapidamente passaram de revelações chocantes para a sabedoria comum, pelo menos entre os cientistas sociais. As lições de Asch e Milgram pareciam claras. As pessoas são altamente conformistas; elas são como ovelhas mesmo em face da pressão moderada de seus pares. As pessoas também obedecem cegamente à autoridade, e essa obediência irrefletida pode levá-las a participar de um grande mal.

Em livros didáticos e populares de psicologia, muitas vezes essas ainda são as lições extraídas desses estudos. Mas a compreensão dos especialistas sobre essas questões continua a evoluir, e os cientistas sociais as interpretam de maneira diferente hoje. As lições desses estudos clássicos possuem mais nuances e são mais complexas — e podem até surpreender as pessoas que os avaliaram há muito tempo. Em cada caso, a história tem muito mais a ver com identidades sociais do que se entendia anteriormente.

NÃO SOMOS OVELHAS, AFINAL

Como pós-graduandos da Universidade de Toronto, nós dois passamos muitas horas nos sebos do Annex, um bairro movimentado adjacente ao campus do centro da cidade. Protelando o trabalho de nossa dissertação, poderíamos convencer-nos de que estávamos sendo produtivos, verificando diligentemente a seção de psicologia de cada loja. Olhando preguiçosamente para as prateleiras um dia, Dom viu um exemplar de *Obedience to Authority* ["Obediência à Autoridade", em tradução livre], o livro no qual Stanley Milgram descreveu de forma abrangente seus estudos sobre a obediência, a apenas US$6,99. Ele o agarrou.

Em geral, é seguro presumir que, quanto mais famosa uma pesquisa, menos provável é que as pessoas tenham realmente lido o relato original. Mais de um milhão de alunos faz uma introdução às aulas de psicologia a cada ano, e a maioria deles aprende a versão de livro dos estudos de Milgram. Depois de releituras suficientes, os estudos tornam-se mitos — as principais descobertas são ampliadas, enquanto os detalhes críticos e o contexto são lentamente perdidos para as gerações futuras.

Os alunos também aprendem que a pesquisa de Milgram era eticamente duvidosa, porque enganava as pessoas para elas se comportarem mal, e que nada como isso seria permitido hoje. Qual era a necessidade, então, de tirar o pó da fonte primária? Com um milhão de outras coisas para ler, quem teria tempo para isso?

Ainda procrastinando, no entanto, Dom encontrou tempo, e isso o levou a uma nova descoberta fascinante.[16] Milgram dirigiu uma variedade de estudos sobre obediência. Em cada estudo, ele manipulou uma característica diferente da situação para tentar descobrir quais fatores afetavam as taxas de obediência. Ele descobriu que aumentar a proximidade física entre a pessoa que aplicava o choque e a que o levava diminuía a obediência. Ele descobriu que as mulheres respondiam da mesma maneira que os homens. Também descobriu que o fato de o experimentador dar instruções ao telefone reduzia a obediência, embora alguns participantes sentissem a necessidade de mentir e dizer ao experimentador ausente que continuaram a dar choques no infeliz aprendiz.

O livro de Milgram forneceu os dados brutos para muitos desses estudos. Uma tabela indicava o número de pessoas que pararam de participar em todos os pontos de tensão, de 15 volts até 450. À medida que Dom lia sobre cada variante do estudo, seus olhos eram cada vez mais atraídos para esses dados e, em particular, para os participantes desobedientes. Ele ficou fascinado por aquelas pessoas que se retiraram antes de atingirem o choque final, de 450 volts — as pessoas que haviam discordado diante de uma figura de autoridade cruel. Quem eram esses rebeldes morais?

Para a surpresa de Dom, ele começou a ver um padrão para essa desobediência. O livro de Milgram não fazia menção a esse padrão, e Dom não tinha ouvido ninguém falar sobre isso antes. Seus olhos o estavam enganando? Demorou alguns minutos para inserir dados de vários estudos de Milgram em uma planilha e representá-los em um gráfico. Ele se virou para Jay, sentado bem atrás dele no escritório, e perguntou: "Estou vendo isso direito?"

Em cada experimento, havia 29 pontos no tempo em que um participante poderia desobedecer ao experimentador, variando de 15 volts no primeiro teste a 435 volts no penúltimo. No entanto, quando Dominic olhou os dados de perto, os pontos em que os participantes realmente desobedeceram não foram uniforme ou aleatoriamente organizados entre essas possibilidades. Em vez disso, a desobediência parecia atingir o pico em momentos específicos e em um, especialmente: um momento-chave da verdade parecia ter ocorrido quando era hora de aplicar o choque de 150 volts.

O que havia de tão especial em 150 volts? Por que esse ponto do estudo era diferente de 135 volts ou 165 volts? Dominic voltou atrás para encontrar os métodos originais para entender isso.

Como observamos, o aluno nos estudos de Milgram seguiu um roteiro, proferindo uma série crescente de reclamações, súplicas e expressões de dor para cada participante à medida que os choques aumentavam. Suas expressões de dor aumentavam de intensidade até ele finalmente ficar em silêncio.

Mas o ponto de 150 volts era qualitativamente diferente. Era a primeira (mas não a última) vez em que o aluno pedia especificamente para ser liberado do experimento. Ele gritava: "Experimentador, tire-me daqui! Eu não ficarei mais no experimento! Eu me recuso a continuar!"

Esse primeiro pedido foi um ponto de inflexão. Os participantes enfrentavam uma escolha crucial: ou eles ouviam e cumpriam os desejos do aluno ou obedeciam às instruções do experimentador, caso em que provavelmente continuariam até o fim.

Solicitações semelhantes feitas pelo aluno à medida que o estudo avançava não tinham o mesmo efeito. Era a primeira que realmente importava. E, embora as expressões de dor do aluno continuassem a crescer à medida que os choques aumentavam, as taxas de desobediência não eram afetadas, sugerindo que a decisão de parar de dar choques em outro ser humano não foi motivada por reações empáticas ao seu sofrimento. Outra coisa estava acontecendo.

Então, o que motivou suas decisões? Uma análise recente de Steve Reicher, Alex Haslam e Joanne Smith sugere que experimentar um senso de identidade compartilhada, seja com o experimentador, seja com o aluno, provavelmente desempenhou um papel fundamental nas escolhas dos participantes.[17] E foi na marca de 150 volts que os participantes tiveram que escolher um lado: eles estavam em qual time, do experimentador ou do aluno?

A incapacidade de replicar diretamente a pesquisa de Milgram bloqueou muitas investigações, mas esse trio de pesquisadores veio com uma solução alternativa inteligente. Meio século após a pesquisa original, eles contaram aos participantes, incluindo um grupo de psicólogos especialistas e um grupo de alunos de graduação, sobre as diferentes versões dos experimentos de Milgram. Para cada variante do experimento, eles pediram a esses participantes que avaliassem o quanto achavam que se identificariam com o cientista e a comunidade científica em comparação com o aluno, como membro do público em geral.

As pessoas pensavam que se identificariam mais com o experimentador e menos com o aluno em algumas variantes dos estudos de Milgram, como quando o aluno estava fisicamente remoto. Para outras versões, elas pensavam o contrário, como quando o experimentador estava literalmente ligando.

Tomando essas classificações atuais de identificação, os pesquisadores testaram se podiam prever o que os participantes reais dos experimentos originais haviam feito na década de 1960. E eles podiam! As crenças dos participantes dos dias de hoje de que eles se identificariam com o experimentador previram fortemente uma maior obediência nos experimentos originais de Milgram conduzidos cinco décadas antes. Em contraste, suas crenças de que se identificariam com o aluno previam fortemente menos obediência nos estudos originais.

Obediência e desobediência, então, ambas parecem ser uma questão de identidade. Você está do lado de quem? Você está com o cientista de jaleco, com tudo o que ele representa sobre conhecimento, progresso e experiência? Ou está com o público, com todos os direitos de um concidadão? Uma vez que as pessoas tomaram essa decisão, ela moldou sua disposição de se envolver em dissidência ou continuar no caminho da crueldade.

CONFORMIDADE RACIONAL E DISSIDÊNCIA IRRACIONAL

Pouco depois de Dom publicar sua análise dos dados de Milgram sobre obediência, ele conheceu Bert Hodges. Hodges e seus colegas tinham acabado de inverter o roteiro dos famosos experimentos de percepção de linha de Solomon Asch.[18] Nos estudos originais da década de 1950, os participantes viram claramente as respostas corretas em uma tarefa visual, mas ouviram que todos os outros entendiam errado, o que os levou a se conformar. Nessa nova versão, o estudo foi configurado de forma que os participantes pudessem ouvir as respostas de outras pessoas, mas eles próprios não pudessem ver claramente a tarefa. Os participantes tinham que identificar palavras projetadas em uma tela na frente da sala, mas ficavam sentados de forma que era difícil decifrar a resposta certa. Como ocorreu nos estudos de Asch, outros participantes — que podiam ver claramente as palavras — responderam primeiro.

Imagine-se no lugar do participante. Não por sua culpa, você não consegue ver bem o suficiente para completar a tarefa de maneira adequada. Felizmente, porém, outras pessoas podem e estão respondendo antes de você. O que você faria? Embora conformar-se com respostas obviamente incorretas no estudo original de Asch fosse desconfortável, aqui, conformar-se com as respostas presumivelmente corretas de outras pessoas faria todo o sentido. Em sã consciência, você pode se sentar, relaxar e acompanhar a multidão.

E isso é o que os participantes faziam em cerca de dois terços das vezes. Mas, nos outros testes, eles fizeram algo contraintuitivo: adivinharam e inventaram uma resposta que provavelmente estava errada. Em aproximadamente um terço das vezes, as pessoas optaram por não recorrer às informações que receberam de outras pessoas com mais conhecimento. Surpreendentemente, essa proporção de comportamento não conformista "irracional" era quase igual à proporção de comportamento conformista "irracional" do estudo original, o que também ocorreu cerca de um terço das vezes.

Mas o comportamento das pessoas tanto no estudo original de Asch quanto nos de conformidade invertida são irracionais apenas se assumirmos que as pessoas são motivadas por um e apenas um objetivo: o desejo de ser preciso. Claramente, elas não são. Os participantes originais de Asch também foram motivados pelo objetivo de se encaixar, ser amados e aceitos pelos outros. Mas essa meta também não absorvia as pessoas a ponto de elas se conformarem o tempo todo.

As pessoas possuem vários objetivos. Quase sempre estão tentando realizar mais de uma coisa por vez, e as ações que decidem realizar geralmente refletem uma tentativa de equilíbrio entre elas. Quando está com outras pessoas, você se esforça para ser um bom parceiro social, e, quando está em um grupo, busca ser um membro sólido, contribuidor e útil. Existem várias maneiras de fazer isso. É importante ser preciso e fornecer informações corretas. Mas também o é estabelecer relacionamentos amigáveis e de confiança, e também dizer a verdade sobre quem você é, em um sentido mais amplo do que simplesmente dar uma resposta objetivamente certa.

Todo mundo já esteve nessa situação. Você está sentado com amigos, colegas de trabalho ou familiares, e todos concordam sobre algo que você sabe que é totalmente ridículo. "*Cats* é um ótimo filme!", "Gemada é deliciosa e nem um pouco enjoativa!", "Gatoelho é o que acontece quando um gato acasala com um coelho — e eles realmente existem!" Mas, à medida que o justo desejo de corrigir seus compatriotas borbulha, você o empurra de volta para baixo. *Vamos manter a paz,* você pensa. Você está se divertindo; pode corrigir o erro mais tarde. Sua verdade mais ampla é *estou aqui, sou um de vocês e quero fazer isso com todos vocês funcionar.*

Isso era o que os participantes dos experimentos originais de Asch estavam fazendo: equilíbrio entre objetivos. Eles estavam andando na corda bamba entre dar respostas precisas que os colocavam em desacordo com os outros e dar respostas comodistas, que sinalizavam a disposição de seguir o fluxo para manter uma boa posição no grupo. Na versão invertida do experimento, ocorreu um ato diferente na corda bamba. Aqui, as pessoas buscavam um equilíbrio entre ser precisas — o que significava espelhar as respostas dos outros — e fazer contribuições únicas para o grupo. Por mais que nos destacarmos da multidão seja desconfortável, também não gostamos de sentir que estamos copiando os outros, sem pensar o tempo todo. Ao divergir de vez em quando, os participantes mantêm um certo grau de independência e também sinalizam para os outros que não devem ser considerados boas fontes de informação, um reconhecimento útil quando sua visão está obscurecida.

Esses estudos revelam algumas lições críticas sobre a natureza humana. Primeiro, as pessoas não obedecem cegamente às autoridades. Resistência e dissidência fazem parte da natureza humana tanto quanto a conformidade. Em vez disso, o que importa é com quem nos identificamos: Estamos alinhados com aqueles que ocupam posições de autoridade ou com pessoas mais comuns, cujos desejos e direitos consideramos que devem ser ouvidos e levados em consideração?

Segundo, as pessoas não são inevitavelmente parecidas com ovelhas diante da pressão de seus colegas. É verdade que nos adaptamos ao comportamento dos outros, e por boas razões. Mas também temos boas razões para não nos conformarmos. Quando escolhemos nos desviar, geralmente não é porque não nos importamos com o que os outros pensam ou porque queremos ser difíceis. Costumamos nos desviar porque queremos ser úteis para os nossos grupos.

Os grupos tendem a tomar melhores decisões quando as pessoas podem expressar pontos de vista divergentes. Um pouco de discordância injeta uma peça vital de nova informação, amplia o pensamento das pessoas e deixa o ambiente confortável para os outros falarem. E, às vezes, a discordância simplesmente nos faz reavaliar as suposições mais uma vez, confirmando com um pouco mais de confiança que estamos no caminho certo.

AS ESCOLHAS QUE ENFRENTAMOS

Então, quando as pessoas farão esse trabalho importante? E como os grupos, sejam coalizões de bairro, organizações de trabalho ou mesmo Estados-nação, podem promover níveis saudáveis de dissidência?

Imagine alguns cenários. Você é um guarda de fronteira e notou uma tendência entre seus colegas de trabalho de questionar certos tipos de viajantes de forma mais agressiva do que outros. Ou você trabalha para uma empresa de médio porte e é prática comum que os funcionários de sua equipe passem algumas horas por dia nas redes sociais, em vez de fazerem seu trabalho. Ou você trabalha para uma pequena startup em que todos, do chefe para baixo, competem para ser os mais trabalhadores, trabalhando até tarde, aos fins de semana e se gabando de como estão ocupados. Ou talvez você seja membro de uma organização voluntária em que as pessoas não têm vergonha de expressar seu desdém pelos que discordam deles em termos políticos, mesmo sabendo que eles trabalham diligentemente — e silenciosamente — entre vocês.

Para descobrir o que fazer nesse tipo de situação, há uma série de perguntas. A primeira é bastante simples: *Você discorda da norma ou concorda com ela?* Talvez você nunca tenha pensado nisso antes — nunca se perguntou, por exemplo, se pagar pessoas para navegarem nas redes sociais é um bom uso dos recursos da sua empresa. Ou você pensou sobre a norma, mas não tem problema com isso. Alguns tipos de pessoas deveriam, você pode acreditar, ser questionados mais intensamente do que outros na fronteira. Ou se as pessoas quiserem trabalhar muitas horas em sua startup, tudo bem — isso é com elas. Se você não discorda da norma, provavelmente não a questionará. Se você discordar, pode ser que o faça.

Mas, então, precisamos fazer uma segunda pergunta: *Quanto você se identifica com o grupo?*[19] A identificação é importante, porque influencia os interesses que você está motivado a perseguir. Mesmo nos melhores momentos, a discordância é difícil; lembre-se de como as pessoas reagem aos rebeldes morais. A dissidência não vale a pena, a menos que você se preocupe profundamente com o grupo, seus companheiros e seu futuro coletivo.

Digamos que você esteja fracamente identificado com o grupo. Em outras palavras, você discorda de uma norma em um grupo com o qual não se importa significativamente. Diante dessa situação, você investe seu tempo e energia para discordar? Se expõe às críticas sociais que vêm junto com isso? Provavelmente, não. Nesse caso, é bem provável que você se desligue ainda mais do grupo. Você pode expressar sua opinião para seus amigos externos, mas não na esperança de mudar a opinião de alguém ou tornar o grupo um lugar melhor. Dependendo da gravidade do seu conflito com a norma, você pode até o abandonar. Tchau, otários!

Mas e se esse for um grupo com o qual você se preocupa? Nesse caso, a dissidência pode valer a pena. Você investe no grupo e deseja que ele tenha sucesso. Você quer que seja um grupo respeitado, de sucesso, ético e moral. Nesse caso, você *pode* se sentir motivado a desafiar seu grupo a mudar para melhor.

Você se preocupa com o fato de que tratar alguns viajantes de maneira diferente ao cruzar a fronteira mine a confiança das pessoas nos agentes de fronteira, prejudique sua eficácia ou reduza a moral. Você acha que alguns dos problemas de desempenho recentes de sua equipe poderiam ser resolvidos se as pessoas se concentrassem um pouco mais em seus empregos e menos em postar selfies no Instagram ou aprimorar seus currículos no LinkedIn. Você percebe que a cultura competitiva de "Quem trabalha mais?" em sua startup está queimando pessoas boas e eliminando certos tipos de pessoas, especialmente mulheres com filhos. Você se preocupa com o fato de que essa cultura não é sustentável em longo prazo e prejudica sua capacidade de reter os melhores talentos. Ou, dentro de sua organização de voluntariado, altamente dedicada, você acredita que é importante, por uma questão de princípios, que as pessoas que pensam de forma diferente sejam tratadas com respeito.

Quando você vê um problema e se preocupa com o grupo, a probabilidade de realmente discordar depende da resposta a uma terceira pergunta: *Quais são as consequências da dissidência?* Existem dois tipos de consequências potenciais importantes: as que afetam você como indivíduo e as que afetam o grupo como um todo.

As consequências para o indivíduo são importantes. Como vimos, o desvio costuma ser recebido com reações negativas, que podem doer ainda mais quando vêm de compatriotas próximos, de um grupo querido. Sua devoção ao grupo pode ser suficiente para que você arrisque sacrificar a boa vontade e a aceitação dos outros, mas, à medida que a gravidade das sanções pessoais aumenta, também aumentará seu desconforto e falta de vontade de falar. As consequências para o grupo começam a importar. Se você acha que, apesar de uma recepção negativa, sua dissidência tem uma chance boa de mudá-lo — de tornar as coisas melhores —, você ainda pode ir em frente. Mas, se sentir que conseguir a mudança é improvável ou impossível, discordar pode parecer que não vale a pena. Essa é a análise de custo-benefício da dissidência.

Podemos traçar o caminho para sua decisão provável por meio de uma série de caminhos bifurcados. Primeira bifurcação: Você discorda da norma? Segunda: Você está fortemente identificado com o grupo? Terceira: Os benefícios potenciais da divergência superam os custos potenciais? Se a resposta a todas essas perguntas for sim, é bem provável que você manifeste a sua discordância.

DISSIDÊNCIA INSPIRADORA

Celebramos dissidentes e críticos como heróis genéricos ou quando podemos mantê-los à distância. Também gostamos de pensar em nós mesmos como o tipo de pessoa que corajosamente falaria abertamente quando percebesse uma transgressão ou pensasse que existe uma maneira melhor de realizar as coisas. Mas as pesquisas sugerem que, quando confrontados com dissidentes reais — com rebeldes morais —, as pessoas ficam desconcertadas e reagem depreciando-os ou rejeitando-os. E, quando encontram divergências substantivas com seus grupos, as pessoas permanecem em silêncio ou se distanciam, em vez de reunirem coragem para tentar mudar as situações.

Se os membros do grupo ou líderes quiserem fazer algo sobre esse estado de coisas, quiserem criar culturas em que as pessoas falam quando algo está errado, o que devem fazer? Se esperamos criar grupos nos quais as pessoas sejam livres para expressar suas perspectivas e tenham a capacidade de aprender com pontos de vista divergentes, como poderíamos fazer isso?

Em algumas de nossas pesquisas, nós nos concentramos na primeira bifurcação, pedindo às pessoas que pensassem em maneiras pelas quais as normas seriam prejudiciais a seus grupos.[20] Assim que conseguimos que as pessoas pensassem sobre esses problemas, membros fortemente identificados ficaram mais dispostos a expressar opiniões divergentes. Na verdade, eles estavam mais dispostos a discordar do que os fracamente identificados *e* do que os fortemente identificados que haviam pensado em como uma norma era prejudicial para eles mesmos, em termos pessoais.

A chave para a discordância ocorreu quando as pessoas viram o mal para um grupo com o qual se importavam.

Também testamos maneiras mais sutis de levar as pessoas a pensar criticamente sobre o que seus grupos estão fazendo.[21] Em particular, fazer as pessoas pensarem de forma mais abstrata parece abri-las para pensamentos divergentes sobre o comportamento do grupo. Existem diferentes maneiras de fazer as pessoas pensarem abstratamente, mas uma forma comum é encorajar o pensamento a longo prazo em oposição ao de curto prazo. Quando pensamos em curto prazo, concentramo-nos em necessidades e objetivos imediatos. Frequentemente, isso envolve um senso de urgência — *só precisamos fazer isso* — e a sensação de que agora não é o momento para levantar questões ou dúvidas.

Quando pensamos em longo prazo, no entanto, ficamos mais atentos à possibilidade de mudança e melhoria. Pensar em cinco ou dez anos à frente levanta a questão: "Ainda queremos fazer isso, então?" Seremos capazes de fazer a transição de uma empresa iniciante para uma lucrativa se continuarmos a queimar as pessoas com horas de trabalho absurdas? As preocupações de hoje com a segurança nacional serão as mesmas amanhã, e, se não, como consertar as relações com as comunidades se as prejudicarmos com um tratamento diferente agora? Se não conseguirmos que os funcionários passem menos tempo online e mais tempo fazendo seu trabalho, existiremos em cinco anos? O preconceito político dentro de nossa organização de voluntários está afastando contribuidores dedicados e minará nossa credibilidade?

Para investigar o papel do tempo na dissidência, estudamos os apoiadores do Partido Republicano e sua disposição para desafiar as posições populares dentro de seu partido.[22] Em um caso, por exemplo, perguntamos às pessoas se estariam dispostas a expressarem publicamente sua preocupação sobre a oposição do Partido Republicano ao Affordable Care Act, também conhecido como Obamacare.

Três coisas importavam em termos de sua disposição de falar. Primeiro, como já discutimos, eles tiveram que discordar da posição padrão do partido — e alguns discordaram. Segundo, eles tinham que ser fortemente identificados com o Partido Republicano. E, terceiro, eles tinham que se preocupar com as consequências *futuras* para o próprio Partido Republicano. Nesse caso, eles tinham que se preocupar com o fato de que a oposição ao sistema de saúde com financiamento público prejudicaria as perspectivas do partido em futuras eleições. Quando essas três coisas se alinharam, observamos uma maior disposição para discordar.

Para os aspirantes a agentes de mudança, sugeriríamos algumas coisas. A primeira é que não há problema em se identificar fracamente com um grupo. Nem todo grupo do qual você faz parte vale a identificação. Achamos, por exemplo, que foi uma coisa boa quando os participantes dos experimentos de Milgram não se identificaram com o experimentador. Essa falta de identificação com a autoridade, e a identificação com o aluno, em vez disso, levou as pessoas a fazerem o certo e desobedecerem a instruções prejudiciais.

Segundo, para estar em posição de discordar, você deve ser capaz de pensar criticamente sobre o que seu grupo está fazendo. Você tem que experimentar algum tipo de desacordo. Isso parece simples, mas não é. Se todo mundo gasta tempo nas redes sociais no trabalho, isso se torna um padrão, ou hábito. É assim que as coisas são feitas, e talvez você nunca pense duas vezes. Se todos trabalharem em horas insanas, pode não parecer insano; é apenas a realidade de como trabalhamos. No momento em que essas normas se tornam problemáticas, muitas pessoas dentro do grupo as racionalizam e internalizam, pensando que, se não trabalharem por muitas horas, a empresa irá à falência ou a equipe fracassará.

Às vezes, padrões ruins se desenvolvem e pioram com a mesma lógica que levou os participantes de Milgram a dar um choque em alguém (ou assim acreditavam) de 450 volts. Um choque de 15 volts não parece tão ruim. As pessoas podem racionalizar e aumentar a voltagem para 30, depois para 45 volts e assim por diante. Cada pequeno passo torna o próximo mais fácil. Assim que passarem da marca de 150 volts, elas provavelmente continuarão, indo até 450 volts. O que antes parecia impensável torna-se rotina.

Quando as desvantagens potenciais para as normas do grupo são apontadas, entretanto, muitas pessoas as veem imediatamente, embora elas mesmas possam não ter notado espontaneamente. Para fazer isso, é necessário ampliar o foco do presente ou tarefa imediata para o futuro ou para o significado mais amplo das coisas. Pode ser por isso que a discordância tende a ser maior entre as pessoas que pontuam mais alto no traço de personalidade de abertura para a experiência.[23] Pessoas que são altamente abertas tendem a pensar sobre as coisas de maneiras mais criativas e abstratas, fazendo mais conexões entre pensamentos díspares. Eles também tendem a buscar experiências mais únicas, o que pode expô-los a perspectivas divergentes.

Se você faz parte de um grupo com o qual se identifica fracamente, vale a pena prestar atenção ao observar que está se conformando de maneiras que o incomodam. Normalmente, você não sente que precisa trabalhar aos fins de semana, mas o faz quando o gerente regional está na cidade. Você não zomba de outras pessoas que discordam de você politicamente, mas de alguma forma se pega fazendo isso na companhia de seus colegas. Essas mudanças de comportamento são um sinal de que você não é indiferente à norma; que, na verdade, você pode ter um problema com isso. Sentir-se obrigado a mudar suas ações em relação ao que faria normalmente pode ser um sinal de que algo está errado.

Felizmente, porém, você passa a maior parte do tempo em grupos com os quais se preocupa e com os quais se identifica. Aqui, você está motivado a fazer o que acredita ser o melhor para o grupo e quer fazer o certo por ele. Mas o que é melhor para o grupo? E o que significa fazer o certo pelo grupo? Essas são as questões-chave.

Se, como líder, você deseja encorajar as pessoas a discordarem com mais frequência quando veem um problema e evitar uma cultura de pensamento de grupo, suas alavancas residem na bifurcação do caminho de tomada de decisão, que descrevemos. As pessoas precisam pensar de forma crítica o suficiente para experimentarem o desacordo. Elas precisam se identificar fortemente com o grupo e se importar o suficiente para falar. E, é claro, as pessoas precisam pensar que as consequências da divergência valem a pena. Se os custos prováveis forem muito altos ou os benefícios prováveis, muito baixos, a divergência é improvável.

Faça as pessoas pensarem a longo prazo sobre o que seu grupo está tentando fazer. Nas organizações, se o chefe estiver interessado predominantemente em resultados de curto prazo ou se a administração pular de uma crise imediata para outra, os funcionários adotarão o mesmo enfoque. Eles sentirão que precisa ser assim. No entanto, se de vez em quando os líderes param para perguntar sobre as consequências de longo prazo ou sobre onde as pessoas querem estar em dez anos, outros se sentirão autorizados a pensar dessa maneira também. Uma obsessão por retornos trimestrais pode ser um dos incentivos mais poderosos para promover o pensamento de grupo e minar a dissidência — e uma dinâmica semelhante pode afetar os políticos presos em ciclos eleitorais perpétuos.

Os líderes devem ficar especialmente atentos aos sinais que enviam sobre os custos da dissidência. Por mais que as pessoas possam relutar em se desviar dos colegas, a pressão para manter a boca fechada é muitas vezes maior em situações hierárquicas e quando o chefe está por perto. As pessoas estão mais dispostas a falar em grupos e organizações quando acreditam que oferecer ideias e opiniões divergentes não é arriscado e, especialmente, se isso for explicitamente valorizado. Os líderes de todos os níveis desempenham um papel fundamental na criação desse sentimento de "segurança psicológica".[24]

A psicóloga organizacional Amy Edmondson estudou como os líderes promoviam a segurança psicológica em equipes de cirurgia cardíaca à medida que aprendiam uma nova maneira de conduzir tais cirurgias.[25] A nova técnica cirúrgica exigia que essas equipes, compostas por cirurgiões, anestesistas, enfermeiras e técnicos, trabalhassem como unidades perfeitamente coordenadas, apesar das grandes diferenças de treinamento, formação e, certamente, status. E as apostas eram incrivelmente altas — sua capacidade de se comunicar era literalmente uma questão de vida ou morte.

Ela observou que as equipes cirúrgicas nas quais os membros tinham voz e se sentiam à vontade para falar foram mais bem-sucedidas na adoção da nova técnica de salvamento. Ela descobriu que alguns cirurgiões, os líderes de equipe, eram melhores na criação desse tipo de segurança psicológica do que outros. Os líderes de equipes mais bem-sucedidas investiram mais energia para comunicar a importância de sua missão — aprender a nova técnica. Mas eles também trabalharam mais para reduzir as disparidades de poder dentro de suas equipes, tentando colocar todos em condições de igualdade. Quando outras pessoas tinham algo a dizer, esses líderes faziam questão de as ouvir e agir. Eles tiveram o cuidado de destacar a importância do papel de cada pessoa e demonstraram humildade ao notar suas próprias limitações. Eles também evitaram uma reação exagerada aos erros, muitas vezes optando por se adaptar e seguir em frente quando um membro da equipe cometia um erro, em vez de chamar a atenção do indivíduo.

Um padrão semelhante foi observado na Google. Eles se propuseram a determinar quais fatores contribuíam para as equipes mais eficazes.[26] Eles analisaram 180 equipes de toda a empresa para identificar conjuntos de habilidades ou tipos de pessoal que representavam o sucesso do grupo. A Google é famosa por processar dados e encontrar padrões — mas, basicamente, não havia padrões a ser encontrados. De acordo com Abeer Dubey, um dos líderes do Projeto Aristóteles (como o estudo era conhecido): "Tínhamos muitos dados, mas não havia nada que mostrasse que uma mistura de tipos específicos de personalidade, habilidades ou origens fizesse alguma diferença. A parte 'quem' da equação não parecia importar."

Mas uma coisa previu o sucesso da equipe. A equipe de pesquisa da Google concluiu que a dinâmica de grupo era realmente a chave para o sucesso do grupo. Em particular, seus dados revelaram que a *segurança psicológica*, mais do que qualquer outra coisa, era crítica para tornar uma equipe eficaz. As melhores equipes forneceram um ambiente de apoio no qual as pessoas podiam expressar perspectivas alternativas sem medo de consequências negativas.

Muitas vezes, as pessoas pensam que a segurança psicológica significa que você não pode criticar de forma alguma. Mas ela significa exatamente o oposto — ambientes psicologicamente seguros são aqueles em que as pessoas se sentem seguras ao expressar perspectivas divergentes, porque o debate é bem-vindo e acolhido. São grupos em que as pessoas podem discordar respeitosamente e voltar no dia seguinte sem ressentimentos. Elas podem desafiar ideias e práticas, porque todos os membros sentem que estão trabalhando pelos mesmos objetivos.

Líderes e organizações inteligentes se concentram em cultivar ambientes em que as pessoas se sintam psicologicamente seguras e em reduzir os custos associados à dissidência. Algumas organizações foram ainda mais longe e encontraram maneiras de recompensar discordâncias construtivas. A American Foreign Service Association exemplifica esse etos. Todos os anos, ela concede quatro "Prêmios de dissidência construtiva", em parceria com o diretor-geral do Serviço de Relações Exteriores, para servir ativamente ao pessoal. Como afirma o site:

> Os prêmios reconhecem publicamente os indivíduos que demonstraram coragem intelectual para desafiar o sistema a partir de dentro, para questionar o status quo e tomar uma posição, independentemente da sensibilidade da questão ou das consequências de suas ações.[27]

Ao reconhecer o valor da dissidência para a instituição — e, por tabela, para a nação como um todo —, a organização aumenta as recompensas associadas a esse tipo de ação. Também ajuda o fato de que cada prêmio rende US$4 mil, além do reconhecimento!

É claro que a maioria de nós não está em posição de criar prêmios para discordâncias construtivas. Mas ainda somos uma parte crucial da equação simplesmente como membros comuns do grupo. Como reagimos a perspectivas divergentes, se estamos dispostos a ouvir e como tratamos a pessoa que expressa uma opinião única molda a disposição dos dissidentes de continuar. Provavelmente, também afeta o comportamento futuro de outras pessoas que estão prestando atenção ao que acontece. Embora nossas inclinações naturais sejam muitas vezes para resistir a ações e atores contranormativos, sabemos que essas coisas costumam ser boas para nossos grupos e que frequentemente vêm de pessoas que com eles se importam.

Portanto, respire fundo e, em vez de tirar conclusões precipitadas sobre motivos nefastos, dê uma chance aos dissidentes, críticos e rebeldes. Há uma boa possibilidade, como reconhece a American Foreign Service Association, de que eles pretendam ser construtivos.

Mas, afinal, quem se importa com quais são os seus motivos? Como mostra a pesquisa sobre os efeitos do desvio e da dissidência, um dos principais benefícios da dissidência é que ela faz o resto de nós pensar. O discordante não precisa estar certo para revigorar nosso pensamento e aumentar as chances de tomarmos decisões melhores e mais inovadoras. Ter um advogado do diabo em sua equipe pode beneficiar a todos.

Se entendemos que a dissidência é boa para os nossos grupos, podemos ser mais receptivos a ela. Mas, às vezes, isso não é suficiente. Você pode concordar com as nossas sugestões, mas pense nos estudos sobre rebeldes morais, no início deste capítulo. As pessoas resistiam a outros que se desviaram por questões de princípio, quando eles próprios não o fizeram, porque sentiram que isso colocava em questão sua própria sabedoria e integridade. Para evitar essa ameaça à autoimagem, os participantes desses estudos minimizaram e desacreditaram os rebeldes, chamando-os de "hipócritas" e "confusos".

Felizmente, Benoît Monin e seus pares descobriram um antídoto potencial para essa reação nada útil. Eles descobriram que lembrar aos participantes de experiências recentes em que exibiram comportamentos consistentes com valores que consideravam caros reduzia a ameaça representada por um rebelde moral.[28] Esse exercício de afirmação lembrava às pessoas de que elas muitas vezes eram, de fato, sábias e boas, e parecia libertá-las para ver a sabedoria e a bondade nos outros, mesmo quando elas próprias não se comportavam tão bem quanto poderiam naquele momento em particular.

Foi assim que Monin e seus pares legitimaram os participantes:

Escreva sobre uma experiência recente em que demonstrou uma qualidade ou valor que é muito importante para você e que o fez se sentir bem consigo mesmo. Os exemplos podem incluir (mas não estão limitados a) habilidades artísticas, senso de humor, habilidades sociais, espontaneidade, habilidade atlética, talento musical, atratividade física, criatividade, habilidades de negócios ou valores românticos.

Você pode tentar agora se quiser ou, melhor ainda, da próxima vez que não quiser ouvir o que um encrenqueiro ou desordeiro tem a dizer. E, com sorte, com o passar do tempo, algumas das experiências sobre as quais você terá orgulho de escrever incluirão dar espaço para que outros discordem e se envolver em um pouco de rebelião justa.

CAPÍTULO 9

LIDERANDO COM EFICÁCIA

Quando pensamos em líderes em ação, muitas vezes vem à mente um conjunto de imagens icônicas simples.

Podemos pensar em Jacinda Ardern, a primeira-ministra da Nova Zelândia, reagindo a um terremoto durante uma entrevista ao vivo na televisão. Falando sobre a resposta altamente eficaz de seu país à pandemia de Covid-19, Ardern permanece fria e controlada conforme o solo abaixo dela chacoalha e treme. "Estamos apenas tendo um pequeno terremoto aqui, Ryan", disse ela, friamente, ao entrevistador, antes de garantir que estava bem para continuar.[1]

Podemos visualizar Winston Churchill caminhando entre os destroços dos edifícios demolidos, cumprimentando os londrinos enquanto varrem os escombros após uma noite de um pesado bombardeio alemão.

Podemos imaginar a costureira Rosa Parks silenciosa, mas firmemente, recusando-se a ir para a parte de trás de um ônibus racialmente segregado em Montgomery, Alabama.

Podemos ver Mahatma Gandhi liderando uma marcha de muitos milhares de manifestantes indianos centenas de quilômetros até o mar. Chegando finalmente à costa, ele se abaixa para apanhar grãos de sal, infringindo as leis tributárias, que proíbem a população indígena de coletar ou vender seu próprio sal. Um ataque poderoso, mas não violento, contra um símbolo da opressão imperial britânica.

Também podemos imaginar a famosa foto do presidente Barack Obama, feita no início de seu primeiro mandato, curvando-se no Salão Oval para deixar um garotinho negro tocar em seu cabelo. Um momento antes, Jacob Philadelphia, o filho de cinco anos de um funcionário, sussurrou: "Quero saber se meu cabelo é igual ao seu." "Por que você não toca e vê por si mesmo. Toca, cara", respondeu Obama enquanto abaixava a cabeça para Jacob alcançar.[2]

A liderança é um fenômeno profundamente complexo. Apesar de milênios pensando sobre isso, os pesquisadores ainda precisam achar respostas completas até mesmo às perguntas mais básicas: O que torna alguns líderes eficazes enquanto outros falham? O que leva algumas pessoas a buscarem a liderança? Por que outras pessoas consentem em ser lideradas? Como as habilidades de liderança são desenvolvidas? Quais habilidades são necessárias? Quando os líderes são uma força do bem, quando são uma força do mal, e os do mal podem ter seus planos frustrados?

Em seu maravilhoso livro *Leading Minds* ["Mentes líderes", em tradução livre], o psicólogo Howard Gardner fornece estudos de caso de eminentes líderes do século XX.[3] As onze pessoas cujas vidas e táticas, sucessos e fracassos, ele investiga são um grupo variado. Elas variam de líderes acadêmicos e científicos, como Margaret Mead e J. Robert Oppenheimer, passando por líderes militares, religiosos e empresariais, a líderes sociais e políticos como Martin Luther King Jr., Margaret Thatcher e Gandhi. Apesar de muitas diferenças marcantes entre seus temas, Gardner destaca pontos críticos que eles têm em comum. Fundamentalmente, ele argumenta, o que os grandes líderes fazem, não importa seu domínio, é contar histórias sobre identidade:

> O que une os onze indivíduos [...] e a pontuação de outros deste século cujos nomes poderiam ter sido prontamente substituídos por eles, é o fato de que chegaram a uma história que funcionou para eles e, em última análise, para outros também. Eles contaram histórias — em muitas palavras — sobre eles próprios e seus grupos, sobre de onde eles vinham e para onde estavam indo, sobre o que deveria ser temido, enfrentado e sonhado.

Mas Gardner deixa claro que não basta contar histórias; os líderes devem incorporá-las:

> Líderes [...] transmitem suas histórias pelo tipo de vida que eles próprios levam e, por meio do exemplo, procuram inspirar seus seguidores. As maneiras pelas quais os líderes diretos conduzem suas vidas — suas personificações — devem ser perceptíveis por aqueles a quem procuram influenciar.

Momentos icônicos de liderança, como os descritos, são exemplos de incorporação. Eles são poderosos porque captam uma essência. Mas é uma essência não apenas dos próprios líderes — seu dinamismo, brilho ou carisma particulares —, é uma essência do *nós*, do grupo como um todo. São momentos em que as ações de um líder exemplificam algo sobre quem somos ou, talvez, quem aspiramos ser.

Com sua reação imperturbável ao terremoto, Jacinda Ardern levou adiante o estilo calmo, controlado e de orientação coletiva com que a Nova Zelândia enfrentou um terrível ataque terrorista em Christchurch, em 2019, e depois a pandemia de Covid-19.

Churchill caminhando entre os escombros demonstrava a coragem e a resistência britânicas enquanto eles — na época, relativamente sozinhos — confrontavam a Alemanha de Hitler.

Digno e humilde, o simples ato de recusa de Rosa Parks, pelo qual foi presa e acusada de violar as leis de segregação do Alabama, deu início a algo que não podia ser interrompido e se tornou um símbolo poderoso de resistência não violenta à injustiça racial. Em um comício alguns dias depois, após o primeiro boicote organizado de ônibus em Montgomery, Martin Luther King Jr., com 26 anos, falou sobre Rosa Parks. "Ninguém pode duvidar do alcance ilimitado de sua integridade. Ninguém pode duvidar da elevação de seu caráter. E, só porque ela se recusou a se levantar, foi presa. E vocês sabem, meus amigos, chega um momento em que as pessoas se cansam de ser pisoteadas pelos pés de ferro da opressão."[4] Esse foi o primeiro discurso político de King, e um ponto de virada na luta pelos direitos civis e pelo país.

Curvando-se para deixar um menino de 5 anos tocar em seu cabelo no Salão Oval, o presidente Obama personificou a continuação dessa luta. Até então, as crianças negras nos EUA nunca tinham visto alguém que se parecesse com elas em um cargo tão elevado. Foi um momento da história norte-americana possibilitado pelas conquistas do movimento pelos direitos civis, quando a própria existência de um presidente negro proporcionou esperança de progresso contínuo rumo a uma sociedade mais justa e igualitária.

Obama também personificou um certo estilo norte-americano descolado. "Toca, cara."

De todos esses líderes, Gandhi provavelmente teve o maior cuidado de incorporar sua história sobre a independência indiana e a luta não violenta. Ele começou a usar uma tanga de tecido simples fiado, dramatizando sua conexão com os pobres e iniciando um movimento para boicotar a indústria de tecidos controlada pelos britânicos, encorajando os indianos a tecerem os seus. O tear virou um símbolo do movimento de independência. O sal, também.

Esses recortes são evocativos, pois mostram um líder personificando uma identidade, quando a história que contou sobre a identidade do grupo foi captada em um momento de ação autêntica.

Claro, em muitos desses casos, sabemos o que aconteceu depois. Vemos que um líder que une o grupo em torno de uma identidade hoje pode deixar de fazê-lo amanhã. Vemos que nenhuma história de líder conta toda a verdade sobre um grupo. Também vemos que nenhuma história fica sem contestação. Sempre há visões conflitantes sobre de onde viemos e para onde vamos, o que devemos temer, contra o que lutar e com o que sonhar. Por isso, de várias maneiras, a liderança é uma batalha de histórias.

O QUE É LIDERANÇA?

O guru da administração e professor Henry Mintzberg ressalta que a gestão de um grupo envolve uma série de tarefas diferentes.[5] Algumas vezes você é um porta-voz, falando da equipe para o eleitorado externo. Às vezes, você é um monitor, examinando o ambiente em busca de oportunidades e ameaças ao grupo. Às vezes, você é um empreendedor, desenvolvendo estratégias em resposta a essas oportunidades e ameaças. Às vezes (talvez com muita frequência), você é um gerenciador de crises, reagindo a crises internas e externas, cuidando igualmente dos problemas de RH e RP. E, em outras ocasiões, você é um alocador de recursos e um negociador, decidindo quem ganha o quê ou tentando elaborar conjuntos de resultados interessantes para todos.

Então, o que é liderança? Existem quase tantas definições da palavra quanto pessoas que escreveram sobre ela. Mas a maioria dos estudiosos está disposta a se conformar com a definição de Howard Gardner: *liderança* é "a capacidade de uma pessoa (ou grupo de pessoas) de influenciar outras pessoas". O presidente Harry Truman expressou praticamente a mesma ideia em termos mais céticos. Um líder é uma pessoa, disse ele, "que pode persuadir as pessoas a fazerem o que não querem ou de que não gostam".[6]

Essas definições amplas destacam o fato de que os líderes têm tanta probabilidade de serem encontrados no campo de futebol local quanto em salas de reuniões corporativas ou escritórios políticos. Os líderes não precisam ocupar uma posição formal ou de alto nível. Na verdade, nos negócios, a maior influência pode vir de um administrador sindical ou de um gerente intermediário desonesto, e não do engravatado. No campo de futebol, pode vir do meio-campista, e não do técnico.

Nas últimas décadas, um grande corpo de pesquisas examinou a "liderança transformacional". Os líderes transformacionais exibem um conjunto de características desejáveis.[7] São éticos e comprometidos com o bem-estar de suas organizações, servindo como modelos de integridade. Eles encorajam as pessoas a estabelecerem metas ambiciosas e as inspiram a fazerem o melhor. Eles confiam que as pessoas pensam criticamente e por si mesmas. E eles apoiam as pessoas tanto emocional quanto praticamente. Não é novidade que as pessoas gostam de ter líderes transformacionais, e esse estilo está associado ao bom desempenho entre trabalhadores individuais, equipes e organizações.

Ninguém duvida de que a liderança transformacional é uma coisa boa. No entanto, quando os pesquisadores Frank Wang e Jane Howell analisaram os estudos sobre liderança transformacional no local de trabalho, notaram que tendiam a fundir dois tipos de comportamento.[8] Alguns aspectos da liderança transformacional enfocam como os líderes tratam os seguidores como indivíduos, mostrando preocupação com seu desenvolvimento profissional e progressão na carreira, por exemplo. Esse é o tipo de coisa que faz um bom chefe, a sensação de que é uma pessoa que sabe quem você é, reconhece suas realizações e se preocupa com suas aspirações. Outros aspectos da liderança transformacional, no entanto, concentram-se em atividades orientadas para o grupo, como compartilhar uma visão para uma equipe e construir solidariedade em torno de um senso comum de propósito.

Eles chegaram à conclusão de que esses diferentes tipos de comportamento promovem dois tipos de identidade. *A liderança orientada para o indivíduo* cria identidades relacionais, a partir das quais os indivíduos sentem um vínculo personalizado com um líder — sentindo-se cuidados e também preocupados com seu líder. *Atividades de liderança orientadas para o grupo*, no entanto, criam uma forte identidade social — sentimentos de solidariedade e um senso comum de propósito para o grupo como um todo.

Estudando uma grande empresa canadense, Wang e Howell descobriram que os funcionários com gerentes mais focados no indivíduo, o tipo que comunica grandes expectativas e desenvolve suas habilidades, sentem-se mais identificados com seus líderes. Esses sentimentos de identificação com o líder previam um melhor desempenho individual no trabalho e empoderamento.

Mas os funcionários que tinham gerentes mais focados no grupo, do tipo que comunica uma visão e passa o tempo construindo camaradagem coletiva, sentiam-se mais identificados com suas equipes de trabalho. Essas equipes também mostravam níveis mais elevados de desempenho como grupo e se sentiam mais eficazes. É importante ressaltar que identidades sociais mais fortes com base na equipe também foram associadas a um melhor desempenho de seus membros individuais.

Líderes eficazes se envolvem em formas individuais e coletivas de liderança transformacional. Ambas são características que as pessoas querem ver em gerentes e supervisores, sem falar em coaches e mentores. Existem inúmeros livros e artigos sobre liderança que enfocam a construção de relacionamentos sólidos, fornecendo feedback eficaz, desenvolvendo estratégias, alocando recursos e lidando com questões de RH. Nossa abordagem é diferente — enfocaremos as maneiras pelas quais os líderes influenciam os outros gerenciando suas identidades sociais.

Os líderes muitas vezes procuram influenciar os sentimentos de identificação de seus seguidores e o conteúdo de suas identidades sociais; ou seja, suas concepções de "quem somos". Mas, em última análise, se as histórias de identidade contadas pelos líderes são adotadas, está nas mãos dos seguidores.

HISTÓRIAS DE LÍDERES

Mary Robinson foi eleita a primeira mulher presidente da Irlanda, em 1990. A eleição de uma mulher foi uma mudança repentina e surpreendente para a nação, causada, pelo menos em parte, pela autodestruição de sua oposição. Quando Robinson se tornou Chefe de Estado, o controle de natalidade ainda era ilegal na Irlanda, as mulheres casadas eram proibidas de ter certos empregos no governo e a diferença salarial entre os gêneros era de cerca de dois para um em favor dos homens.

Presidente de 1990 a 1997, Robinson desempenhou um papel significativo na liberalização da Irlanda. Ela também alterou fundamentalmente as relações com a Inglaterra, sendo a primeira presidente irlandesa a se reunir com uma monarca britânica, a Rainha Elizabeth II. Durante seu tempo como presidente e depois, servindo como alta comissária da ONU para os Direitos Humanos, ela alcançou uma enorme popularidade na Irlanda. Em 2019, por ocasião do seu aniversário de 75 anos, a *Irish Central* a apelidou de "a mulher irlandesa mais importante do século XX".[9]

Quando Mary Robinson tomou posse como presidente, em 3 de dezembro de 1990, fez um discurso no qual contou uma história da pátria irlandesa.[10] Era uma história sobre as origens e os destinos da Irlanda, e situava sua própria liderança como a personificação de sua jornada de um passado restritivo e insular para um futuro tolerante e vibrante.

> A Irlanda que representarei é uma nova Irlanda, aberta, tolerante e inclusiva. Muitos de vocês, que votaram em mim, o fizeram sem compartilhar todos os meus pontos de vista. Esse é, creio, um sinal significativo de mudança, um sinal, embora modesto, de que já ultrapassamos o limiar de uma nova Irlanda pluralista.

Como todos os líderes, Robinson fez uso de limites para definir seu grupo. Mas ela fez isso de uma forma radicalmente inclusiva, lançando uma rede muito mais ampla do que apenas o Estado-nação para levar a "vasta comunidade de emigrantes irlandeses" ao redor do mundo — onde quer que estivessem — para a identidade.

Ela expandiu ainda mais a história de seu país para incluir uma visão ambiciosa do papel que a Irlanda desempenharia no cenário mundial. O Muro de Berlim havia caído apenas um ano antes, e ela notou que estava assumindo o cargo "em um momento vital da história da Europa". Não poderia a Irlanda, com seu compromisso com os direitos humanos, tolerância e inclusão, ter um papel crítico a desempenhar na reformulação da Europa sob sua liderança?

> Que eu tenha a sorte de presidir uma Irlanda em um momento de transformação emocionante, quando entrarmos em uma nova Europa em que velhas feridas podem ser curadas, um momento em que, nas palavras de Seamus Heaney, "esperança e história sejam o mesmo". Que seja uma Presidência em que eu, a Presidente, possa cantar para vocês, cidadãos da Irlanda, o alegre refrão do poeta irlandês do século XIV, conforme recordado por W. B. Yeats: "Eu sou da Irlanda... venha dançar comigo na Irlanda."

Robinson entendeu que a linguagem que os líderes usam, seja falada, escrita ou tuitada, é uma ferramenta vital para a construção de uma identidade compartilhada.

Quando ouvimos ou lemos discursos poderosos, tendemos a nos concentrar na frase bem transformada, na metáfora apropriada, nos belos ritmos, até mesmo poéticos. Essas características marcam uma grande oratória. Mas pistas linguísticas mais sutis também são importantes, em particular o uso de palavras que sinalizam solidariedade.

As pesquisadoras Viviane Seyranian e Michelle Bligh codificaram discursos de todos os presidentes norte-americanos do século XX, de Teddy Roosevelt a George W. Bush, para o uso de uma linguagem inclusiva.[11] Elas estavam à procura de palavras e frases que invocassem identidades coletivas, bem como semelhanças entre líderes e seguidores.

Primeiro, porém, elas pediram a dez cientistas políticos para determinarem quais dos 17 presidentes foram "líderes carismáticos". Os líderes carismáticos, como as pesquisadoras colocaram: "Instituem mudanças sociais e mudam o status quo de alguma forma fundamental [...] apresentando às pessoas uma visão poderosa que as inspira e motiva." Apenas cinco presidentes foram considerados carismáticos por esses critérios: os Roosevelts, John F. Kennedy, Ronald Reagan e Bill Clinton.

Quando as pesquisadoras examinaram os discursos dos presidentes, descobriram que esses 5 usavam uma linguagem significativamente mais inclusiva do que os outros 12. Isso foi verdade durante todos os seus mandatos, embora os presidentes carismáticos fossem especialmente propensos a usar uma linguagem invocando a semelhança com seus seguidores no início de seus mandatos. Pode ter sido mais importante estabelecer-se como a personificação do grupo enquanto suas presidências ainda eram jovens, da mesma forma que Mary Robinson fez em seu discurso inaugural.

As pesquisas sugerem que a linguagem da identidade é uma estratégia vencedora. Em 2013, os pesquisadores analisaram os discursos de campanha de cada vencedor e perdedor que procurava se tornar o primeiro-ministro da Austrália desde 1901. Os vencedores dessas eleições usaram pronome coletivo ("nós"), em oposição ao individual ("eu"), com muito mais frequência do que os candidatos que perderam.[12] Em média, os políticos que ganharam essas corridas disseram "nós" uma vez a cada 79 palavras em seus discursos, em comparação com uma vez a cada 136 palavras para o segundo colocado — quase o dobro da frequência.

Os líderes usam a linguagem para cristalizar esse senso comum de propósito, e os líderes que consideramos icônicos também estão atentos ao poder de um momento para representar a identidade social que esperam dar vida por meio de seus seguidores. Na mesma época em que Mary Robinson estava articulando uma nova visão para a identidade irlandesa, um líder em outro continente e em circunstâncias muito diferentes aproveitou os mesmos princípios de liderança de identidade para ajudar a tirar seu país de um período incrivelmente sombrio da história.

SÍMBOLOS DE IDENTIDADE

Quando o regime de apartheid da África do Sul começou a se desintegrar, no início da década de 1990, o país estava isolado e em crise. As sanções impostas por outras nações para protestar contra as políticas racistas brutais do regime haviam dizimado a economia. As alianças de conveniência com os países ocidentais contra os soviéticos foram dissolvidas com o fim da Guerra Fria. A violência política — protesto e repressão — ameaçou desestabilizar a nação. Um mergulho na direção da guerra civil era totalmente possível.

Nesse ambiente de invasão, em que qualquer movimento em falso levaria à violência em massa, Nelson Mandela emergiu. Mandela passou 26 anos na prisão por sua oposição ao regime do apartheid, confinado a uma área de uma cela de menos de 50m^2 na famosa Ilha Robben. Mandela havia perdido muito. Ele perdeu a chance de ver seus filhos crescerem. E, quando sua mãe e seu filho mais velho morreram com um ano de diferença, ele não teve permissão para comparecer a nenhum dos funerais.

Para os sul-africanos negros e partidários de seu partido, o Congresso Nacional Africano, Mandela foi uma figura heroica. Mas, para muitos sul-africanos brancos, ele era um criminoso e terrorista. Eles sentiram um grande mal-estar — até mesmo medo — quando Mandela foi libertado da prisão, em 1990, e sentiram isso novamente em 1994, quando, após a abertura das eleições livres, Mandela foi eleito presidente da África do Sul. O que ele e o Congresso Nacional Africano fariam, agora que haviam assumido o poder e, de repente, estavam no controle?

Felizmente, Nelson Mandela não era um homem inclinado a se vingar de seus opressores. Ele foi um líder que entendeu o poder dos símbolos de identidade não apenas para dividir as pessoas, como fizeram por gerações em seu país, mas também para as aproximar.

No ano seguinte à eleição de Mandela, a África do Sul sediou a Copa do Mundo de Rúgbi. Durante a era do apartheid, a África do Sul foi banida da competição, então, esse foi um evento simbólico. Mas Mandela reconheceu que poderia ser ainda mais significativo. O time sul-africano, os Springboks — então um time apenas branco — eram amados pelos sul-africanos brancos e amplamente desprezados pela população negra, que muitas vezes torcia para o lado oposto por princípios.

Então, quando os Springboks competiram — e acabaram vencendo — a Copa do Mundo de Rúgbi em seu próprio território, Mandela aproveitou o momento. Em um gesto imortalizado no filme *Invictus*, ele subiu ao pódio não apenas como presidente do país, mas também como um fã — vestindo o boné e a camisa verde dos Springboks.

Para os sul-africanos negros e brancos, a ação de Mandela foi uma declaração simples, mas profunda: Somos uma equipe e um país. Nesse momento, Mandela conseguiu cooptar um símbolo da opressão colonial e usá-lo para aproximar um pouco mais seu país.

Claro, nem todos os líderes traçam os limites de forma tão abrangente quanto Mary Robinson e Nelson Mandela o fizeram. Alguns líderes buscam mobilizar coalizões mais estreitas, usando distinções rígidas entre "nós" e "eles" para criar identidades sociais mais excludentes. Os líderes podem tentar fortalecer a coesão interna, chamando a atenção para a competição intergrupal e ameaças percebidas de fora. Vemos essa dinâmica, é claro, em sistemas políticos polarizados e regimes autoritários. Mas não é nada novo e discutiremos seus perigos no final deste capítulo, quando falarmos sobre a liderança que deu errado.

Por mais inspiradoras que sejam figuras como Mandela e Robinson, há o perigo de se concentrar demais em histórias, palavras e símbolos, em grandes gestos retóricos. A ideia de incorporação de Howard Gardner lembra-nos de que as ações dos líderes são tão importantes quanto suas palavras. As histórias de identidade que contam, a maneira como usam a linguagem, invocam símbolos e delimitam fronteiras, não atrairão seguidores para sua causa se forem inconsistentes com as próprias escolhas desses líderes.

PALAVRAS EM AÇÃO

Um líder covarde não inspira coragem. Um líder egoísta não será generoso. E os líderes que não investem recursos ou apoiam iniciativas alardeadas com ações concretas acabarão falhando.

De modo mais geral, os líderes eficazes são atentos à criação de condições, estruturas e instituições necessárias para tornar reais suas histórias de identidade. Nelson Mandela não apenas vestiu a camisa verde dos Springboks e encerrou o dia. Os líderes sul-africanos abordaram o longo e árduo processo de cura e unificação de seu país de uma forma profunda e deliberada. Reconhecendo que o passado não permanece no passado a menos que seja confrontado, eles estabeleceram mecanismos como a Comissão de Verdade e Reconciliação para lidar com a horrível história de apartheid da pátria e, assim, ajudar a garantir um futuro mais promissor. Rosa Parks e seus compatriotas no movimento dos direitos civis se organizaram, organizaram, organizaram e organizaram um pouco mais. Além de ser primeiro-ministro durante a Segunda Guerra Mundial, Churchill assumiu o título de ministro da defesa. Nessa posição, ele supervisionou quase todos os elementos dos esforços de guerras, desde a estratégia naval e o desenvolvimento de armas até o racionamento de alimentos e a cobertura da imprensa. Mais recentemente, Jacinda Ardern e seu governo assumiram todos os elementos logísticos envolvidos em manter o Covid-19 sob controle na Nova Zelândia.

O princípio de alinhar condições, estruturas e processos com a identidade do grupo se aplica igualmente a organizações e empresas. Muitas empresas estão ansiosas para aumentar a diversidade e criar culturas mais inclusivas e equitativas. Mas hospedar alguns workshops e postar uma expressão de valores online não é suficiente. Para progredir seriamente, os líderes devem usar toda a gama de ferramentas gerenciais à sua disposição a fim de tornar essa história de "quem estamos nos tornando" concreta e colocar o peso da ação por trás da visão. Alocar recursos adequados para iniciativas de equidade, o que significa não apenas contratar um oficial de diversidade, equidade e inclusão, mas fornecer a essa pessoa um orçamento significativo e autoridade para tomar decisões. Auditar e mudar processos que induzem ao preconceito. Monitorar o ambiente quanto ao progresso e retrocessos desses objetivos. Solicitar atualizações regulares sobre quem está sendo contratado e, talvez mais importante, quem está sendo retido. Estar atento a sinais de alerta de que membros de grupos sub-representados não estão prosperando em sua organização e fazer isso de maneira visível. Insistir em encontrar e erradicar contribuintes subjacentes e sistêmicos para esses problemas.

Todas essas são maneiras pelas quais os líderes incorporam, nos momentos do dia a dia de seu trabalho, as identidades que estão se esforçando para criar. Outra maneira pela qual os líderes exemplificam e reforçam essas identidades é em sua resposta quando o senso de realidade compartilhada do grupo — talvez sua própria definição — é ameaçado.

RESPONDENDO ÀS AMEAÇAS

Embora raramente seja notado como tal, um dos momentos mais icônicos de liderança estudado por psicólogos sociais ocorreu nas primeiras horas da manhã de 21 de dezembro de 1954, quando Dorothy Martin reuniu os espíritos debilitados de seu culto ao fim do mundo. Ouvimos sua história no Capítulo 3.[13] Esse grupo de crentes esperava ser resgatado da Terra por uma espaçonave alienígena ao bater da meia-noite. Eles ficaram arrasados quando o momento chegou e passou sem um alienígena à vista.

Mas, logo depois disso, a Sra. Martin recebeu uma mensagem interestelar de que seu pequeno grupo, sentado a noite toda, havia espalhado tanta luz que o mundo havia sido salvo. Sua realidade compartilhada foi resgatada da borda do penhasco: *Não somos loucos; nós somos sábios e bons. Somos até heróis.*

Proteger e apoiar as concepções compartilhadas de seus grupos sobre si mesmos é algo que os líderes precisam fazer regularmente. Em particular, os líderes respondem criativamente quando eventos, internos ou externos, ameaçam a identidade do grupo.[14]

Uma dessas ameaças abalou as escolas de negócios norte-americanas em 1988, quando, pela primeira vez, a *Business Week* começou a classificar os programas de gestão.[15] A revista usou uma escala com duas métricas principais: a satisfação dos recém-formados em MBA com seus programas e a satisfação que os recrutadores corporativos tinham com esses graduados. De repente, a complexa gama de identidades da escola de negócios — contendo ricas concepções de quem eram as instituições e seu senso de valor próprio — desmoronou em uma única dimensão. Seu valor foi reduzido a um número rígido e solitário.

Antes disso, todas as escolas podiam se orgulhar do que consideravam seus pontos fortes. Talvez elas se vissem como incubadoras de líderes nacionais, programas intensivos de pesquisa ou centrais de força regionais. Ao diferenciar e destacar o que a torna única, cada escola pode se considerar uma das melhores. Nas palavras de John Byrne, o homem que criou o ranking: "Por anos e anos, provavelmente havia 50 escolas de negócios que afirmavam estar entre as 20 primeiras e centenas que afirmavam estar entre as 40 melhores... A pesquisa da *Business Week* eliminou a chance de algumas escolas de declarar que estavam em um grupo superior."[16]

As novas classificações produziram consternação entre os líderes das escolas de negócios, especialmente entre aqueles que viram suas crenças positivas sobre suas escolas reduzidas a um número nada lisonjeiro. Os psicólogos organizacionais Kim Elsbach e Roderick Kramer aproveitaram-se dessa nova ameaça de identidade repentina para examinar a reação dos líderes dessas instituições.

Os pesquisadores analisaram documentos, como comunicados à imprensa e artigos em jornais de estudantes, e entrevistaram reitores e profissionais de relações públicas. Um disse: "Foi uma farsa." Outro disse: "Eu não seria reitor desta instituição por muito tempo se não fizesse nada para responder até mesmo à *percepção* de que nossa escola estava caindo em sua posição nacional."

Em resposta, os líderes das escolas de negócios desafiaram a própria noção de que suas organizações poderiam ser legitimamente comparadas em massa sem atenção a categorias mais específicas. Como alguém disse: "A *Business Week* está colocando os Fords, os Chevys e os Porsches na mesma mistura. Não é justo. É como julgar maçãs e laranjas, e não somos o mesmo tipo de escola que muitas outras." Além disso, se fosse necessário haver classificações, eles sugeriam comparações mais adequadas. Não por coincidência, estes tendiam a lançar uma luz positiva em suas próprias escolas.

Talvez mais importante, no entanto, os líderes das escolas de negócios aproveitaram a ameaça para reforçar as concepções compartilhadas de seus seguidores sobre quem eles eram. Eles reforçaram suas realidades compartilhadas internamente. Um administrador da Universidade da Califórnia, Berkeley, disse: "Nós valorizamos nossa *cultura empreendedora* por aqui. É fundamental para a forma como nos vemos. Se a ênfase da Haas [Escola de Negócios] em alta tecnologia e empreendedorismo mudasse, a escola perderia sua identidade e vantagem competitiva." Em outras palavras: *Não permitiremos que outros nos definam; não somos genéricos; não somos como todo mundo, e devemos manter nossa identidade distinta.*

Até aqui, discutimos como os líderes podem fazer uso das ferramentas da identidade social para construir solidariedade e animar seus grupos. Mas isso funciona? Nem todos os líderes são igualmente inspiradores para seus seguidores, e, em última análise, são as reações dos seguidores que determinam o sucesso de um líder. Os seguidores avaliam os líderes pelas lentes de suas identidades sociais e os seguem com entusiasmo apenas se confiarem neles.

A ESSÊNCIA DA LIDERANÇA

Como vimos, uma das principais consequências das identidades compartilhadas é que elas encorajam as pessoas a confiarem umas nas outras. A sensação de que você pode confiar em uma pessoa é especialmente importante quando o resultado, talvez até seu destino, está nas mãos dela. Por esse motivo, as pessoas tendem a se preocupar particularmente com a confiabilidade de seus líderes, que controlam o futuro de suas equipes, organizações e nações.[17]

A confiança nos líderes vai além da confiança que as pessoas que compartilham uma identidade têm umas nas outras. Kurt Dirks, um cientista da Simon Fraser University, convenceu treinadores de 30 times masculinos de basquete da NCAA a deixá-lo examinar seus jogadores antes do início da temporada da conferência.[18] Trezentos e trinta jogadores avaliaram o quanto confiavam em seu treinador, entre outras coisas.

Dirks acompanhou o desempenho de cada equipe e descobriu que os times cujos jogadores concordaram que "a maioria dos membros da equipe confia e respeita o treinador" e "o treinador aborda seu trabalho com profissionalismo e dedicação" tinham um desempenho melhor. Na verdade, a confiança das equipes em seus treinadores no início da temporada previa a vitória de uma proporção maior de jogos durante a temporada e até mesmo quando controlando uma série de outras variáveis na análise, incluindo a confiança dos jogadores uns nos outros, o nível geral de talento na equipe, registros anteriores de desempenho dos treinadores e como a própria equipe havia desempenhado no passado.

Algo que um dos jogadores disse é esclarecedor: "Assim que desenvolvemos a confiança [no nosso treinador], o progresso que fizemos aumentou tremendamente, porque não mais fazíamos perguntas ou estávamos apreensivos. Em vez disso, compramos e acreditamos que, se trabalhássemos ao máximo, chegaríamos lá."[19]

Em outras palavras, confiar em seus líderes permite que os grupos capitalizem os benefícios de ter um líder, em primeiro lugar. Há alguém para definir a direção e tomar decisões importantes para que o resto da equipe possa trabalhar e fazer o seu trabalho. Não é um choque, portanto, que pesquisas no local de trabalho mostrem que a confiança nos líderes está associada a uma série de coisas boas, incluindo melhor desempenho no trabalho, mais altruísmo, maior satisfação e comprometimento e menor rotatividade.

Sem surpresa, na análise do basquete da NCAA, os times que tinham tido um melhor desempenho no passado também ganharam mais jogos durante a temporada sob investigação. O que talvez seja mais surpreendente é que essa relação parecia, estatisticamente falando, passar pela confiança no treinador. Ter um bom desempenho no passado estava associado a um bom desempenho no futuro, em parte, porque aumentava o quanto as pessoas confiavam no líder no presente. A grande liderança produz um ciclo virtuoso: líderes confiáveis promovem o sucesso, nós confiamos nos líderes que nos ajudaram a ter sucesso e essa confiança ajuda a gerar sucesso futuro.

Acreditar que nossos líderes estão fazendo coisas boas por nós, como nos ajudar a vencer, é um dos principais motivos para confiarmos neles. As pesquisas sugerem que outro fator importante é o quão "prototípicos" eles são — ou o quanto eles parecem ser *um de nós*.[20] Quando as pessoas se identificam com um grupo, elas percebem as características-chave do grupo como sendo autodefinidas. Se um componente central da identidade do seu grupo envolve ser consciencioso, competitivo ou curioso, você tenderá a se ver dessa forma. Do mesmo modo, você ajustará seu comportamento para se alinhar às normas do grupo. Mas, é claro, dentro de qualquer grupo, há variação entre as pessoas em termos de quão bem elas exemplificam traços e normas de definição de núcleo.

Acontece que os grupos costumam estar especialmente sintonizados com o quão bem seus líderes "se ajustam" às suas identidades sociais. Os psicólogos têm o cuidado de se referir a esse ajuste como *prototipicidade*, em vez de *tipicidade*, porque os líderes mais confiáveis e influentes não são os membros mais comuns do grupo e não estão só tentando se encaixar. Eles estão entre aqueles que melhor capturam a *essência* de quem os membros do grupo pensam que são ou desejam ser. Na verdade, os líderes muitas vezes conseguem isso de forma exagerada, sendo mais como "um de nós" do que o resto do grupo: um encapsulamento vivo da identidade social do grupo.

Uma versão superficial disso ocorre quando os políticos tentam garantir oportunidades para fotos deles próprios comendo comida locais e comuns — um cachorro-quente, sanduíche de queijo ou pizza — durante as campanhas eleitorais. Bem feito, no entanto, o ajuste entre o líder e o grupo é autêntico. A sensação genuína de que o líder os compreende, pode falar por eles e fará escolhas que refletem seus melhores interesses dá aos seguidores a confiança para serem liderados.

Infelizmente, pode haver uma grande desvantagem em usar o ajuste para decidir em quem confiar como líder. Um foco muito forte na correspondência de um protótipo específico limita as oportunidades de liderança oferecidas às pessoas que não parecem semelhantes à maioria ou às concepções tradicionais do grupo. Em setores historicamente dominados por homens brancos, por exemplo, mulheres e membros de grupos raciais ou étnicos sub-representados podem ser vistos como menos dignos de promoção ou como tendo um desempenho pior como líderes.[21]

As pesquisas também sugerem que, quando as pessoas se sentem inseguras, tendem a preferir líderes prototípicos. Uma exceção a isso ocorre quando os grupos passam por uma crise que os faz pensar que precisam de um tipo diferente de pessoa no comando. Nessa situação, eles podem concluir que é hora de uma mudança.[22] Em momentos de baixo desempenho corporativo, por exemplo, as organizações podem decidir substituir seus CEOs homens por líderes mulheres. Parece que é uma coisa boa. Mas Michelle Ryan e seus colegas descobriram que, muitas vezes, isso está longe de ser positivo.[23] Em muitos casos, os líderes não prototípicos estão sendo preparados para o fracasso.

Seu trabalho demonstra um efeito de "penhasco de vidro", no qual as mulheres e outros líderes sub-representados têm maior probabilidade de serem promovidos em tempos de fraco desempenho e crise organizacional. Em suas palavras, "isso não ocorre porque se espera que [mulheres] melhorem a situação, mas porque são vistas como boas gestoras de pessoas e podem assumir a culpa pelo fracasso organizacional". Como resultado, as líderes femininas são desproporcionalmente preparadas para assumir a responsabilidade por situações ruins que não criaram e que podem ter dificuldade em consertar, como faria qualquer líder nas mesmas circunstâncias. E, é claro, se falharem, perpetua velhos estereótipos de que os homens são melhores líderes do que as mulheres.

Para superar isso, as concepções do que significa ser "um de nós" precisam ser ampliadas. Felizmente, as noções dos grupos sobre o que é "bom para nós" não são fixas. Eles podem decidir que é importante trazer uma diversidade de experiências, históricos e conhecimentos para a liderança. Ou que desejam que seus grupos cresçam e evoluam em sua visão e número de membros.

Finalmente, além de confiar em líderes que fazem coisas boas por nós e que parecem ser um de nós, confiamos em líderes que jogam limpo. Os líderes muitas vezes precisam tomar decisões difíceis, com consequências reais para a vida de seus seguidores. Eles decidem quais jogadores de basquete manter no banco. Eles decidem quem recebe uma promoção e quem não. Eles podem ter que demitir pessoas. Eles podem até decidir ir para a guerra.

O conceito de *justeza procedimental* reconhece que há uma diferença entre a maneira como os líderes tomam decisões e as decisões reais que tomam — e os seguidores se importam muito com essas duas coisas.[24] Tomar decisões de maneira procedimentalmente justa é a chave para garantir e manter a confiança. Mesmo quando as pessoas não gostam de uma decisão, ela é mais palatável se for feita de uma forma que considerem justa. Eles estão mais dispostos a aceitar resultados contrários aos seus interesses, como não conseguir uma promoção ou um emprego, desde que achem que o processo foi justo.

As pessoas consideram a tomada de decisão justa quando parece neutra, quando o líder parece não ter segundas intenções e quando recebem cortesia e respeito. A maneira como as pessoas são tratadas quando as decisões são tomadas transmite uma mensagem sobre como seus líderes as veem e sobre sua posição no grupo. Ser tratado com grosseria e sujeito a processos tendenciosos ou arbitrários sinaliza que você não tem importância. Ser tratado educadamente com procedimentos cuidadosos e imparciais mostra que você é valorizado, mesmo que algo não tenha saído da maneira que você esperava. Não é novidade que as pessoas com as identidades sociais mais fortes, as que mais investem no grupo e sua posição dentro dele, tendam a se preocupar mais em ser tratadas com justiça.

Uma grande parte da liderança, então, envolve as identidades sociais dos seguidores, que podem ser aproveitadas para influenciar como eles pensam, sentem e agem. Mas os líderes também podem ser fortemente influenciados pelas identidades sociais — a identidade social de seu grupo e também como eles se entendem como membros de uma categoria de líderes.

AS PRÓPRIAS IDENTIDADES DOS LÍDERES

As identidades sociais moldam as percepções e aquilo a que as pessoas prestam atenção. As identidades motivam os membros a protegerem certas concepções de seu grupo e a manterem realidades compartilhadas. As pessoas podem, às vezes, entrar em câmaras de eco de confirmação de identidade que as cegam para perspectivas alternativas. Como membros do grupo profundamente envolvidos, muitas vezes altamente prototípicos, os líderes também são afetados por todos esses processos.[25] Por exemplo, a percepção de um grupo de sua realidade compartilhada pode influenciar a forma como seus líderes monitoram seus ambientes, afetando quais oportunidades eles veem, bem como quais ameaças percebem.

Em 1970, a Intel se tornou a primeira empresa a produzir memória dinâmica de acesso aleatório disponível comercialmente (conhecida como DRAM). Essa nova tecnologia foi uma grande melhoria nas formas magnéticas de memória que os computadores usavam. A tecnologia DRAM lançou a Intel como um importante jogador no setor de computação, e, por um tempo, a DRAM foi o centro de seus negócios. Mas, no início da década de 1980, a Intel havia enfrentado uma forte concorrência de empresas japonesas de tecnologia, o que corroeu progressivamente sua participação no mercado. Em uma análise que examinou como as organizações respondem aos desafios estratégicos, Robert Burgelman e o ex-CEO da Intel Andrew Grove descobriram que os executivos demoravam a reconhecer e reagir às mudanças no ambiente competitivo, e atribuíram grande parte dessa lentidão à identidade social.[26]

"Os gerentes de alto escalão", escreveram eles, "sobem na hierarquia e são profundamente influenciados por sua percepção do que tornou a empresa bem-sucedida. A saída da Intel do negócio de DRAM foi adiada pelo fato de que a alta administração ainda mantinha a identidade da Intel como empresa de memória". Só quando os líderes da Intel perceberam que a empresa havia se tornado uma empresa de microprocessadores, e não de memória, eles deixaram para trás o agora não lucrativo negócio de fabricação de DRAM.

Além de se identificarem com os grupos que lideram, os líderes também podem possuir uma identidade social própria como tais — isto é, como parte de uma categoria de pessoas que influenciam os outros. Eles podem definir essa identidade de forma restrita: eu, como CEO; eu, como vice-presidente; eu, como primeiro-ministro. Ou podem ver isso de forma ampla: o eu como pertencente a um grupo de líderes ao longo da história.

As maneiras como os líderes entendem essa identidade social — o que significa ser um líder — têm uma influência profunda. Refletindo sobre seus estudos de caso de líderes do século XX, Howard Gardner observou uma regularidade adicional. Desde tenra idade, muitos desses líderes parecem ter se percebido como pertencentes por direito a essa categoria, como merecedores de um lugar dentro dela. Na verdade, Gardner identifica essa característica como parte do protótipo de identidade do líder, descrevendo o que ele chama de "líder exemplar" ou "L.E.":

> Um L.E. destaca-se por se identificar e se sentir igual a um indivíduo em posição de autoridade L.E. que ponderou a questão envolvida em uma posição específica de liderança e acredita que seus próprios insights são pelo menos tão motivados e talvez mais prováveis de serem eficazes do que os da pessoa atualmente no comando.

Na idade de 16 anos, enquanto falava sobre seu futuro com um colega de escola, Winston Churchill disse: "Este país estará sujeito a uma invasão tremenda, mas eu digo a você, eu estarei no comando das defesas de Londres e irei salvar Londres e a Inglaterra do desastre."[27]

"Você vai ser um general, então?", perguntou seu amigo.

"Não sei", respondeu Churchill. "Os sonhos do futuro estão turvos, mas o objetivo principal é claro. Repito: Londres estará em perigo, e, na alta posição que ocuparei, caberá a mim salvar a capital e o Império."

Falada em 1891, essa foi uma visão extraordinariamente arrogante, mas também surpreendentemente profética, dos eventos que ocorreriam quase 50 anos depois. Mas esse senso de identidade, até mesmo de destino, como líder não produz complacência entre aqueles que o incorporam. Em vez disso, as pessoas que adotam um senso de si mesmas como líderes podem ser motivadas a se situarem no centro dessa categoria, à qual desejam pertencer.

Na biografia recente de Churchill, Andrew Roberts descreve como ele traçou uma rota estratégica para si mesmo para adquirir poder político e como trabalhou nisso desde a adolescência.[28] Enquanto servia como soldado na Índia, Churchill levou consigo e leu a capa dos registros recentes da Câmara dos Comuns britânica. Preparando-se para a carreira política que antecipou, ele chegou a escrever seus próprios discursos detalhando o que teria dito se estivesse na Câmara dos Comuns na época. Fiel à forma, ele colou esses discursos hipotéticos nos registros!

O senso de identidade de uma pessoa como líder pode inspirar grande ambição e sucesso. Mas uma identidade muito fixa também é uma limitação e fonte potencial de falha. Em um estudo de caso do presidente Lyndon Johnson, o psicólogo Roderick Kramer argumenta que a noção de Johnson do que significava ser um grande presidente acabou prejudicando seu sucesso nessa posição.[29]

Johnson, sem dúvida, queria se destacar e ser, como ele disse: "O maior pai que o país já teve." E, de todos os presidentes dos Estados Unidos no século XX, ele foi provavelmente o mais preparado em termos de habilidades e conhecimentos para alcançar a grandeza. Na época em que tomou posse, após o assassinato de John F. Kennedy, ele havia acumulado uma vasta experiência legislativa e política, culminando em cargos como líder majoritário no Senado e vice-presidente. Mesmo assim, Johnson errou feio na Guerra do Vietnã. O Vietnã foi um conflito que ele herdou e não queria, mas falhou em evitar que a guerra aumentasse, embora prejudicasse suas outras prioridades e o tornasse cada vez menos popular.

Kramer afirma que "aos olhos de Johnson, a grandeza presidencial tinha dois pilares: um recorde de conquistas domésticas históricas e a capacidade de um presidente de manter a nação fora de perigo [...] Assim, alcançar a grandeza [...] exigia travar uma guerra bem-sucedida." Foi essa última concepção de identidade presidencial que fez Lyndon Johnson aumentar os investimentos em uma guerra que ele sabia ser um atoleiro. "A ideia de 'cortar e correr'", como Johnson disse certa vez, "era um anátema para alguém que tinha um senso tão desenvolvido do que grandes presidentes ativistas precisam fazer em momentos de crise e desafio".

O BOM, O FEIO E O MAU

Lyndon Johnson pode ter estado muito envolvido em seu conceito do que significava ser um grande presidente, mas os líderes podem lutar e falhar por muitos motivos. Não oferecemos um relato abrangente das deficiências dos líderes, mas pensar em como os líderes podem aproveitar as identidades sociais destaca várias maneiras como eles podem se desviar.

Talvez o mais comum seja o fato de as pessoas em posições de liderança simplesmente negligenciarem a identidade social por completo, deixando de capitalizar seu potencial para construir solidariedade, aumentar a confiança e mobilizar as pessoas em torno de um propósito comum. Em nossa experiência, mesmo as pessoas que são elogiadas como bons líderes se concentram muito mais no lado do aprimoramento individual da liderança transformacional do que no do aprimoramento do grupo. São chefes que desenvolvem cuidadosamente e reconhecem apropriadamente seus seguidores como indivíduos, mas não conseguem articular uma visão coletiva convincente ou ajudar os membros do grupo a trabalhar bem juntos. Eles tendem a comandar suas equipes mantendo fortes relacionamentos individuais com os seguidores, sem fazer muito para ajudá-los a se verem como um todo, maior do que a soma de suas partes.

Esses líderes perdem uma oportunidade. Mas são, é claro, amplamente preferíveis aos líderes que são ativamente destrutivos da identidade social e dos relacionamentos interpessoais. Um estilo de liderança desse tipo foi descrito como "tirania mesquinha".[30] *Tirania porque essas pessoas exploram seu poder à custa dos outros, e mesquinha porque é desnecessária e, muitas vezes, aborda banalidades. A maioria de nós já teve a infelicidade de conhecer pelo menos uma pessoa assim.*

Em uma metanálise sobre os efeitos da liderança destrutiva no local de trabalho, Birgit Schyns e Jan Schilling descobriram que os funcionários tinham impressões negativas de supervisores hostis e obstrutivos, e resistiam a segui-los.[31] É importante ressaltar que eles também descobriram que os funcionários cujos líderes foram classificados como destrutivos tinham sentimentos negativos em relação às suas organizações como um todo e se engajavam em um "comportamento de trabalho contraproducente". Comportamento de trabalho contraproducente foi uma maneira educada de descrever ações que variavam de negligência a fraude e roubo. Essas descobertas sugerem que chefes malcomportados não apenas envenenam seus próprios relacionamentos com seus seguidores, mas também prejudicam a identificação com todo o grupo.

Líderes bem-intencionados, que não levam a identidade social a sério, são os bons (mas não excelentes). Líderes tirânicos e destrutivos são os feios, pessoas que definitivamente não são bem-intencionadas e que podem criar uma bagunça aonde quer que vão. Mas existe uma terceira e muito mais perigosa espécie de líder: aqueles que sabem como aproveitar as identidades sociais, que são bons em construir solidariedade e coesão entre seus seguidores e que o fazem com propósitos corruptos, antiéticos ou imorais. Pois, como vimos, as identidades sociais são uma força para o bem ou para o mal. Nas mãos de pessoas erradas, histórias de identidade poderosas podem levar grupos ao erro.

TIRANIA E RESISTÊNCIA

Um por um, os nove jovens foram presos. Os policiais de Palo Alto os prenderam em suas casas e os acusaram de assalto à mão armada e furto. Isso marcou o início de outro dos experimentos mais famosos da história da psicologia.[32]

No verão de 1971, 18 jovens saudáveis responderam a um anúncio convocando voluntários para um "estudo psicológico sobre a vida na prisão". Pagava US$15 por dia durante uma a duas semanas no final de agosto e foi projetado para simular a experiência de viver e trabalhar em uma prisão. Os homens foram designados aleatoriamente, jogando uma moeda, para desempenhar o papel de prisioneiro ou guarda.

O jovem psicólogo carismático Philip Zimbardo e seus assistentes de pesquisa construíram uma prisão simulada realista completa, com celas e algemas, no porão do departamento de psicologia da Universidade de Stanford. Pegos pela polícia, um floreio criado para adicionar realismo, os prisioneiros foram transportados para essa prisão. Eles foram recebidos lá pelos guardas, que tiraram suas impressões digitais, os revistaram e forneceram novas identidades na forma de números de identificação.

De acordo com a lenda apresentada pela maioria dos livros didáticos, "os guardas não receberam nenhum treinamento específico sobre como ser guardas". Eles receberam óculos escuros e cassetetes e ficaram à vontade enquanto os experimentadores observavam o que aconteceria. Notoriamente, nos dias seguintes, os guardas começaram a tratar os prisioneiros com crescente desrespeito e agressão. Isso desencadeou uma breve revolta dos presos, que os guardas reprimiram com uma crescente brutalidade. Prisioneiros que se comportavam mal eram colocados no "Buraco", um armário quadrado de 4m que os guardas reaproveitaram para o confinamento solitário. Outros foram submetidos à humilhação, bem como a assédio físico e sexual. Os guardas ficaram mais selvagens, os prisioneiros, mais submissos.

As coisas se tornaram tão tóxicas, que Zimbardo encerrou o experimento depois de apenas seis dias.

Com base nessa versão dos eventos, a conclusão era óbvia: as pessoas são fortemente afetadas, talvez automaticamente, pelos papéis que recebem. Dê a alguém uniforme e óculos escuros e chame-o de guarda, e o tratamento brutal de prisioneiros é inevitável.

Essa ideia — de que os papéis têm consequências quase inevitáveis — se espalhou por toda a parte.[33] Foi ensinado a milhões de alunos em todo o mundo; foi discutido em processos judiciais, retratado em filmes populares, descrito nos livros mais vendidos e apresentado ao Congresso. A ideia de que as pessoas se conformam naturalmente com seus papéis sociais e que isso causa prevaricação ou crueldade é frequentemente invocada quando pessoas em posições de autoridade se comportam mal.

Mas essa ideia de que papéis ou identidades têm efeitos inevitáveis no comportamento deve, a essa altura, parecer problemática para você. O modo como as pessoas se comportam quando assumem uma identidade é influenciado pelas normas do grupo e pela liderança. Na verdade, os líderes estão fundamentalmente envolvidos no estabelecimento, promoção e aplicação de determinados tipos de normas.

Meio século depois do Experimento da Prisão de Stanford, temos novas informações que colocam o estudo sob uma luz diferente.[34] Recentemente, Jay se envolveu em pesquisas com Stephen Reicher e Alex Haslam, analisando o lançamento de novas fitas e documentos dos arquivos da Universidade de Stanford. Acontece que os participantes do famoso estudo não foram simplesmente soltos sem orientação. Pelo contrário. Em vez disso, nossa análise revelou o papel notável que a liderança de identidade desempenhou no resultado do experimento.

Essa liderança começou logo após a chegada dos prisioneiros. O próprio Dr. Zimbardo serviu como superintendente da prisão, e seus assistentes de pesquisa foram nomeados como guardas da prisão. Quando o experimento começou, o superintendente deu instruções claras aos seguidores de sua guarda:

> Você pode criar nos prisioneiros sentimentos de tédio, uma sensação de medo até certo ponto, pode criar uma noção de

arbitrariedade de que a vida deles é totalmente controlada por nós. Eles não terão liberdade de ação, eles não podem fazer nada, não dizer nada que não permitamos.

Nos arquivos, descobrimos e analisamos uma gravação de áudio fascinante de uma conversa entre um experimentador conhecido como Warden Jaffe e um dos guardas participantes.[35] Apesar da noção popular de que os guardas tornaram-se espontaneamente brutais com os prisioneiros, esse não foi o caso. Esse guarda em particular estava relutante em abraçar seu papel atribuído e se comportar tão agressivamente quanto os pesquisadores que lideravam o estudo queriam que ele fizesse.

O diretor Jaffe chama o guarda à tarefa: "Nós realmente queremos que você seja ativo e envolvido porque os guardas precisam saber que cada guarda vai ser o que chamamos de um guarda durão e por ai vai." O guarda responde: "Eu não sou muito durão." "Sim", diz o diretor, "bem, você tem que tentar meio que ser".

Em sua conversa (da qual essa troca é apenas um pequeno fragmento), o diretor encorajou o guarda a se ver como compartilhando os mesmos objetivos e valores dos experimentadores. Essa estratégia envolvia situar o experimento dentro de um propósito moral e digno mais amplo. Ele explicou que o experimento fora projetado para fornecer informações que melhorariam o sistema correcional no mundo real. A pesquisa deles pretendia, disse ele, tornar as prisões reais mais humanas, expondo sua brutalidade. Era uma missão virtuosa!

O mais impressionante, pelo menos para nós, foi a maneira como o diretor empregou as ferramentas de liderança de identidade para encorajar o guarda relutante a se tornar mais agressivo. O diretor usou pronomes coletivos 57 vezes (uma vez a cada 30 palavras) para tentar comunicar que ele e o guarda estavam nisso juntos, no mesmo time. Pois, como vimos, esse tipo de linguagem comunitária comunica um senso de coesão e solidariedade.

A descoberta desses materiais muda drasticamente as conclusões que tiramos desse famoso estudo. Muitos dos guardas, de fato, acabaram se comportando de maneira brutal com os prisioneiros, mas seu comportamento não era, de forma alguma, inevitável ou automático. Eles foram persuadidos a uma ação agressiva por líderes que enquadraram o estudo como uma situação do tipo "nós" versus "eles", intervinham ativamente quando seus seguidores resistiam, usavam a linguagem da identidade e construíam normas de brutalidade.

O Experimento da Prisão de Stanford é um microcosmo de alguns dos processos envolvidos quando as identidades sociais se tornam feias. Haslam e Reicher descreveram uma progressão de estágios pelos quais os líderes movem seus grupos em direção ao mal, culminando em violência ou mesmo genocídio.[36] As etapas iniciais são comuns e relativamente benignas. Os líderes promovem uma identidade de grupo coesa, em parte, estabelecendo limites entre "nós" e "eles". Os limites não são inerentemente problemáticos. Afinal, a competição entre equipes esportivas, entre empresas e entre nações em eventos como as Olimpíadas torna as fronteiras altamente salientes.

Os limites tornam-se perigosos quando os líderes definem os estranhos como ameaças, convencendo os seguidores de que representam um perigo significativo, existencial, para o grupo amado. O perigo costuma ser particularmente agudo quando a retórica dos líderes exclui pessoas que, de outra forma, seriam incluídas no grupo. Ao longo da história, todos os tipos de grupos minoritários, incluindo imigrantes, judeus e minorias sexuais, foram visados dessa forma. Não é incomum ver grupos em uma trajetória de violência começando a se referir a pessoas que eles definiram como estranhos como traidores e inferiores: parasitas, ratos ou baratas.

Os estágios finais ocorrem em rápida sucessão. Os líderes retratam seu grupo como excepcionalmente virtuoso. *Somos a fonte da verdadeira bondade no mundo, tanto que tudo o que fazemos deve ser inerentemente bom. Devemos defender nossa virtude e vencer o mal a todo custo.* A partir daqui, é um curto passo celebrar a violência e a brutalidade como virtudes. *Somos a única fonte de justiça, portanto, se estranhos ameaçam nossa bondade ou a nossa própria existência, eles merecem ser reprimidos, oprimidos ou exterminados.* Através dessa lente distorcida, matar é apresentado aos seguidores como um bem moral, até mesmo um imperativo.

É assim que os líderes ao longo da história justificaram a crueldade e a agressão. As ações e a linguagem dos líderes são muito importantes, e a brutalidade em grande escala nunca ocorre no vácuo.

Em seu livro *A Anatomia do Fascismo*, o historiador Robert Paxton descreveu as "paixões mobilizadoras" que produzem e sustentam os movimentos fascistas.[37] Entre elas, ele inclui "a crença de que seu grupo é uma vítima, sentimento que justifica qualquer ação sem limites legais ou morais contra seus inimigos, tanto internos quanto externos. A necessidade de uma integração mais estreita de uma comunidade mais pura por consentimento, se possível, ou por violência excludente, se necessário. A superioridade dos instintos do líder sobre a razão abstrata e universal."

Os grupos não chegam aqui sem liderança de identidade, o que nos lembra de que as identidades sociais podem ser uma ferramenta poderosa para o bem ou para o mal. No entanto, nenhuma história de líder permanece incontestada e nenhuma história é tão forte que não possa ser resistida. Concentramos a maior parte deste capítulo em líderes cujas vidas e histórias incorporaram uma visão inclusiva para seus grupos. Mas muitos deles foram, é claro, opostos por outros líderes em potencial com visões diferentes e às vezes mais excludentes.

Como dissemos, a liderança pode ser entendida, de várias maneiras, como uma batalha de histórias. Cabe a nós, como seguidores e às vezes líderes, decidir de que lado dessas batalhas estamos. Temos que decidir quais histórias de identidade queremos abraçar, quais histórias sobre de onde viemos, para onde vamos e o que devemos temer, lutar e sonhar queremos viver.

CAPÍTULO 10

O FUTURO DA IDENTIDADE

No final da década de 1960, em homenagem a seu aniversário de 50 anos, o American Institute of Planners encomendou uma série de artigos a eminentes acadêmicos e formuladores de políticas.[1] Foi-lhes pedido que olhassem para o futuro e escrevessem sobre o que viam nos próximos 50 anos. Agora, pouco mais de meio século depois, é fascinante revisitar o que esses grandes pensadores esperavam que pudesse acontecer. Seus papéis são um lembrete útil da advertência de Mark Twain de que "a previsão é difícil, especialmente quando envolve o futuro".

Um artigo foi dedicado a problemas que podem surgir nas próximas décadas devido aos avanços tecnológicos.[2] Alguns de seus temores eram produtos da Guerra Fria, refletindo preocupações sobre a tecnologia nuclear e o desenvolvimento de algum tipo de "Máquina do Juízo Final". Outras previsões parecem estranhas, até esquisitas, em retrospecto: preocupações com ondas de choque de jatos supersônicos e os perigos de navios-tanque de milhões de toneladas ou mesmo aviões de milhões de toneladas!

No entanto, os pensadores estavam atentos às possibilidades que se tornaram problemas substanciais. Eles alertaram sobre a crescente desigualdade global e ameaças à democracia. O potencial para a mudança climática global, que eles chamaram de "mudanças ecológicas radicais em escala planetária", foi relegado a uma categoria diversa de "Questões Bizarras". Mas, mesmo aqui, eles foram prescientes sobre os enormes desafios climáticos que enfrentaríamos, escrevendo: "Os danos em longo prazo devem ser antecipados a tempo de mudar o que está errado. Mas, muitas vezes, é difícil para as pessoas agirem de forma eficaz em grande escala. Problemas de longo prazo, uma vez que tendem a ser 'problema de todos', por falta de jurisdição, não são de ninguém."

Correndo o risco de provar que Mark Twain estava certo mais uma vez, ofereceremos algumas reflexões conclusivas sobre o futuro da identidade. Embora saibamos que não devemos tentar prever o futuro, falaremos sobre o papel que as identidades sociais provavelmente desempenharão em alguns dos maiores problemas que a humanidade enfrenta atualmente. Discutiremos a desigualdade econômica e as mudanças climáticas, e concluiremos com algumas reflexões sobre a democracia.

ENFRENTANDO A DESIGUALDADE

Em 2016, o CEO médio de uma das 350 maiores empresas da América do Norte levou para casa 224 vezes mais dinheiro do que o funcionário médio da empresa. Essa espantosa disparidade é um símbolo das crescentes desigualdades de renda e, ainda mais, de riqueza (os ativos que as pessoas possuem) em todo o mundo. Embora a pobreza global absoluta tenha diminuído, os níveis de desigualdade econômica aumentaram em muitos países nas últimas décadas. Segundo uma estimativa, metade da população mundial possuía menos de 1% da riqueza mundial em 2018, enquanto os 10% mais ricos controlavam 85% dela.

Um relatório recente da ONU[3] concluiu que 71% das pessoas vivem em países em que a desigualdade aumentou desde 1990. No topo dessa lista, estão algumas das nações mais ricas do mundo, incluindo os Estados Unidos e o Reino Unido, onde uma opulência extraordinária existe perto, mas muitas vezes convenientemente separada, da pobreza opressora e da insegurança econômica.

Inúmeros estudos indicam que a desigualdade econômica é ruim para os indivíduos e para as sociedades. Os países com maior desigualdade tendem a ter mais crimes violentos, maior mortalidade infantil, mais doenças mentais e menor expectativa de vida. O mesmo tipo de relacionamento se mantém se você comparar os estados norte-americanos; por exemplo, a Califórnia rica, mas desigual, tem resultados piores nessas métricas do que Iowa, mais pobre, mas mais igualitária. Na verdade, essa comparação mostra um ponto-chave: parece que a desigualdade, em vez da pobreza, está associada a resultados negativos no nível social. As sociedades pioram quando a renda e os ativos dos ricos divergem radicalmente dos níveis daqueles dos pobres e, cada vez mais, dos da classe média.[4]

Vastas desigualdades também têm o potencial de afetar nossas identidades. Estas, por sua vez, afetam nossa capacidade de enfrentar e reduzir a desigualdade econômica. Em relação ao primeiro ponto, por exemplo, enquanto um CEO levando para casa milhões de dólares em salários, opções de ações e bônus tem motivos para estar satisfeito com a vida, como líder, esse CEO deve se preocupar. Os líderes, como vimos, são capazes de unificar e motivar seus seguidores na medida em que são vistos como "um de nós".

Alguém que ganha 224 vezes o que a maioria das pessoas ganha é "um de nós"?

Dois estudos recentes sugerem que a resposta é não. No primeiro experimento, os participantes foram apresentados a informações sobre um de dois CEOs.[5] Ambos se chamavam Ruben Martin e eram iguais em todos os sentidos, exceto em um: se Ruben estava ou não entre os executivos-chefes mais bem pagos do país. Em um segundo estudo, os trabalhadores relataram o pagamento dos CEOs que lideram as empresas para as quais trabalhavam. Em ambos os casos, as pessoas se sentiam menos identificadas com CEOs mais bem pagos e tinham menos a sensação de que eram bons líderes. Pessoas que avaliam líderes bem pagos têm menos probabilidade de concordar que eles "agem como campeões" (defensores) ou "criam um senso de coesão" do que pessoas que avaliam executivos menos bem remunerados — mesmo que esses líderes sejam idênticos em todos os outros aspectos. As desigualdades, nesse caso, dentro das organizações, podem ser divisivas, reduzindo as habilidades dos líderes para construir solidariedade e um propósito comum.

Em um nível social, devemos nos preocupar com a forma como a desigualdade afeta as identidades das pessoas na base da hierarquia econômica. Como vimos, os seres humanos são animais que lutam por status, buscando possuir identidades respeitadas e valorizadas. Na medida em que estar em uma faixa socioeconômica baixa sinaliza um status inferior na sociedade, identificar-se como tal tem consequências negativas para o bem-estar. De fato, em uma análise recente, psicólogos da Universidade de Newcastle, na Austrália, descobriram que o status socioeconômico mais baixo estava associado a mais ansiedade e menos satisfação com a vida.[6] Mas esse padrão só foi observado em pessoas que disseram que sua classe social era uma parte importante de sua identidade e que era algo em que pensavam com frequência.

De forma mais ampla, comentaristas sociais há muito especulam que os sentimentos de "privação relativa" das pessoas mais pobres, a sensação de que estão recebendo menos do que os outros, produzem queixas que podem resultar em atitudes e comportamentos antissociais. Por exemplo, considera-se que as pessoas mais pobres têm atitudes mais negativas em relação a minorias e a imigrantes. Elas também são consideradas os apoiadores dominantes de movimentos políticos populistas ou autoritários, lealdades ostensivamente motivadas por sua frustração econômica.

Mas acontece que esses estereótipos não resistem a um exame minucioso. Em um livro recente que examina uma ampla gama de evidências, os psicólogos sociais Frank Mols e Jolanda Jetten concluem que, embora a privação relativa às vezes produza atitudes anti-imigrantes ou atração por líderes autoritários, a "gratificação relativa" faz o mesmo.[7] Pesquisas descobriram, por exemplo, que tanto pessoas cujas circunstâncias de vida estão diminuindo quanto aquelas que estão melhorando relatam um maior apoio ao uso de táticas violentas para garantir o poder político. Mols e Jetten argumentam que essas reações surpreendentes entre pessoas que estão bem de vida podem ser motivadas pelo desejo de justificar e proteger suas vantagens, menosprezando minorias e grupos marginalizados, como se fossem menos merecedores.

Se a desigualdade está produzindo uma insatisfação generalizada da sociedade e uma sensação de que a hierarquia econômica é insustentável, as atitudes e os comportamentos entre os ricos podem ser motivados pelo medo de perder status e privilégios. Esse é um tipo de ansiedade econômica, mas que vem de um lugar de privilégio precário, e não de pobreza. É difícil não ver algumas das respostas reacionárias ao Black Lives Matter e a outros movimentos que exigem maior igualdade, racial e outras, impulsionadas pelo medo de perder status.

Pensar sobre os movimentos sociais levanta a questão de quando as pessoas economicamente desfavorecidas podem se organizar em prol de uma mudança para reparar e reverter as crescentes desigualdades das últimas décadas.[8] Como vimos (especialmente no Capítulo 7), as pessoas têm mais probabilidade de formar um senso de identidade coletiva em torno de algo como sua classe socioeconômica quando percebem que fazer parte de uma categoria específica afeta suas oportunidades e resultados na vida.

As sociedades diferem no quão saliente é a classe social como categoria. O Reino Unido, por exemplo, tem uma velha hierarquia de classes. Em contraste, os Estados Unidos possuem uma espécie de mito de ser uma sociedade sem classes. O sonho norte-americano diz que qualquer criança, por mais humildes que sejam suas raízes, pode crescer e se tornar presidente, CEO, celebridade ou ter qualquer outro tipo de sucesso. Esses sonhos são reforçados por fortes narrativas meritocráticas, que enfatizam o papel da coragem individual e da sorte na vida. Quando acreditamos que nosso destino financeiro está amplamente sob nosso controle, temos menos probabilidade de nos unirmos a pessoas de circunstâncias semelhantes em torno de uma classe ou identidade econômica comum, optando, em vez disso, por tentarmos fazer melhor por conta própria.

É claro que as pessoas não precisam se unir em torno de uma classe social inteira para pedir mudanças que podem melhorar sua situação econômica. Os sindicatos se organizam em torno dos interesses dos trabalhadores em setores específicos, como metalúrgicos, professores e trabalhadores dos correios. Mas as taxas de sindicalização despencaram nos Estados Unidos nas últimas décadas, com o aumento da desigualdade. Olhando para o futuro, ainda não sabemos como a ascensão da chamada economia GIG afetará a capacidade dos trabalhadores de protegerem seus direitos e exigirem mudanças. Suspeitamos que isso dependerá, pelo menos em parte, de eles considerarem que compartilham um destino comum.

Apesar de seu novo nome, esse tipo de contrato de trabalho não é, de forma alguma, novo, mas parece estar em ascensão devido à tecnologia moderna. O desenvolvimento de aplicativos que combinam trabalhadores com empregos de curto prazo (entrega de mantimentos ou serviços de táxi, por exemplo) permitiu que a economia GIG* prosperasse. Como os trabalhadores GIG são autônomos contratados, não recebem benefícios ou seguro-saúde, e não está claro se serão capazes de se organizar para buscar acordos melhores.[9] Os motoristas de táxi tradicionais se uniram e formaram sindicatos. Os motoristas autônomos encontrarão solidariedade suficiente para lutar por seus benefícios coletivos?

Para que os grupos busquem mudanças, eles precisam acreditar que elas são possíveis. Olhando para o futuro, vemos duas coisas em particular que provavelmente mudarão as percepções em direção ao sentimento de que a mudança econômica é possível, essencial e inevitável. A primeira delas é a pandemia Covid-19, que, além de ser uma catástrofe médica e de saúde pública, lançou a economia mundial em uma crise, cuja profundidade ainda não é clara. A pandemia aprofundou as desigualdades existentes e as expôs como ilegítimas. Também criou uma sensação de possibilidade — que o futuro não será como o passado e que o hoje é um momento a ser aproveitado. Como disse o romancista Arundhati Roy, a pandemia "é um portal, uma passagem entre um mundo e outro".[10]

O segundo fator que torna as transformações econômicas inevitáveis são as mudanças climáticas — cujos efeitos, segundo muitos relatos, superarão os da pandemia.

ENFRENTANDO AS MUDANÇAS CLIMÁTICAS

Nos dias de inverno, as pessoas que sabem onde crescemos quase sempre dizem a mesma coisa: "Isso não deve ser nada para você, você

---
* N.T: Esse termo também é conhecido como "uberização da força de trabalho".

é do Canadá!" Elas podem adicionar "Né?!", se forem particularmente sarcásticas. A triste verdade é que, depois de mais de uma década morando nos Estados Unidos, amolecemos, e um dia frio em Nova York é um dia frio em Nova York. Mas outra realidade é que os invernos também não são os mesmos de antes. Os dias mais frios geralmente não são tão frios, e os montes de neve não são tão profundos como quando éramos crianças. O morro onde Dom aprendeu a esquiar não conta mais com neve suficiente para abrir todas as pistas ou mesmo permanecer aberto durante todo o inverno.

A Terra está doente e piorando. A temperatura média global aumentou entre 0,8°C e 1,2°C desde o início da Revolução Industrial, e agora há um consenso quase unânime entre os cientistas de que uma proporção significativa disso se deve à atividade humana.[11] Apesar da evidência generalizada de mudanças climáticas causadas pelo homem, no entanto, muitas pessoas permanecem céticas sobre sua existência ou importância. Na verdade, mesmo com a evidência científica acumulada durante a primeira parte deste século, a proporção de norte-americanos que relataram acreditar que a gravidade da mudança climática é exagerada aumentou de 31%, em 1998, para 48%, em 2010, embora essa tendência tenha se invertido desde então (35% disseram ser um exagero em 2019).[12]

Algumas pesquisas sugerem que as pessoas que passaram por condições climáticas extremas têm maior probabilidade de acreditar nas mudanças climáticas, mas o efeito não parece ser terrivelmente robusto. Quando se trata de ceticismo climático, não está claro o quanto as experiências pessoais são importantes. Um fator que parece ter muita importância — pelo menos, em alguns lugares — é a identidade política. Conservadores dos Estados Unidos, Reino Unido, Austrália e vários outros países industrializados têm muito menos probabilidade do que os liberais de acreditar que a mudança climática criada pelo homem é uma coisa real.[13]

Mas isso não é verdade em todos os lugares. Em uma análise que examinou as crenças climáticas em 25 países, o psicólogo australiano Matthew Hornsey e seus colegas descobriram que a identidade política não era um fator significativo em cerca de três quartos deles.[14] A identidade política tendia a ser mais importante em países com maiores emissões de carbono. Em outras palavras, é em países onde a economia depende mais do consumo de combustíveis fósseis e onde, como resultado, a redução da pegada de carbono teria efeitos mais drásticos no cotidiano, que os conservadores têm menos probabilidade de acreditar que o clima é um problema.

Claro, não devemos ser tão ingênuos a ponto de pensar que isso é puramente um fenômeno psicológico. Como os pesquisadores colocaram: "Uma maneira de ler esses dados é que quanto maiores os interesses investidos, mais provavelmente haverá campanhas de desinformação organizadas e financiadas, destinadas a espalhar a mensagem de que a 'ciência não está' nas mudanças climáticas."[15] Mas essas campanhas de desinformação precisam de um público receptivo, e nossa pesquisa sugere que a identidade partidária fornece a lente que permite que muitas pessoas aceitem (ou rejeitem) essas afirmações.[16]

Os planejadores da década de 1960 que tentaram prever os eventos dos próximos 50 anos estavam certos sobre a tremenda dificuldade que os seres humanos têm para lidar com questões generalizadas de longo prazo, como a mudança climática. Muitos cientistas agora dizem que, para evitar danos catastróficos que tornariam a Terra em grande parte inabitável, devemos manter o aumento da temperatura pós-industrialização em menos de 1,5°C.[17]

Qualquer esperança de alcançar esse objetivo requer uma coordenação política massiva nas nações e entre elas, e não está nem um pouco claro que as identidades que as pessoas levam para a ação política estão equipadas para lidar com esses desafios de maneira eficaz. Certamente, como vimos, as identidades políticas partidárias de esquerda versus direita são frequentemente inúteis e destrutivas. Mas as identidades nacionais, aquelas com as quais nos confrontamos no cenário mundial, também são muitas vezes banais demais para lidar de maneira otimizada com problemas em escala global.

É do interesse de longo prazo de todas as nações evitar o colapso do clima, mas não é do interesse imediato de nenhuma nação fazer os difíceis, mas necessários, sacrifícios econômicos, sociais e políticos, a menos que todas as demais o façam também. Tratados internacionais como o Acordo de Paris têm como objetivo resolver esse tipo de dilema. Mas, como foi demonstrado pela retirada (temporária) dos Estados Unidos — o segundo maior emissor de dióxido de carbono do mundo — desse pacto, em 2017, os acordos voluntários estão sujeitos à boa vontade dos atores e, portanto, aos caprichos de suas políticas internas.

As pessoas cooperam e coordenam-se umas com as outras com muito mais facilidade quando se veem compartilhando uma identidade. As identidades que ativamos e sobre as quais agimos são aquelas que nos diferenciam dos outros, sejam baseadas em limites de ocupação, religião, raça, gênero ou nação. Mas, como vimos, as pessoas também são atraídas por um destino comum, quando reconhecem que compartilham o mesmo conjunto de circunstâncias e, em última análise, estão sujeitas ao mesmo destino. Quase oito bilhões de pessoas atualmente compartilham esta rocha bastante frágil em torno do Sol e, embora os efeitos da mudança climática não afetem todas as comunidades igualmente, todos temos um interesse comum em salvá-la.

Podemos tirar alguma vantagem disso? Podemos olhar além de nossas identidades banais? O reconhecimento humano de sua identidade compartilhada como residente da Terra ajudará a salvar o mundo?

Talvez ninguém tenha experimentado um senso de identidade global mais profundamente do que os astronautas que viram a Terra do espaço. Frank Borman, James Lovell e William Anders passaram a véspera do Natal de 1968 a bordo da espaçonave Apollo 8. Poucos meses antes do primeiro pouso lunar, sua missão era um treino em orbitar a Lua. Enquanto sua nave circulava a Lua, eles ficavam hipnotizados pela visão de sua superfície áspera, marcada e quase estranha. Então, de repente, Frank Borman exclamou: "Ah, meu Deus, olhe aquela imagem ali! A Terra está surgindo. Uau, isso é lindo! Você tem um filme colorido, Jim? Dê-me um rolo de filme colorido, rápido, por favor!"

Os astronautas fizeram uma série de fotos mostrando a Terra subindo lentamente no horizonte da Lua. Eles foram os primeiros seres humanos a testemunhar um nascer da Terra e, quando retornaram, trouxeram com eles o que foi chamado de "a fotografia ambiental mais influente já feita".

No meio século desde então, centenas de pessoas de 38 países viajaram para o espaço. A NASA entrevistou uma coleção de astronautas e descobriu que muitos deles haviam passado por "experiências transformadoras envolvendo sensações de fascínio e admiração, unidade com a natureza, transcendência e fraternidade universal".[18] Embora os sentimentos de admiração e transcendência sejam passageiros, os pesquisadores descobriram que os astronautas passaram por mudanças de longo prazo de identidade. Eles sentiram um sentimento mais profundo de conexão com a humanidade como um todo. Depois de terem visto a Terra do espaço, o significado das fronteiras nacionais diminuiu, e os conflitos que dividem as pessoas na Terra pareciam menos importantes. Como disse um astronauta: "Quando você dá a volta na Terra em uma hora e meia, começa a reconhecer que sua identidade está com aquilo tudo."

Não há como enviar todos para o espaço. Isso talvez seja lamentável, porque alguns de nossos problemas mais urgentes — não apenas a mudança climática, mas também pandemias, terrorismo e o potencial para uma guerra nuclear — poderiam ser resolvidos mais facilmente se pudéssemos expandir nossos círculos morais para incluir faixas muito maiores da humanidade. Na verdade, as pesquisas sugerem que você não precisa ser astronauta para experimentar um senso de identidade humana comum ou global, e que, quando as pessoas possuem esse senso de identidade altamente inclusivo, isso desenvolve uma maior cooperação internacional e proteção ambiental.[19]

Parece-nos, entretanto, que esses sentimentos profundos de conexão com a humanidade como um todo são muito raros ou muito fugazes para sustentar uma mudança de longo prazo e verdadeiramente difícil. Para isso, precisaremos de liderança global para construir uma identidade genuinamente universal entre um número suficiente de povos do mundo para superar interesses pequenos e estreitos. Os seres humanos têm capacidade psicológica para vivenciar essa vasta identidade? Sim, pensamos que sim. Mas, se vamos encontrar uma maneira de criá-la a tempo, é uma história diferente.

UMA PALAVRA SOBRE DEMOCRACIA

Em 6 de janeiro de 2021, uma multidão violenta, instigada pelo então presidente dos Estados Unidos, atacou uma sessão conjunta do Congresso na tentativa de derrubar os resultados da eleição presidencial. Embora tenham sido repelidos, essa violação do Capitólio dos EUA atingiu o cerne da democracia, uma violenta tentativa de frustrar o direito do povo de remover seus líderes e substituí-los por outros.

A democracia norte-americana não morreu naquele dia, mas, como 20 mil soldados da Guarda Nacional fecharam Washington, DC, para a posse do presidente Biden, duas semanas depois, foi difícil chamar isso de transição pacífica de poder. Ou acreditar que a democracia é saudável e próspera.

Grande parte dos últimos 50 anos, na verdade, provou ser uma era de ouro para a democracia. Enquanto cerca de 40 países eram democracias no final da década de 1960, o número cresceu para bem mais de 100 no final do século XX. Em 2011, uma onda de protestos que ficou conhecida como Primavera Árabe agitou os regimes autoritários no Oriente Médio e parecia prenunciar uma nova onda de democratização. Mas isso fracassou em grande parte, e alguns estudiosos temem que possamos estar agora em um período de retrocesso democrático em que países de todo o mundo — como Turquia, Brasil, Hungria, Índia e Filipinas, entre outros — estão caminhando em direção a uma participação menos democrática, em vez de mais democrática e responsabilizada.[20]

Os grandes desafios que apresentamos neste capítulo — desigualdade e mudança climática — representam perigos para a democracia. Como vimos, as instabilidades muitas vezes inerentes à desigualdade podem atrair pessoas para lideranças autoritárias e endurecer atitudes em relação a grupos como imigrantes e outras comunidades marginalizadas. Enquanto isso, os desafios associados ao aquecimento global, incluindo como lidar com condições meteorológicas extremas, bem como aumentos prováveis de doenças e migração de populações, também podem aumentar o apelo de líderes fortes e menos orientados democraticamente.

Essas tendências podem ser amplificadas pela tecnologia. Um estudo recente descobriu que a fé dos cidadãos em seus governos tende a diminuir quando a internet chega. Na Europa, a expansão do acesso à internet foi associada a aumentos de votos em partidos populistas antissistema.[21]

Os meteorologistas que escreviam para o American Institute of Planners tinham uma preocupação semelhante. "O mundo está se tornando muito complexo, e mudando rápida e perigosamente, o que nos deixa tentados a sacrificar os processos políticos democráticos (ou incapazes de arcar com eles). É importante lembrar que tiranos e césares chegam ao poder como resultado de um desejo irresistível de uma liderança firme da massa do povo."[22]

Certas maneiras de derrubar a democracia parecem ser menos populares do que costumavam ser.[23] O número de golpes militares, por exemplo, diminuiu com o tempo. Mas, embora menos drástico, o ato de erodir a democracia ao enfraquecer os controles do Poder Executivo ou manipular os processos eleitorais (tornando mais difícil para certos grupos votarem, com regras restritivas ou intimidação direta, por exemplo) tem aumentado.

Os cientistas políticos David Waldner e Ellen Lust observam que o retrocesso democrático ocorre quando "os principais atores políticos não estão mais satisfeitos em jogar estritamente de acordo com as regras, perdendo com elegância e competindo novamente na próxima rodada". Eles avisam que "se eles podem ser constrangidos ou se podem continuar desimpedidos até que a democracia seja apenas uma palavra depende do equilíbrio de poder".[24]

Sua descrição destaca duas questões importantes. O que motiva alguns políticos a quererem subverter as regras democráticas? E com que eficácia seus esforços para fazê-lo podem ser contrabalanceados por outras pessoas ativas do sistema político? Suspeitamos que a dinâmica da identidade seja uma parte importante da história.

Os partidos políticos e seus apoiadores podem ficar mais tentados a minar processos eleitorais justos e transparentes quando percebem seus rivais não apenas como pessoas com preferências políticas diferentes, mas como perigosos ou perturbados — um problema amplificado pela polarização.[25] Eles podem começar a equiparar o interesse nacional aos interesses de seu partido, passando a acreditar que a melhor maneira de proteger a nação é retendo o poder a todo custo. Afinal, colocar seu país à frente de seu partido requer que você entenda que os interesses de cada um deles às vezes são diferentes — que a nação tem interesse em manter a democracia, mesmo quando seu próprio lado perde uma ou duas eleições.

Os eleitores não chegam a essas percepções espontaneamente, é claro. As elites políticas, incluindo políticos e agentes da mídia, exploram a dinâmica da identidade para reunir seguidores em torno de identidades excludentes, aumentando o apoio popular a políticas que, ironicamente, reduzem a voz do povo. E a polarização extensiva torna mais fácil espalhar desinformação, teorias de conspiração e propaganda sobre oponentes políticos.

Por outro lado, o quão bem o retrocesso democrático pode ser resistido por forças de contrapeso é uma questão de quão bem elas reúnem uma multiplicidade de pessoas com interesses e objetivos divergentes em torno de um propósito comum. Eles podem forjar uma identidade comum em nome da liberdade democrática? Podem construir instituições que promovam o bem público, encorajem a cooperação e mitiguem o apelo do autoritarismo?

QUEM QUEREMOS SER?

O futuro, para melhor ou para pior, será o que faremos dele. Em última análise, cabe a pessoas como você, leitor, decidir como deseja se envolver com questões como desigualdade, mudanças climáticas, democracia e outros problemas sociais. Acreditamos que compreender a dinâmica da identidade social é essencial não apenas para dar sentido a essas questões, mas também para encontrar soluções.

Nossas identidades sociais podem nos tornar receptivos à desinformação e fazer com que nos envolvamos em discriminação e acumulemos recursos para nossos próprios grupos. Mas também podem nos motivar a nos dedicarmos ao autossacrifício, forjar solidariedade com os outros e gerar novas normas para a ação coletiva. É claro que serão necessários líderes que entendam e adotem essas dinâmicas para mobilizar as pessoas para lidar com essas — e inúmeras outras — questões difíceis. Esperamos que leitores como você aproveitem a identidade para sempre.

Ao longo deste livro, apresentamos um conjunto de princípios de identidade. Os grupos são fundamentais para quem somos. Os grupos mais importantes em nossas vidas e, portanto, nossas identidades sociais mais centrais são bastante estáveis. E, no entanto, também temos disposição para a solidariedade, o que nos permite encontrar uma causa comum quando as circunstâncias conspiram para criar identidades emergentes. Diferentes identidades tornam-se salientes para nós em diferentes momentos — e, quando uma determinada identidade social está ativa, pode ter efeitos profundos. Experimentamos o mundo através das lentes dessa identidade, abraçamos sua realidade compartilhada e encontramos alegria em seus símbolos e tradições. Vamos sacrificar, até lutar, para proteger seus interesses. Essas mudanças em nossas percepções, crenças, sentimentos e ações nos alinham com as normas do grupo. E quando lideramos e outros nos seguem, é inspirando um senso comum de "quem somos".

Apesar de seu poder de moldar nossos pensamentos e comportamentos, nossas identidades também são a origem de nossas ações. Seja rejeitando, seja abraçando uma concepção particular de nós mesmos, desafiando nossos grupos a serem melhores, ou nos organizando em solidariedade para mudar o mundo, assumimos o controle de quem queremos ser.

AGRADECIMENTOS

Devemos uma enorme gratidão às nossas comunidades e às pessoas incríveis nelas que contribuíram profundamente para nossa identidade como cientistas, professores, cidadãos e seres humanos.

Agradecemos aos nossos mentores acadêmicos William Cunningham, Alison Chasteen, Marilynn Brewer, Julian Thayer e Ken Dion. Vocês nos ensinaram quase tudo o que sabemos sobre psicologia humana — e nos equiparam com as ferramentas para descobrir mais!

Agradecemos ao Departamento de Psicologia da Universidade de Toronto por nos designar como alunos de graduação para o mesmo pequeno escritório no subsolo. Nossa experiência compartilhada em seus confins bolorentos nos ajudou a formar uma aliança inquebrável.

Queremos agradecer especialmente aos nossos alunos e aos membros dos nossos laboratórios cujas perguntas, ideias e energia são infinitamente inspiradoras. A maior parte do trabalho que apresentamos neste livro nunca teria acontecido sem vocês! Da parte de Dom, um agradecimento particular vai para Natasha Thalla, Nick Ungson, Shiang-Yi Lin, Justin Aoki e Matthew Kugler. Da parte de Jay, um agradecimento particular vai para Jenny Xiao, Ana Gantman, Hannah Nam, Leor Hackel, Daniel Yudkin, Julian Wills, Billy Brady, Diego Reinero, Anni Sternisko, Elizabeth Harris e Claire Robertson, Peter Mende-Siedlecki, Oriel FeldmanHall, Andrea Periera, Philip Parnamets, Kim Doell e Victoria Spring.

Agradecemos aos nossos mentores, colegas, colaboradores e amigos na Universidade de Nova York, Lehigh University e muito mais. Muitos para relacionar por completo, vocês são o que torna os nossos trabalhos tão divertidos e interessantes.

Obrigado a Michael Wohl, Christopher Miners e Amanda Kesek por manter nossa sanidade durante os muitos desafios da pós-graduação e da vida posterior.

Obrigado ao nosso excelente agente, Jim Levine. Agradecimentos a Marisa Vigilante, nossa paciente e sábia editora, cujas ajuda e visão produziram este livro. Grande apreço também a todos que deram conselhos ou leram partes do livro ao longo do caminho, incluindo Khalil Smith, Annie Duke, Josh Aronson, Adam Galinsky e Sarah Grevy Gottfredsen.

Mais importante de tudo, somos eternamente gratos às nossas pacientes e amorosas famílias — a Jenny, Julia, Toby, Charles e Alison, da parte de Dominic, e a Tessa, Jack, Annie, Matty, Brenda e Colin, da parte de Jay.

NOTAS

CAPÍTULO 1: O PODER DO NÓS

[1] Barbara Smit, *Pitch Invasion* (Harmondsworth, UK: Penguin, 2007).

[2] Allan Hall, "Adidas and Puma Bury the Hatchet After 60 Years of Brothers' Feud After Football Match", *Telegraph*, 22 de setembro de 2009, https://www.telegraph.co.uk/news/worldnews/europe/germany/6216728/Adidas-and-Puma bury the hatchet-after-60-years-of-brothers-feud-after-football-match.html.

[3] Henri Tajfel, "Experiments in Intergroup Discrimination", *Scientific Norte-american* 223, nº 5 (1970): 96–103.

[4] Henri Tajfel, "Social Identity and Intergroup Behaviour", *Social Science Information* 13, nº 2 (1º de abril de 1974): 65–93, https://doi.org/10.1177/053901847401300204.

[5] Amélie Mummendey e Sabine Otten, "Positive-Negative Asymmetry in Social Discrimination", *European Review of Social Psychology* 9, nº 1 (1998): 107–43.

[6] Jay J. Van Bavel e William A. Cunningham, "Self-Categorization with a Novel Mixed-Race Group Moderates Automatic Social and Racial Biases", *Personality and Social Psychology Bulletin* 35, nº 3 (2009): 321–35.

[7] David De Cremer e Mark Van Vugt, "Social Identification Effects in Social Dilemmas: A Transformation of Motives", *European Journal of Social Psychology* 29, nº 7 (1999): 871–93, https://doi.org/10.1002/(SICI)1099-0992(199911)29:7<871::AID-EJSP962>3.0.CO;2-I.

[8] Marilynn B. Brewer e Sonia Roccas, "Individual Values, Social Identity, and Optimal Distinctiveness", em *Individual Self, Relational Self, Collective Self*, ed. Constantine Sedikides e Marilynn B. Brewer (Nova York: Psychology Press, 2001), 219–37.

[9] Lucy Maud Montgomery, *The Annotated Anne of Green Gables* (Nova York: Oxford University Press, 1997).

[10] Jolanda Jetten, Tom Postmes e Brendan J. McAuliffe, "'We're All Individuals': Group Norms of Individualism and Collectivism, Levels of Identification and Identity Threat", *European Journal of Social Psychology* 32, nº 2 (2002): 189–207, https://doi.org/10.1002/ejsp.65.

11 Hazel Rose Markus e Alana Conner, *Clash!: How to Thrive in a Multicultural World* (Nova York: Penguin, 2013).
12 Jeffrey Jones, "U.S. Clergy, Bankers See New Lows in Honesty/Ethics Ratings", Gallup.com, 9 de dezembro de 2009, https://news.gallup.com/poll/124 628/Clergy-Bankers-New-Lows-Honesty-Ethics-Ratings.aspx.
13 Alain Cohn, Ernst Fehr e Michel André Maréchal, "Business Culture and Dishonesty in the Banking Industry", *Nature* 516, n° 7529 (4 de dezembro de 2014): 86–89, https://doi.org/10.1038/nature13977.
14 Zoe Rahwan, Erez Yoeli e Barbara Fasolo, "Heterogeneity in Banker Culture and Its Influence on Dishonesty", *Nature* 575, n° 7782 (Novembro de 2019): 345–49, https://doi.org/10.1038/s41586-019-1741-y.
15 Alain Cohn, Ernst Fehr e Michel André Maréchal, "Selective Participation May Undermine Replication Attempts", *Nature* 575, n° 7782 (Novembro de 2019): E1–E2, https://doi.org/10.1038/s41586-019-1729-7.

CAPÍTULO 2: AS LENTES DA IDENTIDADE

1 Albert H. Hastorf e Hadley Cantril, "They Saw a Game; a Case Study", *Journal of Abnormal and Social Psychology* 49, n° 1 (1954): 129–34, https://doi.org/10.1037/h0057880.
2 Nima Mesgarani e Edward F. Chang, "Selective Cortical Representation of Attended Speaker in Multi-Talker Speech Perception", *Nature* 485, n° 7397 (Maio de 2012): 233–36, https://doi.org/10.1038/nature11020.
3 Y. Jenny Xiao, Géraldine Coppin e Jay J. Van Bavel, "Perceiving the World Through Group-Colored Glasses: A Perceptual Model of Intergroup Relations", *Psychological Inquiry* 27, n° 4 (1° de outubro de 2016): 255–74, https://doi.org/10.1080/1047840X.2016.1199221.
4 Joan Y. Chiao et al., "Priming Race in Biracial Observers Affects Visual Search for Black and White Faces", *Psychological Science* 17 (Maio de 2006): 387–92, https://doi.org/10.1111/j.1467-9280.2006.01717.x.
5 Leor M. Hackel et al., "From Groups to Grits: Social Identity Shapes Evaluations of Food Pleasantness", *Journal of Experimental Social Psychology* 74 (1° de janeiro de 2018): 270–80, https://doi.org/10.1016/j.jesp.2017.09.007.
6 Ibid.
7 Kristin Shutts et al., "Social Information Guides Infants' Selection of Foods", *Journal of Cognition and Development* 10, nos. 1–2 (2009): 1–17.
8 Géraldine Coppin et al., "Swiss Identity Smells like Chocolate: Social Identity Shapes Olfactory Judgments", *Scientific Reports* 6, n° 1 (11 de outubro de 2016): 34979, https://doi.org/10.1038/srep34979.
9 Stephen D. Reicher et al., "Core Disgust Is Attenuated by Ingroup Relations", *Proceedings of the National Academy of Sciences* 113, n° 10 (8 de março de 2016): 2631–35, https://doi.org/10.1073/pnas.1517027113.
10 Ibid.

[11] Y. Jenny Xiao e Jay J. Van Bavel, "See Your Friends Close and Your Enemies Closer: Social Identity and Identity Threat Shape the Representation of Physical Distance", *Personality and Social Psychology Bulletin* 38, nº 7 (1º de julho de 2012): 959–72, https://doi.org/10.1177/0146167212442228.

[12] Y. Jenny Xiao, Michael J. A. Wohl e Jay J. Van Bavel, "Proximity Under Threat: The Role of Physical Distance in Intergroup Relations", *PLOS ONE* 11, nº 7 (28 de julho de 2016): e0159792, https://doi.org/10.1371/journal.pone.0159792.

[13] "Trump Leads 'Build That Wall' Chant in California", NBC News, 25 de maio de 2016, https://www.nbcnews.com/video/trump-leads-build-that-wall-chant-in-california-692809283877.

[14] Xiao e Van Bavel, "See Your Friends Close and Your Enemies Closer".

[15] Xiao, Wohl, e Van Bavel, "Proximity Under Threat".

[16] Conor Friedersdorf, "The Killing of Kajieme Powell and How It Divides Norte-americans", *Atlantic*, 21 de agosto de 2014, https://www.theatlantic.com/national/archive/2014/08/the-killing-of-kajieme-powell/378899/.

[17] David Yokum, Anita Ravishankar e Alexander Coppock, "A Randomized Control Trial Evaluating the Effects of Police Body-Worn Cameras", *Proceedings of the National Academy of Sciences* 116, nº 21 (2019): 10329–32.

[18] Timothy Williams et al., "Police Body Cameras: What Do You See?", *New York Times*, 1º de abril de 2016, https://www.nytimes.com/interactive/2016/04/01/us/police-bodycam-video.html.

[19] Yael Granot et al., "Justice Is Not Blind: Visual Attention Exaggerates Effects of Group Identification on Legal Punishment", *Journal of Experimental Psychology: General* 143, nº 6 (2014): 2196–208, https://doi.org/10.1037/a0037893.

[20] Emma Pierson et al., "A Large-Scale Analysis of Racial Disparities in Police Stops Across the United States", *Nature Human Behaviour* 4, nº 7 (Julho de 2020): 736–45, https://doi.org/10.1038/s41562-020-0858-1.

[21] Bocar A. Ba et al., "The Role of Officer Race and Gender in Police-Civilian Interactions in Chicago", *Science* 371, nº 6530 (12 de fevereiro de 2021): 696–702, https://doi.org/10.1126/science.abd8694.

[22] Mahzarin R. Banaji e Anthony G. Greenwald, *Blindspot: Hidden Biases of Good People* (Nova York: Bantam, 2016).

CAPÍTULO 3: COMPARTILHANDO A REALIDADE

[1] Leon Festinger, Henry Riecken e Stanley Schachter, *When Prophecy Fails* (Nova York: Harper and Row, 1964).

[2] Solomon E. Asch, "Studies of Independence and Conformity: I. A Minority of One Against a Unanimous Majority", *Psychological Monographs: General and Applied* 70, no 9 (1956): 1–70; Solomon E. Asch, "Opinions and Social Pressure", *Scientific Norte-american* 193, nº 5 (1955): 31–35.

[3] Robert S. Baron, Joseph A. Vandello e Bethany Brunsman, "The Forgotten Variable in Conformity Research: Impact of Task Importance on Social Influence", *Journal of Personality and Social Psychology* 71, nº 5 (1996): 915–27, https://doi.org/10.1037/0022-3514.71.5.915.

[4] Joachim I. Krueger e Adam L. Massey, "A Rational Reconstruction of Misbehavior", *Social Cognition* 27, nº 5 (2009): 786–812, https://doi.org/10.1521/soco.2009.27.5.786.

[5] Sushil Bikhchandani, David Hirshleifer e Ivo Welch, "A Theory of Fads, Fashion, Custom, and Cultural Change as Informational Cascades", *Journal of Political Economy* 100, nº 5 (1992): 992–1026.

[6] Dominic Abrams et al., "Knowing What to Think by Knowing Who You Are: Self-Categorization and the Nature of Norm Formation, Conformity and Group Polarization", *British Journal of Social Psychology* 29, nº 2 (1990): 97–119; Dominic J. Packer, Nick D. Ungson e Jessecae K. Marsh, "Conformity and Reactions to Deviance in the Time of COVID-19", *Group Processes and Intergroup Relations* 24, nº 2 (2021): 311–17.

[7] Jonah Berger e Chip Heath, "Who Drives Divergence? Identity Signaling, Outgroup Dissimilarity, and the Abandonment of Cultural Tastes", *Journal of Personality and Social Psychology* 95, nº 3 (Setembro de 2008): 593–607, https://doi.org/10.1037/0022-3514.95.3.593.

[8] Philip Fernbach e Steven Sloman, "Why We Believe Obvious Untruths", *New York Times*, 3 de março de 2017, https://www.nytimes.com/2017/03/03/opinion/sunday/why-we-believe-obvious-untruths.html.

[9] Jamie L. Vernon, "On the Shoulders of Giants", *Norte-american Scientist*, 19 de junho de 2017, https://www.norte-americanscientist.org/article/on-the-shoulders-of-giants.

[10] Kenneth Warren, *Bethlehem Steel: Builder and Arsenal of America* (Pittsburgh: University of Pittsburgh Press, 2010).

[11] Carol J. Loomis, Patricia Neering e Christopher Tkaczyk, "The Sinking of Bethlehem Steel", *Fortune*, 5 de abril de 2004, https://money.cnn.com/magazines/fortune/fortune_archive/2004/04/05/366339/index.htm.

[12] Bill Keller, "Enron for Dummies", *New York Times*, 26 de janeiro de 2002, https://www.nytimes.com/2002/01/26/opinion/enron-for-dummies.html; "Understanding Enron", *New York Times*, 14 de janeiro de 2002, https://www.nytimes.com/2002/01/14/business/understanding-enron.html.

[13] Dennis Tourish e Naheed Vatcha, "Charismatic Leadership and Corporate Cultism at Enron: The Elimination of Dissent, the Promotion of Conformity and Organizational Collapse", *Leadership* 1 (1º de novembro de 2005): 455–80, https://doi.org/10.1177/1742715005057671.

[14] Ibid.

[15] Peter C. Fusaro e Ross M. Miller, *What Went Wrong at Enron: Everyone's Guide to the Largest Bankruptcy in U.S. History* (Hoboken, NJ: John Wiley and Sons, 2002).

[16] Ned Augenblick et al., "The Economics of Faith: Using an Apocalyptic Prophecy to Elicit Religious Beliefs in the Field", National Bureau of Economic Research, 21 de dezembro de 2012, https://doi.org/10.3386/w18641.

[17] Festinger, Riecken e Schachter, *When Prophecy Fails*.

[18] Anni Sternisko, Aleksandra Cichocka e Jay J. Van Bavel, "The Dark Side of Social Movements: Social Identity, Non-Conformity, and the Lure of Conspiracy Theories", *Current Opinion in Psychology* 35 (2020): 1–6.

[19] Paul 't Hart, "Irving L. Janis' Victims of Groupthink", *Political Psychology* 12, nº 2 (1991): 247–78, https://doi.org/10.2307/3791464.

[20] Keith E. Stanovich, Richard F. West, e Maggie E. Toplak, "Myside Bias, Rational Thinking, and Intelligence", *Current Directions in Psychological Science* 22, nº 4 (2013): 259–64.

[21] Roderick M. Kramer, "Revisiting the Bay of Pigs and Vietnam Decisions 25 Years Later: How Well Has the Groupthink Hypothesis Stood the Test of Time?", *Organizational Behavior and Human Decision Processes* 73, nos. 2–3 (Fevereiro de 1998): 236–71, https://doi.org/10.1006/obhd.1998.2762.

[22] Jonathan Haidt, "New Study Indicates Existence of Eight Conservative Social Psychologists", *Heterodox* (blog), 7 de janeiro de 2016, https://heterodoxacademy.org/blog/new-study-indicates-existence-of-eight-conservative social psychol ogists/.

[23] David Buss e William von Hippel, "Psychological Barriers to Evolutionary Psychology: Ideological Bias and Coalitional Adaptations", *Archives of Scientific Psychology* 6 (2018): 148–58, https://psycnet.apa.org/fulltext/2018-57934-001.html.

[24] Jay J. Van Bavel et al., "Breaking Groupthink: Why Scientific Identity and Norms Mitigate Ideological Epistemology", *Psychological Inquiry* 31, nº 1 (2 de janeiro de 2020): 66–72, https://doi.org/10.1080/1047840X.2020.1722599.

[25] Diego Reinero et al., "Is the Political Slant of Psychology Research Related to Scientific Replicability?" (2019), https://doi.org/10.31234/osf.io/6k3j5.

[26] Eitan, Orly, Domenico Viganola, Yoel Inbar, Anna Dreber, Magnus Johannesson, Thomas Pfeiffer, Stefan Thau e Eric Luis Uhlmann, "Is research in social psychology politically biased? Systematic empirical tests and a forecasting survey to address the controversy", *Journal of Experimental Social Psychology* 79 (2018): 188-99.

[27] Niklas K. Steffens et al., "Our Followers Are Lions, Theirs Are Sheep: How Social Identity Shapes Theories about Followership and Social Influence", *Political Psychology* 39, nº 1 (2018): 23–42.

[28] Packer, Ungson e Marsh, "Conformity and Reactions to Deviance".

[29] Gordon Pennycook et al., "Fighting COVID-19 Misinformation on Social Media: Experimental Evidence for a Scalable Accuracy-Nudge Intervention", *Psychological Science* 31, nº 7 (1º de julho de 2020): 770–80, https://doi.org/10.1177/0956797620939054.

CAPÍTULO 4: ESCAPANDO DAS CÂMARAS DE ECO

[1] Dan M. Kahan et al., "Motivated Numeracy and Enlightened Self-Government", *Behavioural Public Policy* 1 (Setembro de 2013): 54–86, https://doi.org/10.2139/ssrn.2319992.

[2] Eli J. Finkel et al., "Political Sectarianism in America", *Science* 370, n° 6516 (30 de outubro de 2020): 533–36, https://doi.org/10.1126/science.abe1715.

[3] Elizabeth Ann Harris et al., "The Psychology and Neuroscience of Partisanship", PsyArXiv, 13 de outubro de 2020, https://doi.org/10.31234/osf.io/hdn2w.

[4] Nick Rogers e Jason Jones, "Using Twitter Bios to Measure Changes in Social Identity: Are Norte-americans Defining Themselves More Politically Over Time?"(Agosto de 2019), https://doi.org/10.13140/RG.2.2.32584.67849.

[5] M. Keith Chen e Ryne Rohla, "The Effect of Partisanship and Political Advertising on Close Family Ties", *Science* 360, n° 6392 (1° de junho de 2018): 1020–24, https://doi.org/10.1126/science.aaq1433.

[6] Shanto Iyengar et al., "The Origins and Consequences of Affective Polarization in the United States", *Annual Review of Political Science* 22, n° 1 (2019): 129–46, https://doi.org/10.1146/annurev-polisci-051117-073034.

[7] Elaine Chen, "Group Think at the Inauguration?", *Only Human*, 24 de janeiro de 2017, https://www.wnycstudios.org/podcasts/onlyhuman/articles/group-think-inauguration.

[8] Finkel et al., "Political Sectarianism".

[9] John R. Hibbing, Kevin B. Smith e John R. Alford, *Predisposed: Liberals, Conservatives, and the Biology of Political Differences* (Nova York: Routledge, 2013).

[10] Ryota Kanai et al., "Political Orientations Are Correlated with Brain Structure in Young Adults", *Current Biology* 21, n° 8 (26 de abril de 2011): 677–80, https://doi.org/10.1016/j.cub.2011.03.017.

[11] H. Hannah Nam et al., "Amygdala Structure and the Tendency to Regard the Social System as Legitimate and Desirable", *Nature Human Behaviour* 2, n° 2 (Fevereiro de 2018): 133–38, https://doi.org/10.1038/s41562-017-0248-5.

[12] H. Hannah Nam et al., "Toward a Neuropsychology of Political Orientation: Exploring Ideology in Patients with Frontal and Midbrain Lesions", *Philosophical Transactions of the Royal Society B: Biological Sciences* 376, n° 1822 (12 de abril de 2021): 20200137, https://doi.org/10.1098/rstb.2020.0137.

[13] John T. Jost, Christopher M. Federico e Jaime L. Napier, "Political Ideology: Its Structure, Functions, and Elective Affinities", *Annual Review of Psychology* 60, n° 1 (2009): 307–37, https://doi.org/10.1146/annurev.psych.60.110707.163600.

[14] Dharshan Kumaran, Hans Ludwig Melo e Emrah Duzel, "The Emergence and Representation of Knowledge About Social and Nonsocial Hierarchies",

[15] *Neuron* 76, nº 3 (8 de novembro de 2012): 653–66, https://doi.org/10.1016/j.neuron.2012.09.035.
[15] Nam et al., "Amygdala Structure".
[16] M. J. Crockett, "Moral Outrage in the Digital Age", *Nature Human Behaviour* 1, nº 11 (Novembro de 2017): 769–71, https://doi.org/10.1038/s41562-017-0213-3.
[17] Ibid.
[18] "Average Person Scrolls 300 Feet of Social Media Content Daily", *NetNewsLedger* (blog), 1º de janeiro de 2018, http://www.netnewsledger.com/2018/01/01/average-person-scrolls-300-feet-social-media-content-daily/.
[19] William Brady, Ana Gantman e Jay Van Bavel, "Attentional Capture Helps Explain Why Moral and Emotional Content Go Viral", *Journal of Experimental Psychology: General* 149 (5 de setembro de 2019): 746–56, https://doi.org/10.1037/xge0000673.
[20] Rich McCormick, "Donald Trump Says Facebook and Twitter 'Helped Him Win'", *Verge*, 13 de novembro de 2016, https://www.theverge.com/2016/11/13/13619148/trump-facebook-twitter-helped-win.
[21] William J. Brady et al., "An Ideological Asymmetry in the Diffusion of Moralized Content Among Political Elites", PsyArXiv, 28 de setembro de 2018, https://doi.org/10.31234/osf.io/43n5e.
[22] Marlon Mooijman et al., "Moralization in Social Networks and the Emergence of Violence During Protests", *Nature Human Behaviour* 2, nº 6 (2018): 389–96.
[23] William J. Brady e Jay J. Van Bavel, "Social Identity Shapes Antecedents and Functional Outcomes of Moral Emotion Expression in Online Networks", OSF Preprints, 2 de abril de 2021, https://doi:10.31219/osf.io/dgt6u.
[24] Andrew M. Guess, Brendan Nyhan e Jason Reifler, "Exposure to Untrustworthy Websites in the 2016 US Election", *Nature Human Behaviour* 4, nº 5 (Maio de 2020): 472–80, https://doi.org/10.1038/s41562-020-0833-x.
[25] Andrea Pereira, Jay J. Van Bavel e Elizabeth Ann Harris, "Identity Concerns Drive Belief: The Impact of Partisan Identity on the Belief and Dissemination of True and False News", PsyArXiv, 11 de setembro de 2018 https://doi.org/10.31234/osf.io/7vc5d.
[26] Mark Murray, "Sixty Percent Believe Worst Is Yet to Come for the U.S. in Coronavirus Pandemic", NBCNews.com, 15 de março de 2020, https://www.nbcnews.com / politics /meet-the-press /sixty-percent-believe-worst-yet-come-u-s-coronavirus-pandemic-n1159106.
[27] Jay J. Van Bavel, "In a Pandemic, Political Polarization Could Kill People", *Washington Post*, 23 de março de 2020, https://www.washingtonpost.com/outlook/2020/03/23/coronavirus-polarization-political-exaggeration/.
[28] "Donald Trump, Charleston, South Carolina, Rally Transcript", *Rev* (blog), 28 de fevereiro de 2020, https://www.rev.com/blog/transcripts/donald-trump-charleston-south-carolina-rally-transcript-february-28-2020.

29   Anton Gollwitzer et al., "Partisan Differences in Physical Distancing Predict Infections and Mortality During the Coronavirus Pandemic", PsyArXiv, 24 de maio de 2020, https://doi.org/10.31234/osf.io/t3yxa.

30   Damien Cave, "Jacinda Ardern Sold a Drastic Lockdown with Straight Talk and Mom Jokes", *New York Times*, 23 de maio de 2020, https://www.nytimes.com/2020/05/23/world/asia/jacinda-ardern-coronavirus-new-zealand.html.

31   David Levinsky, "Democrat Andy Kim Takes His Seat in Congress", *Burlington County Times*, 3 de janeiro de 2019, https://www.burlingtoncountytimes.com/news/20190103/democrat-andy-kim-takes-his-seat-in-congress.

32   Bryce J. Dietrich, "Using Motion Detection to Measure Social Polarization in the U.S. House of Representatives", *Political Analysis* (Novembro de 2020): 1–10, https://doi.org/10.1017/pan.2020.25.

33   Christopher A. Bail et al., "Exposure to Opposing Views on Social Media Can Increase Political Polarization", *Proceedings of the National Academy of Sciences* 115, nº 37 (11 de setembro de 2018): 9216–21, https://doi.org/10.1073/pnas.1804840115.

34   Douglas Guilbeault, Joshua Becker e Damon Centola, "Social Learning and Partisan Bias in the Interpretation of Climate Trends", *Proceedings of the National Academy of Sciences* 115, nº 39 (25 de setembro de 2018): 9714–19, https://doi.org/10.1073/pnas.1722664115.

35   Erin Rossiter, "The Consequences of Interparty Conversation on Outparty Affect and Stereotypes", Washington University em St. Louis, 4 de setembro de 2020, https://erossiter.com/files/conversations.pdf.

36   Hunt Allcott et al., "The Welfare Effects of Social Media", *Norte-american Economic Review* 119 (Março de 2020): 629–76, https://doi.org/10.1257/aer.20190658.

37   Abraham Rutchick, Joshua Smyth e Sara Konrath, "Seeing Red (and Blue): Effects of Electoral College Depictions on Political Group Perception", *Analyses of Social Issues and Public Policy* 9 (1º de dezembro de 2009): 269–82, https://doi.org/10.1111/j.1530-2415.2009.01183.x.

CAPÍTULO 5: O VALOR DA IDENTIDADE

1   "What Is Truly Scandinavian?", Scandinavian Airlines, 2020, https://www.youtube.com/watch?v=ShfsBPrNcTI&ab_channel=SAS-ScandinavianAirlines.

2   "Nordic Airline SAS Criticised for Saying 'Absolutely Nothing' Is Truly Scandinavian", *Sky News*, 14 de fevereiro de 2020, https://news.sky.com/story/nordic-airline-sas-criticised-for-saying-absolutely-nothing-is-truly-scandinavian-11933757. A reação ao anúncio foi particularmente negativa e pode ter sido exacerbada por grupos de direita. A companhia aérea respondeu: "SAS é uma companhia aérea escandinava que traz viajantes de, para e dentro da Escandinávia, e nós mantemos a mensagem no filme de que as

viagens nos enriquecem... Quando viajamos, influenciamos nosso ambiente e somos influenciados por outros."

3. "I Am Canadian—Best Commercial Ever!", CanadaWebDeveloper, abril de 2014, https://www.youtube.com/watch?v=pASE_TgeVg8&ab_channel=CanadaWeb Developer.

4. George A. Akerlof e Rachel E. Kranton, *Identity Economics: How Our Identities Shape Our Work, Wages, and Well-Being* (Princeton, NJ: Princeton University Press, 2011).

5. "The Psychology of Stealing Office Supplies", BBC.com, 24 de maio de 2018, https://www.bbc.com /worklife/article/20180524-the-psychology-of-stealing-office-supplies.

6. "Lukacs: Buckeyes Tradition 40 Years in the Making", ESPN.com, 12 de setembro de 2008, https://www.espn.com/college-football/news/story?id=3583496.

7. "College Football's Winningest Teams over the Past 10 Years: Ranked!", *For the Win* (blog), 19 de agosto de 2015, https://ftw.usatoday.com/2015/08/best-college-football-teams-past-10-years-best-record-boise-state-ohio-state-most-wins.

8. Robert Cialdini et al., "Basking in Reflected Glory: Three (Football) Field Studies", *Journal of Personality and Social Psychology* 34 (1976): 366–75, https://www.academia.edu/570635/Basking_in_reflected_glory_Three_football_field_studies.

9. Leor M. Hackel, Jamil Zaki e Jay J. Van Bavel, "Social Identity Shapes Social Valuation: Evidence from Prosocial Behavior and Vicarious Reward", *Social Cognitive and Affective Neuroscience* 12, nº 8 (1º de agosto de 2017): 1219–28, https://doi.org/10.1093/scan/nsx045.

10. Robert D. Putnam, *Bowling Alone: The Collapse and Revival of Norte-americancommunity* (Nova York: Simon and Schuster, 2000).

11. Kurt Hugenberg et al., "The Categorization-Individuation Model: An Integrative Account of the Other-Race Recognition Deficit", *Psychological Review* 117, nº 4 (2010): 1168.

12. Jay J. Van Bavel et al., "Motivated Social Memory: Belonging Needs Moderate the Own-Group Bias in Face Recognition", *Journal of Experimental Social Psychology* 48, nº 3 (2012): 707–13.

13. Katherine E. Loveland, Dirk Smeesters e Naomi Mandel, "Still Preoccupied with 1995: The Need to Belong and Preference for Nostalgic Products", *Journal of Consumer Research* 37, nº 3 (2010): 393–408.

14. Maya D. Guendelman, Sapna Cheryan e Benoît Monin, "Fitting In but Getting Fat: Identity Threat and Dietary Choices Among U.S. Immigrant Groups", *Psychological Science* 22, nº 7 (1º de julho de 2011): 959–67, https://doi.org/10.1177/0956797611411585.

15. Marilynn B. Brewer, "The Social Self: On Being the Same and Different at the Same Time", *Personality and Social Psychology Bulletin* 17, nº 5 (1º de outubro de 1991): 475–82, https://doi.org/10.1177/0146167291175001.

16 Karl Taeuscher, Ricarda B. Bouncken e Robin Pesch, "Gaining Legitimacy by Being Different: Optimal Distinctiveness in Crowdfunding Platforms", *Academy of Management Journal* 64, nº 1 (2020): 149–79.

17 Steven E. Sexton e Alison L. Sexton, "Conspicuous Conservation: The Prius Halo and Willingness to Pay for Environmental Bona Fides", *Journal of Environmental Economics and Management* 67, nº 3 (2014): 303–17.

18 Rachel Greenspan, "Lori Loughlin and Felicity Huffman's College Admissions Scandal Remains Ongoing", *Time*, 3 de março de 2019, https://time.com/5549921/college-admissions-bribery-scandal/.

19 Paul Rozin et al., "Asymmetrical Social Mach Bands: Exaggeration of Social Identities on the More Esteemed Side of Group Borders", *Psychological Science* 25, nº 10 (2014): 1955–59.

20 Cindy Harmon-Jones, Brandon J. Schmeichel e Eddie Harmon-Jones, "Symbolic Self-Completion in Academia: Evidence from Department Web Pages and Email Signature Files", *European Journal of Social Psychology* 39 (2009): 311–16.

21 Robert A. Wicklund e Peter M. Gollwitzer, "Symbolic Self-Completion, Attempted Influence, and Self-Deprecation", *Basic and Applied Social Psychology* 2, nº 2 (junho de 1981): 89–114, https://doi.org/10.1207/s15324834basp0202_2.

22 Margaret Foddy, Michael J. Platow e Toshio Yamagishi, "Group-Based Trust in Strangers: The Role of Stereotypes and Expectations", *Psychological Science* 20, nº 4 (1º de abril 2009): 419–22, https://doi.org/10.1111/j.1467-9280.2009.02312.x.

23 Toshio Yamagishi e Toko Kiyonari, "The Group as the Container of Generalized Reciprocity", *Social Psychology Quarterly* 63, nº 2 (2000): 116–32, https://doi.org/10.2307/2695887.

CAPÍTULO 6: SUPERANDO O PRECONCEITO

1 Chris Palmer e Stephanie Farr, "Philly Police Dispatcher After 911 Call: 'Group of Males' Was 'Causing a Disturbance' at Starbucks", *Philadelphia Inquirer*, 17 de abril de 2018, https://www.inquirer.com/philly/news/crime/phillypolice-release-audio-of-911-call-from-philadelphia-starbucks-20180417.html; "Starbucks to Close All U.S. Stores for Racial-Bias Education", Starbucks.com, 17 de abril de 2018, https://stories.starbucks.com/press/2018/starbucks-to-close-stores-nationwide-for-racial-bias-education-may-29/; Samantha Melamed, "Starbucks Arrests in Philadelphia: CEO Kevin Johnson Promises UnconsciousBias Training for Managers", *Philadelphia Inquirer*, 16 de abril de 2018, https:// www.inquirer.com/philly/news/pennsylvania/philadelphia/starbucks-ceo-kevin-johnson-philadelphia-arrests-black-men-20180416.html.

2 "Subverting Starbucks", *Newsweek*, 27 de outubro de 2002, https://www.newsweek.com/subverting-starbucks-146749.

[3] Rob Tornoe, "What Happened at Starbucks in Philadelphia?", *Philadelphia Inquirer*, 16 de abril de 2018, https://www.inquirer.com/philly/news/starbucks philadelphia-arrests-black-men-video-viral-protests-background-20180416.html.

[4] "Starbucks to Close All U.S. Stores". https://stories.starbucks.com/press/2018/starbucks-to-close-stores-nationwide-for-racial-bias-education-may-29.

[5] Mahzarin R. Banaji e Anthony G. Greenwald, *Blindspot: Hidden Biases of Good People* (Nova York: Bantam, 2016); Bertram Gawronski e Jan De Houwer, "Implicit Measures in Social and Personality Psychology", em *Handbook of Research Methods in Social and Personality Psychology*, ed. Harry Reis e Charles Judd (Nova York: Cambridge University Press, 2014).

[6] Po Bronson, "Is Your Baby Racist?", *Newsweek*, 6 de setembro de 2009, https://www.newsweek.com/nurtureshock-cover-story-newsweek-your-baby-racist-223434.

[7] Leda Cosmides, John Tooby e Robert Kurzban, "Perceptions of Race", *Trends in Cognitive Sciences* 7, n° 4 (2003): 173–79.

[8] Donald E. Brown, "Human Universals, Human Nature and Human Culture", *Daedalus* 133, n° 4 (2004): 47–54.

[9] Jim Sidanius e Felicia Pratto, *Social Dominance: An Intergroup Theory of Social Hierarchy and Oppression* (Nova York: Cambridge University Press, 2001).

[10] Gunnar Myrdal, *An Norte-american Dilemma*, vol. 2 (Rutgers, NJ: Transaction Publishers, 1996).

[11] Nathan Nunn, "Slavery, Inequality, and Economic Development in the Americas", *Institutions and Economic Performance* 15 (2008): 148–80; Nathan Nunn, "The Historical Roots of Economic Development", *Science* 367, n° 6485 (2020).

[12] Avidit Acharya, Matthew Blackwell e Maya Sen, "The Political Legacy of Norte-american Slavery", *Journal of Politics* 78, n° 3 (2016): 621–41.

[13] B. Keith Payne, Heidi A. Vuletich e Kristjen B. Lundberg, "The Bias of Crowds: How Implicit Bias Bridges Personal and Systemic Prejudice ", *Psychological Inquiry* 28, n° 4 (2017): 233–48.

[14] Rachel Treisman, "Nearly 100 Confederate Monuments Removed in 2020, Report Says; More than 700 Remain", National Public Radio, 23 de fevereiro de 2021, https://www.npr.org/2021/02/23/970610428/nearly-100-confederate-monuments-removed-in-2020-report-says-more-than-700-remai.

[15] Elizabeth A. Phelps et al., "Performance on Indirect Measures of Race Evaluation Predicts Amygdala Activation", *Journal of Cognitive Neuroscience* 12, n° 5 (2000): 729–38.

[16] William A. Cunningham et al., "Separable Neural Components in the Processing of Black and White Faces", *Psychological Science* 15, n° 12 (2004): 806–13.

[17] Jay J. Van Bavel, Dominic J. Packer e William A. Cunningham, "The Neural Substrates of In-Group Bias: A Functional Magnetic Resonance Imaging Investigation", *Psychological Science* 19, n° 11 (2008): 1131–39.

[18] Ibid.; Jay J. Van Bavel e William A. Cunningham, "Self-Categorization with a Novel Mixed-Race Group Moderates Automatic Social and Racial Biases", *Personality and Social Psychology Bulletin* 35, no 3 (2009): 321–35; Jay J. Van Bavel e William A. Cunningham, "A Social Identity Approach to Person Memory: Group Membership, Collective Identification, and Social Role Shape Attention and Memory", *Personality and Social Psychology Bulletin* 38, n° 12 (2012): 1566–78.

[19] João F. Guassi Moreira, Jay J. Van Bavel e Eva H. Telzer, "The Neural Development of 'Us and Them'", *Social Cognitive and Affective Neuroscience* 12, n° 2 (2017): 184–96.

[20] Anthony W. Scroggins et al., "Reducing Prejudice with Labels: Shared Group Memberships Attenuate Implicit Bias and Expand Implicit Group Boundaries", *Personality and Social Psychology Bulletin* 42, n° 2 (2016): 219–29.

[21] Calvin K. Lai et al., "Reducing Implicit Racial Preferences: I. A Comparative Investigation of 17 Interventions", *Journal of Experimental Psychology: General* 143, n° 4 (2014): 1765.

[22] Salma Mousa, "Building Social Cohesion Between Christians and Muslims Through Soccer in Post-ISIS Iraq", *Science* 369, n° 6505 (2020): 866–70.

[23] Ala' Alrababa'h et al., "Can Exposure to Celebrities Reduce Prejudice? The Effect of Mohamed Salah on Islamophobic Behaviors and Attitudes", *Norte-american Political Science Review* (2021): 1–18.

[24] Emma Pierson et al., "A Large-Scale Analysis of Racial Disparities in Police Stops Across the United States", *Nature Human Behaviour* 4, n° 7 (Julho de 2020): 736–45, https://doi.org/10.1038/s41562-020-0858-1.

[25] Keith Barry e Andy Bergmann, "The Crash Test Bias: How Male-Focused Testing Puts Female Drivers at Risk", *Consumer Reports*, 23 de outubro de 2019, https://www.consumerreports.org/car-safety/crash-test-bias-how-male-focused-testing-puts-female-drivers-at-risk/.

[26] Deborah Vagins e Jesselyn McCurdy, "Cracks in the System: 20 Years of the Unjust Federal Crack Cocaine Law", Norte-american Civil Liberties Union, Outubro de 2006, https://www.aclu.org/other/cracks-system-20-years-unjust-federal-crack-cocaine-law.

[27] Julia Stoyanovich, Jay J. Van Bavel e Tessa V. West, "The Imperative of Interpretable Machines", *Nature Machine Intelligence* 2, n° 4 (2020): 197–99.

[28] Katrine Berg Nødtvedt et al., "Racial Bias in the Sharing Economy and the Role of Trust and Self-Congruence", *Journal of Experimental Psychology: General* (Fevereiro de 2021).

[29] Lynne G. Zucker, "Production of Trust: Institutional Sources of Economic Structure, 1840–1920", *Research in Organizational Behavior* (1986): 53–111; Delia Baldassarri e Maria Abascal, "Diversity and Prosocial Behavior", *Science* 369, n° 6508 (2020): 1183–87.

30 Shiang-Yi Lin e Dominic J. Packer, "Dynamic Tuning of Evaluations: Implicit Racial Attitudes Are Sensitive to Incentives for Intergroup Cooperation", *Social Cognition* 35, nº 3 (2017): 245-72.

CAPÍTULO 7: ENCONTRANDO SOLIDARIEDADE

1 Sylvia R. Jacobson, "Individual and Group Responses to Confinement in a Skyjacked Plane", *Norte-american Journal of Orthopsychiatry* 43, nº 3 (1973): 459.
2 Ibid.
3 Martin Gansberg, "37 Who Saw Murder Didn't Call the Police", *New York Times,* 27 de março de 1964, https://www.nytimes.com/1964/03/27/archives/37-who-saw-murder-didnt-call-the-police-apathy-at-stabbing-of.html.
4 Mark Levine, "Helping in Emergencies: Revisiting Latané and Darley's Bystander Studies", em *Social Psychology: Revisiting the Classic Studies,* ed. J. R. Smith e S. A. Haslam (Thousand Oaks, CA: Sage Publications, 2012), 192-208.
5 Bibb Latané e John M. Darley, "Group Inhibition of Bystander Intervention in Emergencies", *Journal of Personality and Social Psychology* 10, nº 3 (1968): 215.
6 Levine, "Helping in Emergencies".
7 Richard Philpot et al., "Would I Be Helped? Cross-National CCTV Footage Shows That Intervention Is the Norm in Public Conflicts", *Norte-american Psychologist* 75, nº 1 (2020): 66.
8 Peter Fischer et al., "The Bystander-Effect: A Meta-Analytic Review on Bystander Intervention in Dangerous and Non-Dangerous Emergencies", *Psychological Bulletin* 137, nº 4 (2011): 517.
9 Peter Singer, *The Expanding Circle: Ethics, Evolution, and Moral Progress* (Princeton, NJ: Princeton University Press, 2011).
10 Mark Levine et al., "Identity and Emergency Intervention: How Social Group Membership and Inclusiveness of Group Boundaries Shape Helping Behavior", *Personality and Social Psychology Bulletin* 31, nº 4 (2005): 443-53.
11 John Drury et al., "Facilitating Collective Psychosocial Resilience in the Public in Emergencies: Twelve Recommendations Based on the Social Identity Approach", *Frontiers in Public Health* 7 (2019): 141; John Drury, "The Role of Social Identity Processes in Mass Emergency Behaviour: An Integrative Review", *European Review of Social Psychology* 29, nº 1 (2018): 38-81; John Drury, Chris Cocking, e Steve Reicher, "The Nature of Collective Resilience: Survivor Reactions to the 2005 London Bombings", *International Journal of Mass Emergencies and Disasters* 27, nº 1 (2009): 66-95.
12 Drury, Cocking e Reicher, "The Nature of Collective Resilience".
13 Diego A. Reinero, Suzanne Dikker e Jay J. Van Bavel, "Inter-Brain Synchrony in Teams Predicts Collective Performance", *Social Cognitive and Affective Neuroscience* 16, nos. 1-2 (2021): 43-57.

14. Suzanne Dikker et al., "Brain-to-Brain Synchrony Tracks Real-World Dynamic Group Interactions in the Classroom", *Current Biology* 27, n° 9 (2017): 1375-80.
15. Jackson Katz, *Macho Paradox: Why Some Men Hurt Women and How All Men Can Help* (Napierville, IL: Sourcebooks, 2006).
16. Henri Tajfel e John Turner, "An Integrative Theory of Intergroup Conflict", *Social Psychology of Intergroup Relations* 33 (1979); B. Bettencourt et al., "Status Differences and In-Group Bias: A Meta-Analytic Examination of the Effects of Status Stability, Status Legitimacy, and Group Permeability", *Psychological Bulletin* 127, n° 4 (2001): 520.
17. John T. Jost e Mahzarin R. Banaji, "The Role of Stereotyping in System Justification and the Production of False Consciousness", *British Journal of Social Psychology* 33, n° 1 (1994): 1–27; Aaron C. Kay e Justin Friesen, "On Social Stability and Social Change: Understanding When System Justification Does and Does Not Occur", *Current Directions in Psychological Science* 20, n° 6 (2011): 360–64.
18. Kees Van den Bos e Marjolein Maas, "On the Psychology of the Belief in a Just World: Exploring Experiential and Rationalistic Paths to Victim Blaming", *Personality and Social Psychology Bulletin* 35, n° 12 (2009): 1567–78; Bernard Weiner, Danny Osborne, e Udo Rudolph, "An Attributional Analysis of Reactions to Poverty: The Political Ideology of the Giver and the Perceived Morality of the Receiver", *Personality and Social Psychology Review* 15, n° 2 (2011): 199–213.
19. Kelly Danaher e Nyla R. Branscombe, "Maintaining the System with Tokenism: Bolstering Individual Mobility Beliefs and Identification with a Discriminatory Organization", *British Journal of Social Psychology* 49, n° 2 (2010): 343–62.
20. Cheryl R. Kaiser et al., "The Ironic Consequences of Obama's Election: Decreased Support for Social Justice", *Journal of Experimental Social Psychology* 45, n° 3 (2009): 556–59.
21. Amy R. Krosch et al., "On the Ideology of Hypodescent: Political Conservatism Predicts Categorization of Racially Ambiguous Faces as Black", *Journal of Experimental Social Psychology* 49, n° 6 (2013): 1196–1203; Jojanneke Van der Toorn et al., "In Defense of Tradition: Religiosity, Conservatism, and Opposition to Same-Sex Marriage in North America", *Personality and Social Psychology Bulletin* 43, n° 10 (2017): 1455–68.
22. "Protesters' Anger Justified Even if Actions May Not Be", Monmouth University Polling Institute, 2 de junho de 2020, https://www.monmouth.edu/polling-institute/reports/monmouthpoll_us_060220/.
23. Emina Subašić et al., "'We for She': Mobilising Men and Women to Act in Solidarity for Gender Equality", *Group Processes and Intergroup Relations* 21, n° 5 (2018): 707–24; Emina Subašić, Katherine J. Reynolds, e John C. Turner, "The Political Solidarity Model of Social Change: Dynamics of Self-Categorization in Intergroup Power Relations", *Personality and Social Psychology Review* 12, n° 4 (2008): 330–52.

[24] John Drury et al., "A Social Identity Model of Riot Diffusion: From Injustice to Empowerment in the 2011 London Riots", *European Journal of Social Psychology* 50, nº 3 (2020): 646–61; Cliff Stott e Steve Reicher, *Mad Mobs and Englishmen? Myths and Realities of the 2011 Riots* (Londres: Constable and Robinson, 2011).

[25] John Drury et al., "Re-Reading the 2011 English Riots—ESRC 'Beyond Contagion' Interim Report", Janeiro de 2019, https://sro.sussex.ac.uk/id/eprint/82292/1/Re-reading%20the%202011%20riots%20ESRC%20Beyond%20Contagion%20interim%20report.pdf.

[26] Stephen Reicher et al., "An Integrated Approach to Crowd Psychology and Public Order Policing", *Policing* 27 (Dezembro de 2004): 558–72; Clifford Stott e Matthew Radburn, "Understanding Crowd Conflict: Social Context, Psychology and Policing", *Current Opinion in Psychology* 35 (Março de 2020): 76–80.

[27] Maria J. Stephan e Erica Chenoweth, "Why Civil Resistance Works: The Strategic Logic of Nonviolent Conflict", *International Security* 33, nº 1 (2008): 7–44; Erica Chenoweth e Maria J. Stephan, *Why Civil Resistance Works: The Strategic Logic of Nonviolent Conflict* (Nova York: Columbia University Press, 2011).

[28] Matthew Feinberg, Robb Willer e Chloe Kovacheff, "The Activist's Dilemma: Extreme Protest Actions Reduce Popular Support for Social Movements", *Journal of Personality and Social Psychology* 119 (2020): 1086–111.

[29] Omar Wasow, "Agenda Seeding: How 1960s Black Protests Moved Elites, Public Opinion and Voting", *Norte-american Political Science Review* 114, nº 3 (2020): 638–59.

CAPÍTULO 8: FOMENTANDO A DIVERGÊNCIA

[1] Lily Rothman, "Read the Letter That Changed the Way Norte-americans Saw the Vietnam War", *Time*, 16 de março de 2015, https://time.com/3732062/ronald-ridenhour-vietnam-my-lai/; John H. Cushman Jr, "Ronald Ridenhour, 52, Veteran Who Reported My Lai Massacre", *New York Times*, 11 de maio de 1998, https://www.nytimes.com/1998/05/11/us/ronald-ridenhour-52-veteran-who-reported-my-lai-massacre.html.

[2] Ron Ridenhour, "Ridenhour Letter", http://www.digitalhistory.uh.edu/active_learning/explorations/vietnam/ridenhour_letter.cfm.

[3] Ronald L. Ridenhour, "One Man's Bitter Porridge", *New York Times*, 10 de novembro de 1973, https://www.nytimes.com/1973/11/10/archives/one-mans-bitter-porridge.html.

[4] Jeffrey Jones, "Norte-americans Divided on Whether King's Dream Has Been Realized", Gallup.com, 26 de agosto de 2011, https://news.gallup.com/poll/149201/Norte-americans-Divided-Whether-King-Dream-Realized.aspx.

[5] Benoît Monin, Pamela J. Sawyer e Matthew J. Marquez, "The Rejection of Moral Rebels: Resenting Those Who Do the Right Thing", *Journal of Personality and Social Psychology* 95, nº 1 (2008): 76; Kieran O'Connor e Benoît Monin, "When Principled Deviance Becomes Moral Threat: Testing Alternative Mechanisms for the Rejection of Moral Rebels", *Group Processes and Intergroup Relations* 19, nº 5 (2016): 676-93.

[6] Craig D. Parks e Asako B. Stone, "The Desire to Expel Unselfish Members from the Group", *Journal of Personality and Social Psychology* 99, nº 2 (2010): 303.

[7] Jasmine Tata et al., "Proportionate Group Size and Rejection of the Deviate: A Meta-Analytic Integration", *Journal of Social Behavior and Personality* 11, nº 4 (1996): 739.

[8] José Marques, Dominic Abrams e Rui G. Serôdio, "Being Better by Being Right: Subjective Group Dynamics and Derogation of In-Group Deviants When Generic Norms Are Undermined", *Journal of Personality and Social Psychology* 81, nº 3 (2001): 436; Arie W. Kruglanski e Donna M. Webster, "Group Members' Reactions to Opinion Deviates and Conformists at Varying Degrees of Proximity to Decision Deadline and of Environmental Noise", *Journal of Personality and Social Psychology* 61, nº 2 (1991): 212; Matthew J. Hornsey, "Dissent and Deviance in Intergroup Contexts", *Current Opinion in Psychology* 11 (2016): 1-5.

[9] Charlan J. Nemeth e Jack A. Goncalo, "Rogues and Heroes: Finding Value in Dissent", em *Rebels in Groups: Dissent, Deviance, Difference, and Defiance*, ed. Jolanda Jetten e Matthew Hornsey (Chichester, UK: Wiley-Blackwell, 2011), 17-35; Charlan Jeanne Nemeth e Joel Wachtler, "Creative Problem Solving as a Result of Majority vs. Minority Influence", *European Journal of Social Psychology* 13, nº 1 (1983): 45-55.

[10] Linn Van Dyne e Richard Saavedra, "A Naturalistic Minority Influence Experiment: Effects on Divergent Thinking, Conflict and Originality in Work-Groups", *British Journal of Social Psychology* 35, nº 1 (1996): 151-67.

[11] Randall S. Peterson et al., "Group Dynamics in Top Management Teams: Groupthink, Vigilance, and Alternative Models of Organizational Failure and Success", *Organizational Behavior and Human Decision Processes* 73, nos. 2-3 (1998): 272-305.

[12] Codou Samba, Daan Van Knippenberg e C. Chet Miller, "The Impact of Strategic Dissent on Organizational Outcomes: A Meta-Analytic Integration", *Strategic Management Journal* 39, nº 2 (2018): 379-402.

[13] Ibid.

[14] Solomon E. Asch, "Opinions and Social Pressure", *Scientific Norte-american* 193, nº 5 (1955): 31-35; Solomon E. Asch, "Studies of Independence and Conformity: I. A Minority of One Against a Unanimous Majority", *Psychological Monographs: General and Applied* 70, nº 9 (1956): 1-70.

[15] Stanley Milgram, "Behavioral Study of Obedience", *Journal of Abnormal and Social Psychology* 67, nº 4 (1963): 371; Stanley Milgram, *Obedience to Authority* (Nova York: Harper and Row, 1974).

[16] Dominic J. Packer, "Identifying Systematic Disobedience in Milgram's Obedience Experiments: A Meta-Analytic Review", *Perspectives on Psychological Science* 3, nº 4 (2008): 301–4; Jerry M. Burger, "Replicating Milgram: Would People Still Obey Today?", *Norte-american Psychologist* 64, nº 1 (2009): 1.

[17] Stephen D. Reicher, S. Alexander Haslam e Joanne R. Smith, "Working Toward the Experimenter: Reconceptualizing Obedience Within the Milgram Paradigm as Identification-Based Followership", *Perspectives on Psychological Science* 7, nº 4 (2012): 315–24.

[18] Bert H. Hodges et al., "Speaking from Ignorance: Not Agreeing with Others We Believe Are Correct", *Journal of Personality and Social Psychology* 106, nº 2 (2014): 218; Bert H. Hodges e Anne L. Geyer, "A Nonconformist Account of the Asch Experiments: Values, Pragmatics, and Moral Dilemmas", *Personality and Social Psychology Review* 10, nº 1 (2006): 2–19.

[19] Dominic J. Packer, "On Being Both with Us and Against Us: A Normative Conflict Model of Dissent in Social Groups", *Personality and Social Psychology Review* 12, nº 1 (2008): 50–72; Dominic J. Packer e Christopher T. H. Miners, "Tough Love: The Normative Conflict Model and a Goal System Approach to Dissent Decisions", *Social and Personality Psychology Compass* 8, nº 7 (2014): 354–73.

[20] Dominic J. Packer, Kentaro Fujita e Alison L. Chasteen, "The Motivational Dynamics of Dissent Decisions: A Goal-Conflict Approach", *Social Psychological and Personality Science* 5, nº 1 (2014): 27–34.

[21] Ibid.

[22] Darcy R. Dupuis et al., "To Dissent and Protect: Stronger Collective Identification Increases Willingness to Dissent When Group Norms Evoke Collective Angst", *Group Processes and Intergroup Relations* 19, nº 5 (2016): 694–710.

[23] Dominic J. Packer, "The Interactive Influence of Conscientiousness and Openness to Experience on Dissent", *Social Influence* 5, nº 3 (2010): 202–19.

[24] Amy C. Edmondson, "Speaking Up in the Operating Room: How Team Leaders Promote Learning in Interdisciplinary Action Teams", *Journal of Management Studies* 40, nº 6 (2003): 1419–52.

[25] Amy C. Edmondson e Zhike Lei, "Psychological Safety: The History, Renaissance, and Future of an Interpersonal Construct", *Annual Review of Organizational Psychology and Organizational Behavior* 1, nº 1 (2014): 23–43.

[26] Charles Duhigg, "What Google Learned from Its Quest to Build the Perfect Team", *Sunday New York Times Magazine*, 25 de fevereiro de 2016, https://www.nytimes.com/2016/02/28/magazine/what-google-learned-from-its-quest-to-build-the-perfect-team.html.

[27] Norte-american Foreign Service Association, "Constructive Dissent Awards", 2019, https://www.afsa.org/constructive-dissent-awards.

[28] Monin, Sawyer, e Marquez, "The Rejection of Moral Rebels"; Alexander H. Jordan e Benoît Monin, "From Sucker to Saint: Moralization in Response to Self-Threat", *Psychological Science* 19, nº 8 (2008): 809–15.

CAPÍTULO 9: LIDERANDO COM EFICÁCIA

[1] Sinéad Baker, "'We're Just Having a Bit of an Earthquake Here': New Zealand's Jacinda Ardern Was Unfazed When an Earthquake Hit during a Live Interview", *Business Insider*, 25 de maio de 2020, https://www.businessinsider.com.au/earthquake-interrupts-jacinda-ardern-in-live-interview-new-zealand-2020-5.

[2] Michelle Mark, "Iconic Photo of Boy Feeling Obama's Hair Was Taken 10 Years Ago", *Insider*, 9 de maio de 2019, https://www.insider.com/photo-of-boy-feeling-obamas-hair-taken-10-years-ago-2019-5.

[3] Howard E. Gardner, *Leading Minds: An Anatomy of Leadership* (Nova York: Basic Books, 1995).

[4] Taylor Branch, *Parting the Waters: America in the King Years 1954–63* (Nova York: Simon and Schuster, 2007).

[5] Henry Mintzberg, *Mintzberg on Management: Inside Our Strange World of Organizations* (Nova York: Simon and Schuster, 1989).

[6] "Truman Quotes", *Truman Library Institute* (blog), 2021, https://www.trumanlibraryinstitute.org/truman/truman-quotes/.

[7] Julian Barling, *The Science of Leadership: Lessons from Research for Organizational Leaders* (Nova York: Oxford University Press, 2014).

[8] Xiao-Hua Frank Wang e Jane M. Howell, "Exploring the Dual-Level Effects of Transformational Leadership on Followers", *Journal of Applied Psychology* 95, nº 6 (2010): 1134; Xiao-Hua Frank Wang e Jane M. Howell, "A Multilevel Study of Transformational Leadership, Identification, and Follower Outcomes", *Leadership Quarterly* 23, nº 5 (2012): 775–90.

[9] Niall O'Dowd, "Mary Robinson, the Woman Who Changed Ireland", *Irish Central*, 8 de março de 2021, https://www.irishcentral.com/opinion/niallodowd/mary-robinson-woman-changed-ireland.

[10] "Discurso da Presidente, Mary Robinson, por ocasião da sua posse como Presidente da Irlanda", Escritório da Presidente da Irlanda, 3 de dezembro de 1990, https://president.ie/index.php/en/media-library/speeches/address-by-the-president-mary-robinson-on-the-occasion-of-her-inauguration.

[11] Viviane Seyranian e Michelle C. Bligh, "Presidential Charismatic Leadership: Exploring the Rhetoric of Social Change", *Leadership Quarterly* 19, nº 1 (2008): 54–76.

[12] Niklas K. Steffens e S. Alexander Haslam, "Power Through 'Us': Leaders' Use of We-Referencing Language Predicts Election Victory", *PLOS ONE* 8, nº 10 (2013): e77952; Martin P. Fladerer et al., "The Value of Speaking for 'Us': The Relationship Between CEOs' Use of Iand We-Referencing Language and Subsequent Organizational Performance", *Journal of Business and Psychology* 36, nº 2 (abril de 2021): 299–313, https://doi.org/10.1007/s10869-019-09677-0.

[13] Leon Festinger, Henry Riecken e Stanley Schachter, *When Prophecy Fails* (Nova York: Harper and Row, 1964).

[14] Roderick M. Kramer, "Responsive Leaders: Cognitive and Behavioral Reactions to Identity Threats", em *Social Psychology and Organizations*, ed. David De Cremer, Rolf van Dick e J. Keith Murnighan (Nova York: Routledge, 2011).

[15] Kimberly D. Elsbach e Roderick M. Kramer, "Members' Responses to Organizational Identity Threats: Encountering and Countering the *Business Week* Rankings", *Administrative Science Quarterly* 41 (1996): 442–76.

[16] Ibid.

[17] David De Cremer e Tom R. Tyler, "On Being the Leader and Acting Fairly: A Contingency Approach", em *Social Psychology and Organizations*, ed. David De Cremer, Rolf van Dick e J. Keith Murnighan (Nova York: Routledge, 2011).

[18] Kurt T. Dirks, "Trust in Leadership and Team Performance: Evidence from NCAA Basketball", *Journal of Applied Psychology* 85, n° 6 (2000): 1004.

[19] Ibid.

[20] S. Alexander Haslam, Stephen D. Reicher e Michael J. Platow, *The New Psychology of Leadership: Identity, Influence and Power* (Nova York: Routledge, 2020); Michael A. Hogg, "A Social Identity Theory of Leadership", *Personality and Social Psychology Review* 5, n° 3 (2001): 184–200.

[21] Ashleigh Shelby Rosette, Geoffrey J. Leonardelli e Katherine W. Phillips, "The White Standard: Racial Bias in Leader Categorization", *Journal of Applied Psychology* 93, n° 4 (2008): 758.

[22] David E. Rast III, "Leadership in Times of Uncertainty: Recent Findings, Debates, and Potential Future Research Directions", *Social and Personality Psychology Compass* 9, n° 3 (2015): 133–45.

[23] Michelle K. Ryan e S. Alexander Haslam, "The Glass Cliff: Evidence That Women Are Over-Represented in Precarious Leadership Positions", *British Journal of Management* 16, n° 2 (2005): 81–90; Michelle K. Ryan et al., "Getting on Top of the Glass Cliff: Reviewing a Decade of Evidence, Explanations, and Impact", *Leadership Quarterly* 27, n° 3 (2016): 446–55; Alison Cook e Christy Glass, "Above the Glass Ceiling: When Are Women and Racial/Ethnic Minorities Promoted to CEO?", *Strategic Management Journal* 35, n° 7 (2014): 1080–89.

[24] Tom R. Tyler e E. Allan Lind, "A Relational Model of Authority in Groups", *Advances in Experimental Social Psychology* 25 (1992): 115–91.

[25] Daan Van Knippenberg, "Leadership and Identity", em *The Nature of Leadership*, 2nd ed., ed. David Day e John Antonakis (Londres: Sage, 2012).

[26] Robert A. Burgelman e Andrew S. Grove, "Strategic Dissonance", *California Management Review* 38, n° 2 (1996): 8–28.

[27] Martin Gilbert, "I Shall Be the One to Save London", *Churchill Project* (blog), 14 de abril de 2017, https://winstonchurchill.hillsdale.edu/shall-one-save-london/.

[28] Andrew Roberts, *Churchill: Walking with Destiny* (Nova York: Penguin, 2018); Erik Larson, *The Splendid and the Vile: A Saga of Churchill, Family, and Defiance During the Blitz* (Nova York: Crown, 2020).

[29] Roderick M. Kramer, "The Imperatives of Identity: The Role of Identity in Leader Judgment and Decision Making", em *Leadership and Power: Identity Processes in Groups and Organizations*, ed. Daan Van Knippenberg e Michael A. Hogg (Londres: Sage, 2003), 184.

[30] Blake Ashforth, "Petty Tyranny in Organizations", *Human Relations* 47, nº 7 (1994): 755–78.

[31] Birgit Schyns e Jan Schilling, "How Bad Are the Effects of Bad Leaders? A Meta-Analysis of Destructive Leadership and Its Outcomes", *Leadership Quarterly* 24, nº 1 (2013): 138–58.

[32] Craig Haney, W. Curtis Banks e Philip G. Zimbardo, "A Study of Prisoners and Guards in a Simulated Prison", *Naval Research Reviews* 9, nº 1–17 (1973); "The Mind Is a Formidable Jailer", *New York Times*, 8 de abril de 1973, https://www.nytimes.com/1973/04/08/archives/a-pirandellian-prison-the-mind-is-a-formidable-jailer.html; "Stanford Prison Experiment", https://www.prisonexp.org.

[33] Philip G. Zimbardo, *The Lucifer Effect: Understanding How Good People Turn Evil* (Nova York: Random House, 2007).

[34] S. Alexander Haslam e Stephen D. Reicher, "When Prisoners Take over the Prison: A Social Psychology of Resistance", *Personality and Social Psychology Review* 16, nº 2 (2012): 154–79; Stephen Reicher e S. Alexander Haslam, "Rethinking the Psychology of Tyranny: The BBC Prison Study", *British Journal of Social Psychology* 45, nº 1 (2006): 1–40; S. Alexander Haslam, Stephen D. Reicher e Jay J. Van Bavel, "Rethinking the Nature of Cruelty: The Role of Identity Leadership in the Stanford Prison Experiment", *Norte-americano Psychologist* 74, nº 7 (2019): 809.

[35] Haslam, Reicher e Van Bavel, "Rethinking the Nature of Cruelty". Stanford University Libraries (2018). Entrevistas do Experimento da Prisão de Stanford (gravação de áudio; Fonte ID: SC0750_s5_b2_21). http://purl.stanford.edu/wn708sq0050.

[36] Stephen Reicher, S. Alexander Haslam e Rakshi Rath, "Making a Virtue of Evil: A Five-Step Social Identity Model of the Development of Collective Hate", *Social and Personality Psychology Compass* 2, nº 3 (2008): 1313–44.

[37] Robert O. Paxton, *The Anatomy of Fascism* (Nova York: Vintage, 2007).

CAPÍTULO 10: O FUTURO DA IDENTIDADE

[1] William Ewald, ed., *Environment and Change: The Next Fifty Years* (Bloomington: Indiana University Press, 1968).

[2] Herman Kahn e Anthony Wiener, "Faustian Powers and Human Choices: Some Twenty-First Century Technological and Economic Issues", em ibid.

[3] *World Social Report 2020: Inequality in a Rapidly Changing World* (Nações Unidas, Fevereiro de 2020), https://doi.org/10.18356/7f5d0efc-en.

[4] Keith Payne, *The Broken Ladder: How Inequality Affects the Way We Think, Live, and Die* (Nova York: Penguin, 2017); Richard Wilkinson e Kate Pickett,

The Spirit Level: Why Greater Equality Makes Societies Stronger (Nova York: Bloomsbury, 2011).

5   Niklas K. Steffens et al., "Identity Economics Meets Identity Leadership: Exploring the Consequences of Elevated CEO Pay", *Leadership Quarterly* 30 (Junho de 2020).

6   Mark Rubin e Rebecca Stuart, "Kill or Cure? Different Types of Social Class Identification Amplify and Buffer the Relation Between Social Class and Mental Health", *Journal of Social Psychology* 158, nº 2 (2018): 236-51.

7   Frank Mols e Jolanda Jetten, *The Wealth Paradox: Economic Prosperity and the Hardening of Attitudes* (Nova York: Cambridge University Press, 2017); Frank Mols e Jolanda Jetten, "Explaining the Appeal of Populist Right-Wing Parties in Times of Economic Prosperity", *Political Psychology* 37, nº 2 (2016): 275-92; Bernard N. Grofman e Edward N. Muller, "The Strange Case of Relative Gratification and Potential for Political Violence: The V-Curve Hypothesis", *Norte-american Political Science Review* 67, nº 2 (1973): 514-39.

8   Jolanda Jetten et al., "A Social Identity Analysis of Responses to Economic Inequality", *Current Opinion in Psychology* 18 (2017): 1-5.

9   Uma análise crítica da economia GIG é fornecida por Alexandrea J. Ravenelle em "Sharing Economy Workers: Selling, Not Sharing", *Cambridge Journal of Regions, Economy and Society* 10, nº 2 (2017): 281-95.

10 Arundhati Roy, "Arundhati Roy: 'The Pandemic Is a Portal'", *Financial Times*, 3 de abril de 2020, https://www.ft.com/content/10d8f5e8-74eb-11ea-95fe-fcd27 4e920ca.

11 Painel Intergovernamental de Mudanças Climáticas, *Special Report on Global Warming of 1.5° C*, Nações Unidas, 2018, https://www.ipcc.ch/sr15/.

12 Gallup Polling, https://news.gallup.com/poll/1615/Environment.aspx.

13 Matthew J. Hornsey e Kelly S. Fielding, "Understanding (and Reducing) Inaction on Climate Change", *Social Issues and Policy Review* 14, nº 1 (2020): 3-35; Kimberly Doell et al., "Understanding the Effects of Partisan Identity on Climate Change", PsyArXiv, 26 de janeiro de 2021, doi:10.31234/osf.io/5vems.

14 Matthew J. Hornsey, Emily A. Harris e Kelly S. Fielding, "Relationships Among Conspiratorial Beliefs, Conservatism and Climate Scepticism Across Nations", *Nature Climate Change* 8, nº 7 (2018): 614-20.

15 Ibid.

16 Kimberly C. Doell et al., "Understanding the Effects of Partisan Identity on Climate Change", *Current Opinion in Behavioral Sciences* 42 (2021): 54-59.

17 Painel Intergovernamental de Mudanças Climáticas, *Special Report on Global Warming*.

18 Frank White, *The Overview Effect: Space Exploration and Human Evolution* (Reston, VA: Norte-american Institute of Aeronautics and Astronautics, 2014); David B. Yaden et al., "The Overview Effect: Awe and Self-Transcendent Experience in Space Flight", *Psychology of Consciousness: Theory, Research, and Practice* 3, nº 1 (2016): 1.

[19] Nancy R. Buchan et al., "Globalization and Human Cooperation", *Proceedings of the National Academy of Sciences* 106, nº 11 (2009): 4138-42; Nancy R. Buchan et al., "Global Social Identity and Global Cooperation", *Psychological Science* 22, nº 6 (2011): 821-28.

[20] David Waldner e Ellen Lust, "Unwelcome Change: Coming to Terms with Democratic Backsliding", *Annual Review of Political Science* 21 (2018): 93-113; Nancy Bermeo, "On Democratic Backsliding", *Journal of Democracy* 27, nº 1 (2016): 5-19.

[21] Sergei Guriev, Nikita Melnikov e Ekaterina Zhuravskaya, "3G Internet and Confidence in Government", *Quarterly Journal of Economics* (2021), https://doi.org/10.1093/qje/qjaa040.

[22] Kahn e Wiener, "Faustian Powers and Human Choices".

[23] Bermeo, "On Democratic Backsliding".

[24] Waldner e Lust, "Unwelcome Change".

[25] Jennifer McCoy, Tahmina Rahman e Murat Somer, "Polarization and the Global Crisis of Democracy: Common Patterns, Dynamics, and Pernicious Consequences for Democratic Polities", *Norte-american Behavioral Scientist* 62, nº 1 (2018): 16-42.

ÍNDICE

A

ambientes altamente polarizados 68
American Institute of Planners 278
arco moral 204
Autores
 Dominic J. Packer iii
 Jay J. Van Bavel iii
avião 9

B

bagunça 31
Baía dos Porcos 80
banqueiros 27
Bethlehem Steel 70
BLM 198
Boston Tea Party 207

C

Canadá 45
carro 57
castas 194
castores 45
chocolate suíço 47
choques 217
Cidade do México 51
Cientista social 13
Coleções de pessoas 187
competição individual 191
comportamento humano 213
conflito 13
conflitos de recursos 15
Conformidade 65
confrontos violentos 200
Consumer Reports 169
contribuintes subjacentes 249
cooperação internacional 276
Covid-19 88
crenças 90
Crise de reprodutibilidade 28
cultura nacional 23

D

Daniel Dennett 17
decisões policiais 57
Declaração de Independência 207
democracia 33
depósito de lixo 200
desafio 68
Difusão de responsabilidade 181
Dilema do ativista 203
direitos civis 204
discriminação 149
Dissidência estratégica 215
Dissonância cognitiva 76
Distinção 127
Dorothy Martin 74

E

Economia GIG 271
efeito coquetel 39
Efeito espectador 181
Eisenhower 80
Erica Chenoweth 202
Erin Rossiter 121
escravizados 194
estereótipos 15
Estudos de grupo mínimo 13
exilados cubanos 78
Experimento da Prisão de Stanford 262

F

Family Radio 74

G

Golden Gate 69
golfe 70
Google 233
Gratificação relativa 270
grupal 19
grupos minoritários 264
grupos políticos externos 121
Grupos psicológicos 187

H

Hallgeir Sjåstad 172
helicópteros 205
hóquei 45

I

Identidade 5
  Identidades compartilhadas 5
  Senso de identidade 5
identidades 33
identidades emergentes 280
Identidade social 15
Ignorância pluralística 181
imigrantes 264
imposto 200
individual 19
Influência informativa 65
Influência normativa 65
interesses coletivos 149
internet 278
Irmãos Dassler 7
  Adolf 7
  Rudolf 7
ISIS 165

J

Jeffrey Skilling 72
jogo econômico 19
judeus 264
julgamento espiritual 76
julgamentos 33
Justeza procedimental 255
justiça 204

K

Kajieme Powell 53
Kandinsky 15
Katrine Berg Nødtvedt 172
Kennedy 80

L

Liderança 238
Liderança transformacional 241
Lyndon Johnson 259

M

manada de mentes independentes 23

Maria Stephan 202
Mark Twain 267
MeToo 198
minorias sexuais 264
Modismos 66
mudança climática 33
My Lai 205

N

Nomes importantes
  David De Cremer 18
  Henri Tajfel 13
  Mark Van Vugt 18
Nova Zelândia 249

O

oleoduto 200
opressão 194
Orientação de valor social 18
  Competitiva 18
  Cooperativa ou pró-social 18
  Individualista 18

P

padrões tóxicos 31
palavra pânico 189
Palavras Importantes
  Nós 5
papéis 29
Paradoxo da independência 23
Pensamento de grupo 78
pensamento político 82
Pertencimento 127
Philip Zimbardo 261
Poder político 51
polarização 121, 279
poliomielite 88

posição política 68
pós-industrialização 274
precisão 59
preconceito 149
Preconceito implícito 152
preconceito implícito pró-branco 174
previsão 76
Privação relativa 270
privilégios 271
problemas 249
Psicologia 13
Psicólogo social 9

R

raça 172
Realismo ingênuo 87
rebeldes 213
Rebeldes morais 209
regras democráticas 278
Relações intergrupais 13
René Descartes 17
retórica divisiva 13
Ron Ridenhour 205

S

saia da prisão livre 176
sarampo 88
Seekers 76
Segurança psicológica 232
seguro-saúde 272
Senso de comunidade 12
senso de identidade compartilhada
    167
servos 194
significado 33
sistema político 278
solidariedade coletiva 29

Solidariedade coletiva 11
status 271
Suíça 47

T

temperatura 274
teoria da conspiração QAnon 77
trabalho contraproducente 260
traidores 264
treinamento antipreconceito 176

U

Universidade de Sussex 49

V

Vácuo social 13
verdade 59

X

xarope de bordo 45

SOBRE OS AUTORES

Jay Van Bavel é professor adjunto de psicologia e ciências neurais na Universidade de Nova York. De neurônios a redes sociais, a pesquisa de Jay investiga a psicologia e a neurociência do preconceito implícito, identidade de grupo, desempenho de equipe, tomada de decisões e saúde pública. Ele mora na cidade de Nova York com sua família e o hamster de estimação, Sunny, e uma vez deu uma aula enquanto estava preso em um elevador com seus filhos.

Dominic Packer é professor de psicologia na Lehigh University. A pesquisa de Dominic investiga como a identidade das pessoas afeta a conformidade e a dissidência, o racismo e o preconceito de idade, a solidariedade, saúde e liderança. Ele mora no leste da Pensilvânia com sua família e seu cachorro, Biscuit.

Jay e Dominic receberam seus PhDs da Universidade de Toronto, onde se estabeleceram em um escritório compartilhado no subsolo. Este é o primeiro livro deles.

Projetos corporativos e edições personalizadas
dentro da sua estratégia de negócio. Já pensou nisso?

Coordenação de Eventos
Viviane Paiva
viviane@altabooks.com.br

Contato Comercial
vendas.corporativas@altabooks.com.br

A Alta Books tem criado experiências incríveis no meio corporativo. Com a crescente implementação da educação corporativa nas empresas, o livro entra como uma importante fonte de conhecimento. Com atendimento personalizado, conseguimos identificar as principais necessidades, e criar uma seleção de livros que podem ser utilizados de diversas maneiras, como por exemplo, para fortalecer relacionamento com suas equipes/ seus clientes. Você já utilizou o livro para alguma ação estratégica na sua empresa?

Entre em contato com nosso time para entender melhor as possibilidades de personalização e incentivo ao desenvolvimento pessoal e profissional.

PUBLIQUE SEU LIVRO

Publique seu livro com a Alta Books.
Para mais informações envie um e-mail para: autoria@altabooks.com.br

 /altabooks   /alta-books   /altabooks   /altabooks

CONHEÇA OUTROS LIVROS DA ALTA BOOKS

Todas as imagens são meramente ilustrativas.

Este livro foi impresso nas oficinas gráficas da Editora Vozes Ltda.,
Rua Frei Luís, 100 – Petrópolis, RJ.